Michael Lausberg

Hugenotten in Deutschland

Michael Lausberg

Hugenotten in Deutschland

Die Einwanderung von französischen Glaubensflüchtlingen

Tectum Verlag

Michael Lausberg

Hugenotten in Deutschland.
Die Einwanderung von französischen Glaubensflüchtlingen
ISBN: 978-3-8288-9421-1

Besuchen Sie uns im Internet
www.tectum-verlag.de

Bibliografische Informationen der Deutschen Nationalbibliothek
Die Deutsche Nationalbibliothek verzeichnet diese Publikation in der Deutschen Nationalbibliografie; detaillierte bibliografische Angaben sind im Internet über http://dnb.ddb.de abrufbar.

Inhaltsverzeichnis

1. Einleitung

In den letzten Jahrzehnten gewann die Disziplin der Migrationsgeschichte innerhalb der Wissenschaft immer mehr an Bedeutung. Den entscheidenden Anstoß dazu lieferte Prof. Dr. Bade von der Universität Osnabrück, der im Jahre 1982 für die Organisation einer ersten interdisziplinären und internationalen Migrationskonferenz verantwortlich war, aus deren Resultaten zahlreiche Anregungen für die historisch-sozialwissenschaftliche Migrationsforschung hervorgingen. An der Universität Osnabrück bildete sich im Jahre 1992 das Institut für Migrationsforschung und Interkulturelle Studien (IMIS), zu deren wichtigsten Aufgaben die Intensivierung, Förderung und interdisziplinäre Koordination von Migrationsforschung gehören. Seit dem Jahre 1995 gibt das IMIS die themenübergreifenden „Studien zur Historischen Migrationsforschung (SHM)" heraus. Die Gründung der bundesweiten „Gesellschaft für Historische Migrationsforschung (GHM)" war ein weiterer wichtiger Schritt zur Weiterentwicklung dieser Wissenschaftsdisziplin.

Die Erforschung der Einwanderung nach Deutschland lässt sich in drei thematische Schwerpunkte unterteilen. Erstens stand die Einwanderung polnischer Arbeiter in das Ruhrgebiet ab dem Jahre 1871 im Vordergrund.[1] Zweitens erfuhr die Immigration von „ausländischen Wanderarbeitern" in das deutsche Kaiserreich nach der Massenauswanderung

[1] Vgl. dazu die folgenden Darstellungen: Kleßmann, C.: Polnische Bergarbeiter im Ruhrgebiet 1870–1945. Soziale Integration und nationale Subkultur einer ethnischen Minderheit in der deutschen Industriegesellschaft, Göttingen 1978; Murzynowska, K.: Die polnischen Erwerbsauswanderer im Ruhrgebiet während der Jahre 1880–1914, Dortmund 1979; Stefanski, V.-M.: Zum Prozeß der Emanzipation und Integration von Außenseitern: Polnische Arbeitsmigranten im Ruhrgebiet, Dortmund 1984; Brandt, H.J. (Hrsg.): Die Polen und die Kirche im Ruhrgebiet 1871–1919, Münster 1987; Wehler, H.U.: Das deutsche Kaiserreich, Göttingen 1972, S. 41–48; Frankenstein, K.: Die Arbeiterfrage in der deutschen Landwirtschaft, Berlin 1983; Croon, H./Utermann, K.: Zeche und Gemeinde. Untersuchung über den Strukturwandel einer Zechengemeinde im nördlichen Ruhrgebiet, Tübingen 1958; Dohse, K.: Ausländische Arbeiter und bürgerlicher Staat. Genese und Funktion von staatlicher Ausländerpolitik und Ausländerrecht. Vom Kaiserreich bis zur Bundesrepublik Deutschland, Königstein i. T. 1981 oder Murphy, R.: Gastarbeiter im Deutschen Reich. Polen in Bottrop 1891–1933, Wuppertal 1982

deutscher Bevölkerungsschichten vorzugsweise nach Nordamerika großes Interesse.[2] Der dritte Forschungsschwerpunkt lag in der Beschäftigung mit den „Gastarbeitern“ in der Bundesrepublik Deutschland, die aus der Türkei, Italien, Spanien, Griechenland, Portugal und anderen Staaten zur Beseitigung des Arbeitskräftemangels angeworben wurden. Die meist un- oder angelernten Arbeiter wurden vorwiegend in Zentralbereichen der industriellen oder landwirtschaftlichen Produktion eingesetzt.[3]

---

2 Die Situation der Wanderarbeiter im Kaiserreich wird ausführlich in folgenden Werken dargestellt: Bade, K. J.: Transnationale Migration und Arbeitsmarkt im Kaiserreich: Vom Agrarstaat mit starker Industrie zum Industrieland mit starker agrarischer Basis, in: Pierenkemper, T./Tilly, R. (Hrsg.): Historische Arbeitsmarktforschung, Göttingen 1982, S. 182–211; Bade, K. J.: Auswanderer - Wanderarbeiter - Gastarbeiter. Bevölkerung, Arbeitsmarkt und Wanderung in Deutschland seit der Mitte des 19. Jahrhunderts, 2. Auflage, Ostfildern 1986; Bade, K. J.: „Preußengänger“ und „Abwehrpolitik“: Ausländerbeschäftigung und Ausländerkontrolle auf dem Arbeitsmarkt in Preußen vor dem Ersten Weltkrieg, in: Archiv für Sozialgeschichte, 24, 1984, S. 91–162; Herbert, U.: Geschichte der Ausländerbeschäftigung in Deutschland 1880–1980: Saisonarbeiter - Zwangsarbeiter - Gastarbeiter, Berlin 1986; Elsner, L./Lehmann, J.: Ausländische Arbeiter unter dem deutschen Imperialismus 1900–1985, Berlin 1988; Faust, A.: Arbeitsmarktpolitik im deutschen Kaiserreich: Arbeitsvermittlung, Arbeitsbeschaffung und Arbeitslosenunterstützung 1890–1918, Stuttgart 1986; Bade, K. J.: Arbeitsmarkt, Bevölkerung und Wanderung in der Weimarer Republik, in: Stürmer, M. (Hrsg.): Die Weimarer Republik. Belagerte Civitas, Königstein i.T. 1980, S. 160–187

3 Von den zahlreichen Monographien über den Zuzug der „Gastarbeiter“ in die Bundesrepublik Deutschland können hier lediglich einige genannt werden: Bade, K. J.: Vom Auswanderungsland zum Einwanderungsland? Deutschland 1880–1980, Berlin 1983, S. 59–129; Bade, K. J.: Ausländer - Aussiedler - Asyl in der Bundesrepublik Deutschland, Hannover 1990, S. 9–33; Meier-Braun, K.-H.: Integration und Rückkehr? Zur Ausländerpolitik des Bundes und der Länder, insbesondere Baden-Württembergs, Mainz 1988; Heckmann, F.: Die Bundesrepublik: Ein Einwanderungsland? Zur Soziologie der Gastarbeiterbevölkerung als Einwanderungsminorität, Stuttgart 1981, S. 141–259; Hoffmann, L.: Die unvollendete Republik. Zwischen Einwanderungsland und deutschem Nationalismus, Köln 1990. Zur betrieblichen Situation der Gastarbeiter in der Bundesrepublik Deutschland existieren die folgenden Untersuchungen: Gaugler, E./Weber, W.: Ausländer in deutschen Industriebetrieben, Königstein i. T. 1978; Dies: Ausländerintegration in deutschen Industriebetrieben. Empirische Untersuchungen über individuelle und soziale Integration, Königstein i.T. 1981. Wirtschaftliche und wirtschaftspolitische Aspekte sind in den folgenden Werken näher behandelt: Höpfner, K./Ramann, B./Rürup, B.: Ausländische Arbeitnehmer. Gesamtwirtschaftliche Probleme und Steuerungsmöglichkeiten, Bonn 1973 oder Salowski, H./Schiller, G.: Ursachen und

Obwohl die Emigration der Hugenotten aus Frankreich eine der größten Wanderungsbewegungen in der Frühen Neuzeit darstellte, weist die Forschung über das Leben der Flüchtlinge in den protestantischen deutschen Territorien erhebliche Lücken auf. Die Absicht der folgenden Arbeit liegt darin, diese Forschungslücke zu schließen. Folgende Fragen stellen sich: Wie lief die Aufnahme der Hugenotten in die Aufnahmestaaten ab und worin lag die Motivation der jeweiligen Landesherren? Wie gestaltete sich das religiöse Leben der Flüchtlinge? Welche Rechte und Pflichten besaßen die Exulanten? Wie entwickelte sich das Verhältnis zur autochthonen Bevölkerung?

In der Arbeit wird zunächst auf die Situation der Hugenotten in Frankreich eingegangen. Dabei werden Schwerpunkte auf die Ausbreitung des Protestantismus in Frankreich, die Hugenottenkriege, das Edikt von Nantes, das Edikt von Fontainebleau und die Flucht zahlreicher Kalvinisten aus Frankreich gelegt. Danach wird die Aufnahme der hugenottischen Glaubensflüchtlinge in Frankfurt am Main, was ein wichtiges Durchgangszentrum neben Amsterdam, Den Haag und Genf darstellte, thematisiert. Anschließend folgt eine Skizzierung des Ediktes von Potsdam, worin die Rahmenbedingungen für die Ansiedlung der Glaubensflüchtlinge in dem neben Hessen-Kassel wichtigsten protestantischen Aufnahmestaat Brandenburg-Preußen festgelegt wurden.

Die Darstellung des Lebens der hugenottischen Exulanten in Deutschland ist Untersuchungsgegenstand des nächsten Kapitels. Zunächst wird die Ansiedlung in Brandenburg-Preußen näher beleuchtet. Exemplarisch wird das Leben der hugenottischen Gemeinden in Potsdam, Frankfurt/Oder, Brandenburg/Havel, Prenzlau, Angermünde, Bernau und Strasburg in der Uckermark nachgezeichnet. Danach steht die hugenottische

---

Auswirkungen der Ausländerbeschäftigung, Köln 1972. In der Forschung traten immer stärker internationale Vergleiche in den Vordergrund, dazu vor allem die grundlegenden Werke: Kritz, M.M./Keely, C.B./Tomasi, S.M. (Hrsg.): Global Trend in Migration: Theory and Resaerch on International Population Movements, New York 1981; Lohrmann, R./Manfrass, K. (Hrsg.): Ausländerbeschäftigung und internationale Politik. Zur Analyse transnationaler Prozesse, München 1974 oder Gehmacher, E./Kubat, D./Mehrländer, U. (Hrsg.): Ausländerpolitik im Konflikt. Arbeitskräfte oder Einwanderer? Konzepte der Aufnahme- und Entsendeländer, Bonn 1978

Kolonie in Erlangen in der Markgrafschaft Brandenburg-Bayreuth im Mittelpunkt der Untersuchung. Weiterhin werden die kalvinistischen Ansiedlungen in Hessen-Kassel an den Beispielen Kassel, Carlsdorf, Gethsemane, Louisendorf (Hammonshausen), Neu-Isenburg, Todenhausen und Daubhausen/Greifenthal vorgestellt.

Danach werden die oben dargestellten Ansiedlungen miteienander verglichen und systematisiert. Vorab werden die Motive der Aufnahme der Flüchtlinge charakterisiert. Dann folgt eine Auseinandersetzung mit den Aufnahmebedingungen in den jeweiligen Städten und Orten, wo sich die Glaubensflüchtlinge ansiedelten. Weiterhin folgt eine Betrachtung des religiösen Lebens der hugenottischen Exulanten. Die Darstellung des Verhältnisses der hugenottischen Einwanderer zur authochthonen Bevölkerung schließt die Erforschung der wesentlichen Merkmale der hugenottischen Ansiedlung in deutschen protestantischen Territorien ab.

In der Schlussbemerkung wird eine abschließende Zusammenfassung und Bewertung der Untersuchungsergebnisse durchgeführt.

2. Die Hugenotten in Frankreich

2.1 Die Reformbestrebungen innerhalb der französischen Kirche

Die im Jahre 1484 in Tours einberufenen Generalstände verlangten eine Reform der Kirche von innen heraus und eine Erneuerung des geistlichen Lebens. Da die zu diesem Zweck einberufene Synode von Sens im Jahre 1485 keine neuen Ergebnisse erzielte, blieb die Kirchenreform auf einzelne Ordensleute und Weltkleriker beschränkt.[4]

In Paris bildete sich eine Predigergruppe heraus, die sich mit Fragen der Kirchenreform beschäftigte. Zu diesem Kreis gehörten der Franziskaner Olivier Maillard sowie die Prediger Jean Raulin, Jean Quentin sowie Jean Standonck. Franz von Paola, der Begründer des Ordens der Minimen, übte auf diese Gruppe seit dem Jahre 1490 einen starken Einfluss aus. Die Absicht, in Paris eine Gemeinschaft seines Ordens aufzubauen, führte die Pariser Predigergruppe mit Franz von Paola zusammen. Unter dem Einfluss von den Ideen Franz von Paolas vertrat Standonck im College Montaigu, dem er vorstand, gegenüber seinen Studenten einen ausgeprägten Rigorismus, damit sie zu späterer Zeit als Verkünder der Reform und Träger einer neuen Disziplin wirken sollten.

Neben der Pariser Predigergruppe kam es in verschiedenen Klöstern der Benediktiner (Cluny, Fontevrault, Marmoutier, Chezal-Benoist) und Zisterzienser (Citeaux, Morimond, Bonport) zu einer Reform des klösterlichen Lebens. Zur Beratung über kirchliche Missstände und Lösungsmöglichkeiten trafen sich im Jahre 1493 die Pariser Reformprediger und Angehörige der Reformklöster in Tours.[5]

Standonck legte in diesem Zusammenhang ein Reformprogramm für den gesamten Klerus vor und forderte die Wiederherstellung der freien Bischofswahlen. König Karl VIII. zeigte in der Frage der Kirchenreform eine dilatorische Haltung: einerseits ließ er Bistümer mit Klerikern seines

---

4 Mieck, I.: Die Entstehung des modernen Frankreich 1450-1610. Strukturen, Institutionen, Entwicklungen, Stuttgart u.a. 1982, S. 230

5 Ebd.

Vertrauens besetzen, andererseits plädierte er vor den reformwilligen Kräften, ihren Weg der Erneuerung des Klerus fortzusetzen.[6]

Nach dem Tod Karls VIII. ließ sein Nachfolger Ludwig XII. in vielerlei Hinsicht Reformbereitschaft vermissen, was dem vorsichtigen Optimismus der reformorientierten Richtung die Basis entzog. Erst als der König Georges d'Amboise im Jahre 1503 zum Legaten sine praefinitione temporis ernannte, kam es zu einer Vorantreibung der Reform des Weltklerus und der Klöster. Da Georges d'Amboise bei seinem Vorhaben auf heftigen Widerstand bei Klerus, Parlament und Universität stieß, blieben seine Erfolgsbemühungen ohne erkennbare Wirkung.

Guillaume Briconnet, den Franz I. im Dezember 1515 zum Bischof von Meaux ernannte, wurde von nun an zur zentralen Figur des Reformkatholizismus.[7] Sein Vorhaben, eine innere Erneuerung der Kirche durchzusetzen, realisierte er im Jahre 1518 mit einer umfassenden Reform seiner Diözese. Guillaume Farel, Gerald Roussel und andere vom Katholizismus verfolgte Personen fanden in Meaux eine Zufluchtstätte und wurden von Briconnet damit beauftragt, in zahlreichen Orten seines Bistums ihre konfessionelle Überzeugungen zu verbreiten und französische Übersetzungen der Evangelien und Episteln für die Sonn- und Festtage unter den Gläubigen zu verteilen.[8]

Parlament und Universität, denen die Reformvorhaben von Briconnet ein Dorn im Auge waren, opponierten seit dem Jahre 1521 gegen die Schule von Meaux. Unter verstärktem Druck antireformerischer Vertreter des Katholizismus in Frankreich verdammte Briconnet auf der Synode von Meaux im Jahre 1523 Luthers Lehre von der Kirche und verbot die Lektüre sowie den Verkauf lutherischer Schriften in seinem Bistum. Da er aber trotzdem die Verbreitung französischer Übersetzungen der Evangelien erlaubte, entsandte das Pariser Parlament im Jahre 1525 eine Untersuchungskommission nach Meaux. Die Kommission verbot allen fremden

---

6 Ebd., S. 231

7 Berger, S.: Le Proces de Guillaume Briconnet, in: Bulletin de la Societe du Protestantisme francais, 1900, S. 136–154, hier : S. 137 f. Vgl. dazu auch : Vienot, J. E.: Histoire de la Reforme francaise des origines a l'Edit de Nantes, Paris 1926, S. 45 ff

8 Ebd. S. 139

Predigern die Wortverkündigung und verhörte zahlreiche Personen, die im Verdacht standen, mit der lutherischen Lehre in Verbindung zu stehen. Aus Angst löste Briconnet alle Verbindung zu den Anhängern der lutherischen Lehre und schrieb dem Pariser Parlament einen Brief, in dem er sich von seinen Reformansichten distanzierte, so dass der Prozess gegen ihn eingestellt wurde.[9] Seit dem Jahre 1525 kam es zu Verfolgungen von Anhängern der Schule; diejenigen, die nicht rechtzeitig die Flucht ergreifen konnten, wurden eingekerkert, mussten widerrufen und die Buße ablegen.[10]

Eine weitere Persönlichkeit, die in Ansätzen reformatorische Vorstellungen vertrat, war Jacques Lefevre d'Etaples, obwohl auch er einen offenen Bruch mit der katholischen Kirche vermied. Lefevre d'Etaples unterhielt enge Verbindungen mit Guillaume Briconnet und anderen Anhängern reformistischer Ideen in Frankreich.[11] In seinem Kommentar zu den Briefen des Paulus, der im Jahre 1512 erschien, ging er davon aus, dass allein die im Neuen Testament enthaltene Lehre von Jesus Christus für den Glauben maßgeblich ist. Demgegenüber verwarf er die im Laufe der Zeit entwickelten kirchlichen Bräuche, Lehren und Dogmen. Weiterhin zweifelte er die Wirksamkeit der von der katholischen Kirche als Mittel zur Erlangung des Seelenheils propagierten Handlungen wie Almosen, Pilgerfahrten und Totenfürbitten an. Lefevre d'Etaples vertrat dagegen die Auffassung, dass lediglich die Gnade Gottes den Menschen zum ewigen Seelenheil führen würde. Er stellte die Bibel als alleinige Quelle der christlichen Lehre den kirchlichen Traditionen gegenüber. Eine von ihm vorgenommene Übersetzung des Neuen Testamentes ins Französische erschien im Jahre 1523; zwei Jahre später gab er ein Übersetzung des Alten Testamentes heraus.[12]

---

9 Imbart de la Tour, P.: Les origines de la Reforme. III : L'evangelisme, Paris 1914, S. 110

10 Ebd. S. 150 ff

11 Köller, H./Töpfer, B.: Frankreich. Ein historischer Abriss von den Anfängen bis zum Tode Heinrichs IV, Teil 1, Berlin 1977, S. 236

12 Ebd.

Seit den 1530er Jahren waren reformatorische Tendenzen in der französischen Literatur zu finden.[13] Francois Rabelais, der nach langen Jahren der Mönchstätigkeit das Kloster verließ, schrieb im Jahre 1532 den zeitkritischen Roman „Pantagruel", der sofort nach seinem Erscheinen von der theologischen Fakultät in Paris verurteilt wurde. Im Jahre 1546 erschien sein Hauptwerk „Gargantua", in dessen Schlusskapiteln er den asketischen Idealen des Mittelalters eine neue zwanglosere Auffassung des Menschen gemäß der Zeit der Renaissance entgegenstellte. Rabelais schuf in diesem Werk die utopische Abtei Theleme, die das Gegenteil eines mittelalterlichen Klosters darstellte. Die Abtei enthielt eine Bibliothek, einen Theatersaal, Bäder, ein Ballhaus; in ihrer näheren Umgebung existierten ein Sportplatz, ein Schießstand und eine Reitbahn. Die grundsätzliche Regel für die Bewohner Thelemes lautete:[14] „Tu was du willst, da freie, wohlgeborene und gebildete Leute (...) von Natur einen Trieb und Ansporn in sich tragen, der sie stets zu tugendhaften Taten antreibt und vom Laster abhält."

Rabelais verwarf die mittelalterliche Vorstellung, dass der Mensch seit dem Sündenfall verdorben war und seine gefährlichen „Triebe" lediglich durch strenge Askese gebändigt werden könnten. Er vertrat dagegen die Ansicht, dass gerade Zwang und Askese im Menschen gefährliche Neigungen weckten. Die Mitglieder der Abtei sollten geistige und körperliche Bildung erfahren und die Möglichkeit besitzen, im Zweifelsfall jederzeit wieder aus dieser Gemeinschaft austreten zu können.

Verfolgten Personen, die die „Heilige Schrift in ihrem wahren Sinn" verkündeten, sollte laut Rabelais Zuflucht in Theleme gewährt werden. Dies kann als Hinweis auf Rabelais' Sympathien für die vom französischen Katholizismus verfolgten reformatorischen Prediger verstanden werden.

Im Jahre 1537 veröffentlichte der französische Schriftsteller Bonaventure Des Periers seinen satirischen Roman „Cymbalum mundi", in dem deutlich seine Distanz gegenüber allen dogmatischen Glaubensbekenntnissen zum Ausdruck kam. In seinem Werk greift Des Periers das Motiv vom „Stein des Weisen" auf, der zu Pulver verrieben im Sand einer Arena ver-

13 Ebd. S. 238

14 Zitiert aus: Ebd.

streut worden ist. Verschiedene Personen, deren Namen auf kirchliche Persönlichkeiten der damaligen Zeit anspielen, behaupten trotzdem, den Stein der Weisen gefunden zu haben und geraten in Streit miteinander. Im Verlaufe dieses Streits macht sich Des Periers in satirischer Weise über die Intoleranz und den Dogmatismus der anwesenden Personen lustig.

Kurz nach ihrer Veröffentlichung wurde die Schrift aufgrund ihres brisanten Inhalts verboten und Des Periers, der am königlichen Hofe angestellt war, entlassen. Nach seiner Entlassung musste der sich über die konventionellen Maßstäbe seiner Zeit hinwegsetzende Des Periers weitere Verfolgungen seitens der katholischen Kirche über sich ergehen lassen, bevor er im Jahre 1544 Selbstmord verübte.

Margarete, die Schwester des französischen Königs Franz I., unterstützte gemäßigte reformatorische Tendenzen in Frankreich.[15] Sie blieb aber ein Ausnahmefall, die meisten einflussreichen Persönlichkeiten Frankreichs hatten kein Interesse an einer Ausbreitung des Protestantismus. Sie stand in enger Verbindung mit Briconnet und Lefevre d'Etaples und gewährte Schriftstellern und Dichtern, die dem Protestantismus zuneigten, einen gewissen Schutz, solange diese gewisse Grenzen nicht überschritten.

2.2 Die Ausbreitung reformistischer Ideen in Frankreich

Seit dem Jahre 1520 breiteten sich die Gedanken Luthers in Paris, Avignon, Lyon und anderen Städten Frankreichs aus.[16] Am 15.04.1521 verwarf die Sorbonne die Lehre Luthers, zwei Monate später verbot das Parlament die Verbreitung seiner Schriften. Der Vorwurf „heresie lutherienne" kam einem Todesurteil gleich; am 08.08.1523 wurde der mit den lutherischen Ideen sympathisierende Augustinermönch Jean Valliere in Paris verbrannt. Im Gegensatz zu Parlament und Universität reagierte König Franz I. auf die neue Entwicklung ambivalent. Einerseits ging er teilweise mit großer Härte gegen die Lutherianer vor, andererseits tolerierte er reformatorische Tendenzen und schützte Personen in seinem

15 Ebd. S. 237

16 Mieck, Die Entstehung des modernen Frankreich 1450-1610, a.a.O., S. 232

näheren Umfeld, die verdächtigt wurden, dem sich ausbreitenden Protestantismus aufgeschlossen gegenüberzustehen.

In den 1530er Jahren breitete sich das Luthertum in allen Provinzen Frankreichs mit Ausnahme der Bretagne und Auvergne aus. Neben vielen Personen aus den Unter- und Mittelschichten bekannten sich auch zahlreiche Intellektuelle zu der neuen Religion. Jedoch gab es zu diesem Zeitpunkt weder eine feste Organisationsstruktur noch eine ideologische Leitfigur, die als maßgebende theologische Instanz dienen könnte.

Zu einer Zuspitzung der konfessionellen Gegensätze kam es im Herbst 1534, als in Paris und anderen Städten zahlreiche Plakate mit scharfen Angriffen gegen die katholische Messe, besonders gegen die Vorstellung von der körperlichen Gegenwart Christi in Brot und Wein, angebracht wurden. Franz I. reagierte mit unerbittlicher Härte auf diese Aktion, nach feierlichen Sühneprozessionen wurden zahlreiche Protestanten in verschiedenen Städten Frankreichs verbrannt. Um die laufenden Verhandlungen mit den im Schmalkaldischen Bund[17] organisierten deutschen Protestanten nicht zu gefährden, wurden die Verfolgungen einige Zeit später eingestellt und alle Protestanten durch das Edikt von Coucy vom 16.7.1535 aufgefordert, sich innerhalb von sechs Monaten zum Katholizismus zu bekennen. Eine weitere Reaktion auf die Plakataffäre (affaire des placards) war die verschärfte Kontrolle des Buchdrucks durch einen königlichen Erlass, um die Verbreitung protestantischer Schriften zu verhindern.

Es bleibt festzuhalten, dass die Plakataffäre zum Scheitern der Verständigung über religiöse Grundsatzfragen zwischen Protestanten und Katholiken und zur Verhärtung der konfessionellen Gegensätze beitrug.

---

17 Der Schmalkaldische Bund war ein am 27.02.1531 gegründeter Zusammenschluss zahlreicher deutscher protestantischer Fürsten und Städte unter der Führung Kursachsens und Hessens während des Dreißigjährigen Krieges. Er ermöglichte die friedliche Ausbreitung der Reformation und wurde von Philipp I. von Hessen dazu genutzt, Württemberg zurückzuerobern und Herzog Ulrich wieder in sein Amt einzusetzen. Die ersten Auflösungserscheinungen des Bundes zeigten sich im abweichenden Verhalten einzelner Reichstände Anfang der 1540er Jahre. Im Schmalkaldischen Krieg 1546/47 zerfiel der Bund endgültig.

Trotz des nun zunehmenden Verfolgungsdruckes breitete sich die Reformation in Frankreich weiter aus, wobei ihr jedoch weiterhin der organisatorische Zusammenhalt fehlte. Entscheidend geprägt wurde der französische Protestantismus von Guillaume Farel (1489–1565) und Jean Calvin (1509–1564).

Guillaume Farel, der die erste französische reformistische Liturgie begründete, musste aufgrund seiner protestantischen Gesinnung im Jahre 1523 aus Frankreich in die Schweiz fliehen.[18] Im Jahre 1535 rief Farel durch eine Predigt im Dom von Bern einen Bildersturm hervor, dem die Abschaffung der Messe und die förmliche Annahme der Reformation folgten, so dass im Januar 1536 die protestantische Gottesdienstordnung eingeführt wurde. Er führte von Neuchatel aus die Reformation der französischen Schweiz und der benachbarten französischen Gebiete (Metz, Straßburg)[19] durch.[20]

Jean Calvin gab der französischen Reformation ihr theologisches System. Nach dem Studium der Rechtswissenschaften in Paris wurde Calvin ungefähr im Jahre 1533 ein leidenschaftlicher Anhänger der Reformation.[21]

---

18 Donald, H.: Farel. Reformer of the Swiss Romand. His Life, His Writings and His Theology, New York 1954, S. 25

19 Farels Wirken in Nordfrankreich wird ausführlich beschrieben in Carriere, V.: Guillaume Farel. Propagangiste de la Reformation, in: Revue d'Histoire de l'Eglise de France 20, 1934, S. 35–52, hier S. 37 ff

20 Burger, J.-P.: La conversion de Farel, in: Bulletin de la Societe de l'Histoire du Protestantisme Francais 91, 165, S. 192–204, hier: S. 199. Farel schrieb seine religiösen Ansichten in verschiedenen Zeugnissen nieder, die für die damalige Zeit besonders in Nordfrankreich zu einer gewissen Bedeutung gelangten. Vgl. Baum, J.W. (Hrsg.): Sommaire, c'est une brieve declaration d'aucuns lieux fort necessaires a chacun chretien, pour mettre sa confiance en Dieu te a ayder son prochain, Genf 1867 ; Baum, J. W. (Hrsg.) : Du vrai usage de la croix de Jesus Christ et de l'abus et idolatrie commise autour d'icelle et de l'authorite de la parole de Dieu et des traditions humaines, Genf 1865

21 Seine bewusste Hinwendung zum protestantischen Glauben beschrieb Calvin folgendermaßen: „Durch die Neuheit abgestoßen, lieh ich jenen Lehren nur ungern mein Ohr; mit leidenschaftlichem Eifer widerstand ich ihnen; vor allem eins machte meinen Sinn abgeneigt: die Ehrfurcht vor der Kirche. (...) Wie durch einen plötzlichen Lichtstrahl getroffen erkannte ich, in welchem Abgrund von Irrtümern, in welchem Schmutz ich mich befunden hatte. So tat ich, o Herr, was meine Pflicht war, und begab mich, erschreckt und mit Tränen für mein früheres Leben ver-

Als in Paris der Verfolgungsdruck des Katholizismus zu stark wurde, siedelte er im Jahre 1535 nach Basel über. Im Jahre 1536 wurde ihm auf der Durchreise in Genf ein kirchliches Lehramt angeboten, woraufhin Calvin bis zu seinem Tod das Ziel verfolgte, eine vollkommene reformatorische Durchgestaltung der Stadt zu erreichen. Im Jahre 1541 erließ der Rat der Stadt Genf eine von Calvin verfasste Kirchenordnung (Ordonnances ecclesiastiques), die von nun an das religiöse, sittliche und soziale Leben der Bürger Genfs regelten.

In seinem Hauptwerk „Institutio religionis christianae"[22], das im Jahre 1541 in französischer Sprache erschien, formte Calvin aus den umlaufenden Lehren ein einheitliches theoretisches Konstrukt, das sich zur geistigen Grundlage des Kalvinismus in Frankreich entwickelte. Calvin verfasste Kommentare zu fast allen Büchern des Alten und Neuen Testamentes und theologische Traktate, in denen er die Reformation verteidigte oder seine eigene Position darlegte. Er entwickelte in seinen Schriften den Gedanken der Prädestination, die aus dem Glauben an die absolute Souveränität Gottes resultierende Erwählung oder Verwerfung des Menschen, die ausschließlich dem persönlichen Willen Gottes entsprang und vom menschlichen Handeln unabhängig war.[23] Calvin gründete im Jahre 1559 die Genfer Akademie[24], die wesentlichen Anteil daran hatte, den Protestantismus Calvinscher Prägung sowohl in der Schweiz als auch in anderen Ländern bekannt zu machen.[25] Viele Schüler seiner Akademie

---

dammend, auf deinen Weg." Zitiert aus: Gloede, G.: Zucht und Weite. Calvins Weg und Werk, 4. Auflage, Zürich 1959

22 Die deutsche Übersetzung dieses Werkes bietet Weber, O. (Hrsg.): Unterricht in der christlichen Religion, 2. Auflage, Berlin 1955

23 van Ess, J.: Zwischen Hadith und Theologie. Studien zum Entstehen prädestinatianer Überlieferung, Berlin 1975, S. 25 f

24 Kurz nach Calvins Tod wurde die Akademie durch die Schaffung medizinischer, juristischer und philologischer Lehrstühle zu einer Universität ausgebaut. Die Akademie wurde in zwei Stufen aufgegliedert: Die untere war die „schola privata", in der zunächst lediglich Lesen und Schreiben gelehrt wurde. Danach stand Philosophie, Literatur, Griechisch, Hebräisch und Latein auf dem Stundenplan. Bei erfolgreicher Absolvierung der „schola privata" konnte jeder Schüler in die „schola publica"aufrücken, in der akademische Übungen und Vorlesungen abgehalten wurden.

25 Brunner, E.: Das Vermächtnis Calvins, Bern 1936, S. 13

stammten aus den protestantischen Hochburgen Frankreichs, die seine religiösen Überzeugungen nach ihrer Rückkehr in ihren Heimatgemeinden weiterverbreiteten.

Die Tatsache, dass Farel und Calvin Franzosen waren und ihre Landsleute in ihrer Muttersprache ansprechen konnten, war der entscheidende Pluspunkt dafür, dass sich die französische Reformation ohne große innere Konflikte an Calvins Lehren orientierte.

In der Forschungsliteratur existieren zwei voneinander abweichende Darstellungen über Herkunft und Sinn des Begriffs „Hugenotten". Gemäß den Ausführungen Miecks stand bei der Auseinandersetzung der Stadt Genf mit dem Herzog von Savoyen der herzoglichen Partei der „Mamelucks" die mit den Schweizern verbündete Fraktion der „Eyguenots" gegenüber. Der Ausdruck „Eyguenots" wurde laut Mieck aufgegriffen und im Laufe der Zeit in der Form „huguenots" als Bezeichnung für die französischen Kalvinisten verwandt.[26]

Dagegen stellte der Vorsitzende der Gesellschaft für die Geschichte des französischen Protestantismus, Paul Lienhardt, fest:[27] „Der Name hat sein ursprüngliches Geheimnis zum Teil bewahrt. Wie der Name ‚Christ' war ‚Hugenot' ursprünglich ein Schimpfwort. Aus einer Handschrift aus Perigueux, in der einstigen Guyenne in Südwest-Frankreich geht hervor, dass zum allerersten Mal anno 1551 Bilderstürmer als ‚böse Hugenottenrasse' bezeichnet wurden. Doch erst 10 Jahre später, 1560, verbreitete sich das Wort in der Stadt Tours an der Loire, um die im Entstehen begriffene protestantische Partei zu bezeichnen. Diese ist erstmals bei der Verschwörung von Amboise in Erscheinung getreten. Diese Verschwörung sollte den jungen König Francois II. dem Einfluß der fanatischen Partei der Guise entziehen. Das unvorsichtige Unternehmen schlug fehl. Die unerbittlichen Repressionen brachten den Verschwörern und den Anhängern der neuen Religion einen Namen aus dem örtlichen Wortschatz, der soviel besagte wie ‚Teufelsbrut', ‚suppots de Satan'. Seither hießen sie Hugenotten. Inzwischen hat der Name seinen bösen Klang verloren. Die

[26] Mieck, Die Entstehung des modernen Frankreich 1450–1610, a.a.O., S. 234

[27] Lienhardt, P.: Der Ursprung des Namens „Huguenot", in: Die Hugenottenkirche, 45 Jg., Nr.12, Dezember 1992, S. 45–52, hier: S. 46 ff

protestantische Partei legte sich den Namen zu, so dass er seither aufgrund der Geschichte der französischen Protestanten und ihre Nachkommen in aller Welt bezeichnet. Entgegen den (...) vorfindlichen Erklärungen rührt der Name Hugenotte nicht vom allemanischen Eidgenossen her. Die Auslegung sollte die Hugenotten als ‚Partie des Auslands" diskriminieren."

Im Ketzeredikt vom 24.6.1539, das sich auf das gesamte Königreich bezog, wurden sämtliche Rechtsinstanzen aufgefordert, Frankreich von den Ideen des Protestantismus zu befreien. Das Edikt versprach Denunzianten unter der Bevölkerung ein Viertel der unter Umständen konfiszierten Güter. Das Edikt von Fontainebleau vom 1.6.1540 übertrug den Parlamenten die Autorität für Glaubensprozesse; lediglich Kleriker mit höheren Weihen wurden weiterhin vor geistliche Gerichte gestellt. Im Jahre 1543 gab die theologische Fakultät von Paris als Entscheidungshilfe eine Auflistung der dogmatischen Kernpunkte heraus und veröffentlichte eine Liste mit 65 Schriften, die sie als häretisch ansah.

Die Verfolgung der Protestanten wurde zunehmend verschärft, Massenverbrennungen von Hugenotten sind aus dem Jahre 1545 in La Rochelle und aus dem Jahre 1546 in Meaux bekannt.[28]

Im Tal der Durance und im Luberon-Gebiet führte das Parlament eine Vernichtungsaktion gegen die dort ansässigen Waldenser (Vaudois) durch. Die Waldenser waren Anhänger der von Petrus Waldes in Lyon zwischen 1170 und 1176 innerhalb der katholischen Kirche Südfrankreichs zur Verkündigung des Evangeliums gegründeten Laienbruderschaft, die gemäß dem Vorbild Jesu in Armut lebte.[29] Seitdem die Waldenser sich auf der Synode von Chanforan der reformierten Genfer Kirche angeschlossen hatten, folgten sie in ihrem Bekenntnis und ihrer Kirchenorganisation in wesentlichen Punkten den Hugenotten. Sie waren zwar Anhänger der Reformation, befanden sich aber rechtlich im Status einer vom König gewährten befristeten Tolerierung (pardon conditionnel). Im April 1545 wurden die Städte Merindol und Cabrieres sowie un-

---

[28] Mieck, Die Entstehung des modernen Frankreich 1450–1610, a.a.O., S. 235

[29] Vgl auch dazu Roll, E.: Die Waldenser, Stuttgart 1982

gefähr 30 Dörfer zerstört, 1000–2000 Waldenser ermordet, verletzt oder zum Galeerendienst verbannt.

Heinrich II. (1547–1559) gründete im Jahre 1547 beim Parlament eine Spezialkammer für „Ketzerprozesse" (Chambre ardente)[30], die in den drei Jahren ihres Bestehens etwa 500 Verhaftungen von Protestanten veranlasste. Im Edikt von Chateaubriant vom 26.7.1551, das aus 46 Artikeln bestand, wurden alle Einzelheiten der Verfolgung der Hugenotten geregelt. Das Edikt von Compiegne vom 24.7.1557 legte sowohl für das öffentliche als auch das geheime Bekenntnis zum protestantischen Glauben einheitlich die Todesstrafe fest. Die Verschärfung der Verfolgung der Hugenotten erklärte sich als Reaktion aus der Tatsache, dass die Zahl der Hugenotten in Frankreich nicht abnahm, sondern stetig anstieg.

Der Konflikt zwischen der katholischen Kirche und dem aufkommenden Protestantismus machte auch vor der einfachen Bevölkerung Frankreichs nicht Halt. Aufgehetzt durch katholische Würdenträger entstand innerhalb großer Teile der katholischen Bevölkerung das Bild der häretischen Protestanten, die die Heilige Schrift umdeuteten und für ihre Zwecke missbrauchen sowie die Ehre Gottes angriffen, indem sie Maria erniedrigten und die Verehrung der Heiligen, ihrer Bilder und Reliquien ablehnten.[31] Die Protestanten verleugneten die heilige Wandlung und verkündeten, dass während des Abendmahles Jesus Christus nicht körperlich, sondern lediglich geistig anwesend ist. Weiterhin wurde den Protestanten zum Vorwurf gemacht, die heilige lateinische Messe durch Gottesdienste zu ersetzen, während denen ausschließlich Französisch gesprochen wurde. Laut den katholischen Vorstellungen verstießen die Protestanten gegen die Auffassung Jesu, indem sie den Papst nicht als Christi Stellvertreter auf Erden anerkannten.

Die unterschiedlichen Auffassungen über Glaubensinhalte wie die Priesterehe, das Abendmahl, das Totengebet und das Fegefeuer verschärften nochmals den Konflikt zwischen Protestanten und Katholiken.

---

30 Baudoin-Matuscek, M.-N./Merlin-Chazelas, A. (Hrsg.): Catalogue de actes de Henri II., Paris 1979, S. 178

31 Bluche. F.: Im Schatten des Sonnenkönigs. Alltagsleben im Zeitalter Ludwigs XIV. von Frankreich, Freiburg/Würzburg 1986, S. 314 f

Im Süden Frankreichs, wo der Protestantismus eine besonders starke Stellung einnahm, kam es häufig vor, dass sich die wohlhabenden Schichten zur protestantischen Religion bekannten, während die Katholiken in Armut lebten. In dieser Situation fiel es katholischen Dorfpriestern oder Klostermönchen nicht schwer, die katholische Bevölkerung gegen die Protestanten aufzuhetzen.

Die oben geschilderten Vorurteile der katholischen Bevölkerung wurden von Generation zu Generation vererbt und in vielen Fällen durch Dorfpfarrer im Religionsunterricht noch verstärkt.

Anlässlich kleinerer Auseinandersetzungen beruflicher oder gesellschaftlicher Art zwischen Katholiken und Protestanten brachen die konfessionellen Unterschiede hervor und uferten in gewaltsame Konfrontationen aus.[32] In manchen katholisch dominierten Regionen Frankreichs kam es zu Steinigungen von Kalvinisten und Schändungen protestantischer Gräber.

Allerdings liegen auch Quellen vor, die von einem weitgehend friedlichen Zusammenleben von Protestanten und Katholiken berichten.[33] In einer Gemeinde der Gascogne-Mauvezin spielten die familiären Bindungen eine größere Rolle als die Konfessionszugehörigkeit. Bei der Ernennung eines Taufpaten entschieden sich Katholiken in einigen Fällen für einen protestantischen Angehörigen aus ihrer Verwandtschaft. Die Eheschließungen zwischen Vertretern verschiedener Konfessionen waren keine Seltenheit; im Regelfall wurden die Jungen in der Konfession des Vaters und die Mädchen in der Konfession der Mutter erzogen. Die Heirat bot in diversen Fällen einen Anlass zur Konversion, ohne dass es zu erbitterten Auseinandersetzungen oder gar Gewaltakten kam.

Die Ursachen für die Ausbreitung des Protestantismus in Frankreich lagen in der schlechten wirtschaftlichen und gesellschaftlichen Situation

---

32 Ebd., S. 315

33 Joutard, F.: 1685 - Ende und neue Chance für den französischen Protestantismus, in: von Thadden/Magdelaine, Die Hugenotten 1685-1985, a.a.O., S. 11-25, hier: S. 16 und Labrousse, E.: Les conversion au XVIIeme siecle, Actes des XIIeme colloque du C.M.R. (17 janvier 1982), Marseille 1983, S. 161-177

breiter Bevölkerungsschichten.[34] Aufgrund der anhaltenden Kriege mit den Habsburgern wurden die Steuern drastisch erhöht, was die Bauern schwerwiegend belastete und die Absatzmöglichkeiten des städtischen Gewerbes minderte. Außerdem wurden sämtliche Lohnempfänger durch die Folgen der Preisrevolution sehr stark belastet. Große Teile des Adels gerieten weiterhin in finanzielle Schwierigkeiten, was sich erheblich auf die innenpolitische Situation auswirkte. Die andauernden Kriege, an denen die Adeligen zum großen Teil auf eigene Kosten teilnehmen mussten, brachten in den wenigsten Fällen Gewinne ein. Des Weiteren wurde durch die Preisentwicklung der Wert der grundherrlichen Geldrenten in hohem Maße gemindert. Lediglich jene Adeligen, die am Hofe des Königs über Beamtenstellen oder andere Einnahmequellen verfügten, waren von der prekären wirtschaftlichen und gesellschaftlichen Situation nicht betroffen. Insbesondere der Adel in den südfranzösischen Regionen blieb von dieser Entwicklung nicht verschont.

Angesichts dieser schwierigen ökonomischen und gesellschaftlichen Verhältnisse konnte sich der Kalvinismus in Frankreich seit dem Jahre 1555 weiter weiterentwickeln.[35] Neben zahlreichen desillusionierten Personen aus den bäuerlichen und städtischen Unter- und Mittelschichten schlossen sich in zunehmendem Maße Adelige aus den südfranzösischen Provinzen dem Protestantismus an. Die in ihrer Zahl wachsenden protestantischen Gemeinden stellten sich verstärkt unter den Schutz einflussreicher Adeliger. Eine spezielle Rolle spielten dabei Angehörige der durch das Adelsgeschlecht der Guisen zurückgedrängte Familie Bourbon. Seit dem Jahre 1557 bekannten sich Anton von Navarra, sein Bruder, Prinz Ludwig von Conde, die Brüder Francois d'Andolot und der Admiral Gaspard de Coligny[36] zur protestantischen Religion.

Somit führte die Unzufriedenheit breiter Bevölkerungsschichten, zahlreicher Gruppierungen des Adels sowie die Opposition des bourbonischen

[34] Köller/Töpfer, Frankreich, a.a.O., S. 243

[35] Ebd.

[36] Die Bekehrung de Colignys zum Protestantismus ist nachzulesen in: Hotman, F.: La vie de Gaspard de Coligny, seigneur de Chastillon sur Loin, gouverneur pour le roi de l'Ile de la France et la Picardie, colonel general de l'infantrie francois et admiral de France, Lyon 1586

Adelsgeschlechts dazu, dass der Kalvinismus in Frankreich eine verstärkte politische und gesellschaftliche Bedeutung erhielt.

In den 1550er Jahren bildete sich ein Netz organisierter kalvinistischer Gemeinden heraus, das sich fast über das gesamte Königreich erstreckte.

Ende Mai 1559 fand in Paris eine Nationalsynode von Vertretern der hugenottischen Religion statt.[37] Die Repräsentanten von zwölf großen Provinzialkirchen beschlossen zwei bedeutsame Dokumente, die seitdem die Grundlagen der hugenottischen Kirche bildeten: die „Gallicarum ecclesarium confessio fidei"[38] oder „Confession de Foi", das Glaubensbekenntnis, sowie die „Discipline ecclesiastique des eglises reformees de France"[39], die die Regeln für Kirchenverfassung und -zucht festlegte.[40] Während am Wortlaut der confession unverändert festgehalten wurde, entstand aus den ursprünglich vierzig Artikeln der Kirchenordnung im Verlauf eines Jahrhunderts die Sammlung von ungefähr 400 Paragraphen.

Die beiden protestantischen Adeligen Anton von Navarra und Ludwig von Conde planten Anfang des Jahres 1560 ein Attentat auf ihre katholischen Rivalen Franz von Guise und seinen Bruder Karl, den Kardinal von Lothringen.[41] Zu diesem Zweck nahmen sie Verbindung zu Godefroy La Renaudie, einem protestantischen Adeligen aus dem Perigord, auf. Dieser Komplott, auch als Verschwörung von Amboise bekannt, wurde noch vor seiner Durchführung aufgedeckt. Conde wurde am 26.11.1560 durch ein Sondergericht, das auf die Initiative der Guisen eingesetzt wurde, zum Tode verurteilt. Der Tod des Königs Franz II. verhinderte die Hinrich-

---

37 Köller/Töpfer, Frankreich, a.a.O., S. 244

38 Vgl. dazu Böckel, E.G.A.: Die Bekenntnisschriften der evangelisch-reformierten Kirche, Leipzig 1847, S. 471

39 Vgl. dazu die deutsche Übersetzung von Jacobs, P. (Hrsg.): Reformierte Bekenntnisschriften und Kirchenordnungen in deutscher Übersetzung, Neukirchen 1949, S. 123

40 Gahrig, W.: Unterwegs zu den Hugenotten im Land Brandenburg. Historische Ausflüge, Berlin 2000, S. 20

41 Baker, J.: The House of Guise and the Church c. 1550–1588, Oxford 1995, S. 57 ff

tung Condes. Er wurde auf freien Fuß gesetzt und vom königlichen Hof verbannt.[42]

Die Mutter des Königs Karl IX., Katharina von Medici, leitete im Jahre 1560 eine neue Konfessionspolitik ein. Mit dem Gnadenedikt von Amboise am 2.3.1560 billigte sie den Hugenotten eine Teilamnestie zu und gewährte ihnen ein kollektives Versammlungsrecht. Zu diesem Zeitpunkt gewann Katharina von Medici die Überzeugung, dass aufgrund der zahlenmäßigen Stärke der hugenottischen Fraktion der Protestantismus in Frankreich nicht länger zu unterdrücken wäre. Sie ging von der Annahme einer konfessionellen Koexistenz aus, die es nun zu organisieren galt. Hinter diesem Gedanken der religiösen Toleranz standen aber auch machtpolitische Überlegungen.[43] Katharina von Medici verfolgte die Absicht, ein gewisses Gleichgewicht zwischen Bourbonen und Guisen herbeizuführen, um so ihre eigene Stellung festigen und ausbauen zu können.[44]

Um die konfessionelle Aussöhnung voranzutreiben, setzte sie eine Politik der Beschwichtigung bei den 1560/61 in Orleans versammelten Generalständen durch. In der Eröffnungsrede setzte sich der Vertreter Katharinas, Kanzler L'Hopital, nachdrücklich für eine friedliche Beilegung der Auseinandersetzungen zwischen Protestanten und Katholiken ein.[45] Weiterhin erklärte er, dass die Beseitigung der kirchlichen Missstände das geeignetste Mittel sein würde, um die Protestanten wieder zum katholischen Glauben hinzuführen. Das Ergebnis der Versammlung der Generalstände war eine am 31.1.1561 veröffentlichte Ordonnanz, in der die Beseitigung verschiedener Missstände in der kirchlichen und staatlichen Ordnung hervorgehoben wurde. Wesentliche Punkte in der Ordonnanz waren die Senkung der Steuern, die Verminderung des Beamtenapparates und die Beseitigung der Käuflichkeit der Ämter. Diese verabschiedeten Forderungen wurden in der Folgezeit jedoch nur minimal umgesetzt.

---

42 Ebd. S. 58

43 Heritier, J.: Catherine de Medicis, Paris 1942, S. 127

44 Töpfer/Köller, Frankreich, a.a.O., S. 245

45 Ebd.

Dies führte dazu, dass die vorhandenen Animositäten gegenüber der katholischen Kirche offener zum Ausdruck kamen. Auf einer weiteren Versammlung der Generalstände, die im August 1561 in Pontoise stattfand, stellten Vertreter des dritten Standes die Forderung auf, den weltlichen Besitz der Kirche einzuziehen, um auf diesem Wege die Staatsschulden begleichen zu können. Um die wachsende Empörung zu besänftigen, sah sich der Klerus dazu gezwungen, von sich aus Gelder zur Entschärfung der wirtschaftlichen Krise Frankreichs zu bewilligen.

Die Zugeständnisse Katharinas an die Hugenotten stießen auf entschiedenen Widerstand innerhalb der katholischen Fraktion. Franz von Guise, Konnetabel de Montmornecy und Marshall de Saint-Andre versuchten, die aus ihrer Sicht prohugenottische Haltung Katharina von Medicis zu unterlaufen. Sie strebten ein Bündnis mit Spanien und dem Papst sowie Verhandlungen mit den lutherischen Fürsten in Deutschland an.[46]

Katharina von Medici konnte gegen erhebliche Widerstände durchsetzen, dass ein erneuter Gedankenaustausch zwischen den zerstrittenen konfessionellen Parteien möglich wurde. Jedoch brachte das im September/ Oktober 1561 stattfindende Kolloquium von Poissy nicht die gewünschte Annäherung der unterschiedlichen Standpunkte.[47]

Da die katholische Fraktion zur Festigung ihrer Position engere Verbindungen zu König Philipp II. von Spanien aufnahmen, kam es zu einer Annäherung im Sinne ihrer Gleichgewichtspolitik mit den Protestanten. Das Ergebnis dieser Annäherung war das Toleranzedikt von St. Germain vom 17.1.1562.[48] Das Toleranzedikt gestattete den Hugenotten den reformierten Gottesdienst tagsüber außerhalb der Städte. Das Edikt erlaubte außerdem Hausgottesdienste und Bibelstunden in allen Städten des Königreiches. Die Hugenotten durften weiterhin Synoden und Konsistorien abhalten.

---

[46] Baumgartner, F.: France in the Sixteenth Century, New York 1995, S. 146

[47] Vgl. dazu Sutherland, N.M.: The Cardinal of Lorraine and the Colloque of Poissy 1561: A reassessment, in: Ders.: princes, Politics and Religion 1547-1589, London 1984, S. 113-137

[48] Töpfer/Köller, Frankreich, a.a.O., S. 246

Vom 15–18. Februar 1562 kam es zu einem Treffen zwischen Franz von Guise und dem Herzog von Württemberg. Im Verlaufe des Gesprächs überzeugte Franz von Guise den Herzog davon, dass die Hugenotten für das Scheitern des Kolloquiums von Poissy verantwortlich waren und er ihnen keine finanzielle und militärische Unterstützung zukommen lassen sollte.

Die praktische Unwirksamkeit der von Katharina von Medici herausgegebenen Edikte zeigte sich am 01.3.1562, als Franz von Guise mit seinen Truppen auf der Rückreise aus Württemberg in der Stadt Vassy ungefähr sechzig Teilnehmer eines protestantischen Gottesdienstes ermordete. Köller und Töpfer beschrieben den Verlauf des Massakers:[49] „Auf der Reise nach Paris zog Herzog Franz von Guise mit seinem bewaffneten Gefolge am 1. März.1562 durch das Städtchen Vassy in der Champagne. Dort fand in einer Scheune ein kalvinistischer Gottesdienst statt. Als einige Gefolgsleute des Herzogs gewaltsam eindringen wollten, kam es zu gewaltsamen Auseinandersetzungen. Hinzueilende Soldaten eröffneten das Feuer auf die in der Scheune eingeschlossenen, von denen eine beträchtliche Zahl getötet wurde. Überall in Frankreich bemächtigte sich darauf der Hugenotten eine kaum noch zu zügelnde Erregung“

Mieck stellt zu Recht fest, dass dieses Massaker eine Reaktion auf die konfessionelle Ausgleichspolitik Katharinas von Medici darstellte.[50] Zu der unversöhnlichen Haltung gegenüber dem Protestantismus existierte bei der katholischen Adelsfraktion die Befürchtung, die politische Macht in Frankreich in Zukunft mit den zum Kalvinismus konvertierten Kreis um Anton von Bourbon, Conde und Coligny teilen zu müssen. Die Zukunft ganzer katholischer Adelsdynastien und ihrer Karrieren in der Verwaltung, Armee und Kirche schien in hohem Maße gefährdet. Diese Faktoren bewirkten einen tiefen Hass gegen die Hugenotten und Katharina von Medici, die die Kalvinisten unter den Schutz des Toleranzediktes vom 17.01.1562 stellte.

Das Massaker von Vassy leitete das Zeitalter der Hugenottenkriege ein, die bis zum Jahre 1598 die innenpolitische Situation in Frankreich be-

[49] Zitiert aus: Ebd. S. 247

[50] Mieck, Die Entstehung des modernen Frankreich 1450–1610, a.a.O., S. 239

stimmen sollten. Die Warnung von Jean Calvin, die er bereits im Jahre 1559 an die Hugenotten richtete, wurde nicht beachtet:[51] „Ihr werdet Trost bei Gott finden, wenn Ihr Euch mit Tränen und Gebeten demütigt, nicht aber, wenn Ihr unwillig werdet und die Zähne gegen die Tyrannen zeigt, wie einige es tun".

2.3 Hugenottenkriege (1562–1598)

Die mehr als drei Jahrzehnten andauernden Kämpfe zwischen den Hugenotten und der katholischen Fraktion erfassten praktisch ganz Frankreich, es gab kaum eine Region, die von Verwüstungen und Plünderungen verschont blieb. Innerhalb verschiedener Provinzen kristallisierte sich die Situation heraus, dass zwei Gouverneure unterschiedlicher Konfession sich gegenseitig bekämpften. Gewaltsame Auseinandersetzungen zwischen katholisch dominierten Dörfern und Ortschaften, wo der Protestantismus stark verbreitet war, waren keine Seltenheit.[52]

Aufgrund der Ereignisse von Vassy griffen die Hugenotten unter Führung von Conde und Coligny zu den Waffen. Mehrere südfranzösische Städte wie Montpellier, Nimes und Beziers sowie Rouen in der Normandie unterstützten den hugenottischen Aufstand; der zentrale militärische Stützpunkt der Protestanten wurde Orleans.[53] Nach einigen Anfangserfolgen der hugenottischen Seite wendete sich das Blatt zugunsten der Katholiken. Im Oktober 1562 eroberte Franz von Guise Rouen, zwei Monate später schlug er die hugenottischen Truppen in der Schlacht von Dreux.[54] Im Verlaufe der Kämpfe gelang es den Katholiken, Prinz von Conde gefangen zu nehmen.

---

51 Köller/Töpfer, Frankreich, a.a.O., S. 244

52 Romier, L. Les origins politiques des guerres de religion, 2. Band, Paris 1913, S. 35

53 Coustant, J.-M.: Les Guises, Paris 1984, S. 26

54 Vgl. dazu die Rede des Bischofs von Metz, Francois Beaucaire, vor dem Konzil in Triest: Beaucaire, F.: Oratio de victoria, qua Carolus IX. Galliarum rex Francisci Lotharingi Guisae ducis, necnon et Annae Monmorencii equitum magistri auspiciis rebelles causem religionis pretextentes ingenti clade superavit. Habita est Tridentini in publico Patrum qui ad concilium oecumenicum convenerunt consessu, Brescia 1563

Als bei der Belagerung von Orleans durch katholische Truppen ihr Anführer Herzog Franz von Guise von dem Hugenotten Poltrot de Mere ermordet wurde[55], vermochte es Katharina von Medici, Verhandlungen zwischen den beiden Parteien einzuleiten. Katharina verfolgte bei den Friedensverhandlungen eigene Interessen; sie wollte einen für die Position des Königtums auf Dauer gefährlichen Krieg durch ein gewisses Entgegenkommen gegenüber der protestantischen Partei beenden. Das Ergebnis ihrer Bemühungen war das Friedensedikt von Amboise vom 19.03.1563, das den Hugenotten die freie Ausübung des Gottesdienstes in verschiedenen Städten oder im Hauptort einer großen benachbarten Grundherrschaft garantierte.[56]

Der zweite Hugenottenkrieg entzündete sich an der Besetzung der Stadt Meaux im September 1567, das einen Teil der Versorgung von Paris kontrollierte, durch protestantische Truppen.[57] Während spanische Truppen auf der Seite der katholischen Fraktion kämpften, erhielten die Hugenotten Unterstützung aus Deutschland vom kalvinistischen Pfalzgrafen. Da sich keine der beiden Fraktionen entscheidend durchsetzen konnte, kam es im März 1568 zum Abkommen von Longjumeau, das das Edikt von Amboise erneuerte. Die hugenottische Besetzung von Meaux veranlasste Katharina von Medici, ihre bislang verfolgte Politik der Aussöhnung zwischen Katholizismus und Protestantismus aufzugeben und eine eindeutige antiprotestantische Haltung einzunehmen.

Als Folge der zunehmenden Übergriffe der von Jesuiten aufgehetzten katholischen Bevölkerung gegenüber Hugenotten flammten die konfessionellen Auseinandersetzungen wieder auf. Coligny und Conde suchten in der Hafenstadt La Rochelle Schutz und nahmen von dort den Kampf erneut auf. Die katholische Seite besiegte die Hugenotten in den Kämpfen bei Jarnac am 13.03. 1569 und Montcontour am 03.10.1569, während

55 Als Coligny von der Ermordung Franz von Guises erfuhr, bemerkte er: „Wir können es nicht verneinen, dass sein Tod ein deutliches Manifest der Wunder Gottes ist." Zitiert nach: Potter, D.: The French Wars of Religion. Selected Documents, London 1997, S. 54. Der Sohn Franz von Guises, Heinrich, war davon überzeugt, dass Coligny für die Ermordung seines Vaters verantwortlich war.

56 Meyer, Geschichte Frankreichs, a.a.O., S. 192

57 Bitton, D.: The French Nobility in Crisis 1540-1640, Stanford 1969, S. 49

Coligny große Teile Südfrankreichs unter seine Kontrolle brachte. Da weder die Katholiken noch die Hugenotten einen entscheidenden Sieg erringen konnten, wurde der dritte Hugenottenkrieg durch das Edikt von St. Germain vom 08.08.1570 beendet. Das Edikt sicherte den Hugenotten erneut Gewissensfreiheit und das Recht zur Durchführung von Gottesdiensten in zahlreichen Städten des Königreiches zu. Außerdem wurden ihnen die Städte La Rochelle, Montauban, La Charite und Cognac als Sicherheitsplätze überlassen.

Als Coligny nach dem Friedensedikt von Saint-Germain den Sohn Katharinas von Medici, Karl IX., für seine Spanienpolitik gewinnen konnte, versuchte sie Coligny durch ein Attentat, das allerdings misslang, aus dem Weg zu räumen. Sie vermochte es daraufhin, Karl IX. von einer in Wirklichkeit nicht vorhandenen hugenottischen Verschwörung zu überzeugen und ihm den Befehl abzuringen, die führenden Vertreter der Hugenotten ermorden zu lassen.[58] Coligny und zahlreiche hugenottische Befehlshaber wurden in der Nacht vom 23. zum 24. August 1572, dem Tage des heiligen Bartholomäus, getötet.[59] Für die Ausweitung dieser weniger geplanten Exekutionen zu einem allgemeinen Massaker an Protestanten waren katholische Bürgermilizen verantwortlich, die ungeachtet königlicher Befehle der Beschwichtigung in den darauf folgenden Tagen in Paris ungefähr 2000 Hugenotten ermordeten.

Die Verfolgungen griffen in den folgenden Tagen und Wochen auch auf andere französische Städte über; dabei wurden ungefähr 4000–6000 Hugenotten getötet. Während die Bartholomäusnacht sowohl bei den Hugenotten in Frankreich als auch im übrigen protestantischen Europa Bestürzung und neue Abneigung gegenüber dem Katholizismus hervorrief, waren im katholischen Lager Anzeichen von Freude und Befriedigung unübersehbar. Das Haupt des Adelsgeschlechtes der Guisen, der in Rom lebende Karl von Lothringen, schrieb aus Italien:[60] „Die Nachricht, die

---

[58] Mieck, Das Entstehen des modernen Frankreichs 1450–1610, a.a.O., S. 265 f

[59] Vgl. zu den Ereignissen in der Bartholomäusnacht die ausführliche Darstellung von Erlanger, P.: Bartholomäusnacht. Die Pariser Bluthochzeit am 24. August 1572, München 1966

[60] Zitiert aus Köller/Töpfer, Frankreich, a.a.O., S. 250

wir aus Frankreich über die Tötung und Vernichtung der Rebellen, der Feinde Gottes, seiner Kirche und der Krone Frankreichs erhielten, haben auch hier überall Freude erregt. Unser heiliger Vater veranstaltete deswegen am Sonnabend eine öffentliche Kundgebung in Gestalt einer allgemeinen feierlichen Prozession, an der er und alle Kardinäle teilnahmen. (...) Es folgte am Nachmittag eine große Schar von Kindern in Chorhemden und mit Ölzweigen in den Händen, die Gott lobten und priesen, der dem Herzen unseres Königs ein so glückliches und heiliges Unternehmen eingegeben hat."

Als Reaktion auf die Ereignisse in der Bartholomäusnacht brach der vierte Hugenottenkrieg aus.[61] Nach der halbjährigen Belagerung der hugenottischen Festung La Rochelle stimmten die Katholiken im Jahre 1573 dem Friedensvertrag von Boulogne zu. In der Zeit des vierten Hugenottenkrieges entwickelte sich im Süden Frankreichs in den Städten Montauban und Nimes eine feste Organisationsstruktur der Hugenotten; es wurden Ständeversammlungen einberufen und eigene Steuern erhoben.[62]

Zugleich versuchten die Hugenotten, das Verhalten der königlichen Seite auf publizistischem Wege anzuklagen und ihre eigenen Positionen theoretisch darzustellen. Im Jahre 1573 veröffentlichte der Protestant Francois Hotman in Genf das Werk „Franco-Gallia", in dem er die seiner Ansicht nach freiheitliche Verfassung der alten Gallier und Franken, bei denen die Könige von Volksversammlungen abhängig waren, veranschaulichte. Damit negierte er die nahezu absolutistische Position des französischen Königtums und sprach stattdessen der Ständeversammlung weitreichende Entscheidungsprivilegien zu.[63]

Der fünfte Hugenottenkrieg, der im Jahre 1574 begann, konzentrierte sich auf den Süden Frankreichs. Der königliche Statthalter im Languedoc, Heinrich von Damville, unternahm den Versuch, eine Einigung zwischen gemäßigten katholischen Kreisen und den hugenottischen Befehlshabern

---

61 Dinoth, R.: De bello civili gallico religionis causa suscepto lib. VI. Acceßit index rerum memorabilium locupletißimus, Basel 1582, S. 26

62 Köller/Töpfer, Frankreich, a.a.O., S. 250

63 Ebd., S. 251

herbeizuführen, was letztlich an der Intervention des französischen Königs Heinrich III. (1574–1589) scheiterte.

Die Situation Heinrichs III. verschlechterte sich im Laufe des Krieges zusehends. Sein Bruder, Herzog Franz von Alencon, stellte sich auf die Seite der Hugenotten. Als dem seit der Bartholomäusnacht am Hofe des Königs internierten Heinrich von Navarra die Flucht gelang, verfügten die Hugenotten wieder über einen legitimen Anführer. Außerdem verbesserten die vom deutschen Pfalzgrafen entsandten Hilfstruppen die protestantische Position. Daher war König Heinrich III. dazu gezwungen, Verhandlungen aufzunehmen und den Forderungen der Hugenotten entgegenzukommen. Das Friedensedikt, das am 06.05.1576 im Schloss Beaulieu verkündet wurde, gestattete den Hugenotten nahezu uneingeschränkte Religionsfreiheit. In gleicher Weise wie Katholiken wurde den Hugenotten der Zugang zu staatlichen Ämtern gewährt. Ferner sicherte Heinrich III. zu, die Generalstände nach Blois einzuberufen, um auf diese Weise die Sorgen und Forderungen seiner Untertanen in Erfahrung zu bringen.

Dieser Friedensschluss von Beaulieu stieß in weiten Kreisen des katholischen Adels auf strikte Ablehnung. Nachdem sich schon während der vorangegangenen Hugenottenkriege verschiedene katholische Gruppierungen in kleineren Fraktionen verbündet hatten, schlossen sich nun die jeglichen Kompromiss mit den Protestanten ablehnenden Katholiken unter der Führung des Herzogs Heinrich von Guise zu einer größeren Organisation, der Ligue de defence de la Sainte Eglise Catholique, zusammen.[64] Die katholische Liga, zu deren Oberbefehlshaber Heinrich von Guise ernannt wurde, verfügte mehrere Monate nach ihrer Gründung über eine Truppenstärke von 30.000 Personen. Sie verfügte über mehrere Stützpunkte in Frankreich, vor allem in der Picardie, wo der Gouverneur von Peronne, Marshall de Humieres, eine entscheidende Rolle spielte, in Roye und in Montdider.

---

64 Ebd. S. 252 f. Vgl. dazu auch: Harding, R.: Revolution and Reform in the Holy League: Angers, Rennes, Nantes, in: Journal of the Modern History 53 (1981), S. 379–416, De Lamar, J.: Diplomacy and Dogmatism. Bernardino de Mendoza and the French Catholic League, Cambridge 1964 oder Buisseret, D.: Henry IV., King of France, London 1984

Das formulierte Ziel der Liga war der Schutz der katholischen Kirche in Frankreich, wobei aber auch machtpolitische Interessen des Adelsgeschlechtes der Guisen eine wichtige Rolle spielten. Die Mitglieder der Liga wollten sowohl den Gottesdienst nach der Lehre der katholischen und apostolischen Kirche Roms wiederherstellen als auch die Provinzen und Stände des Königreiches unter ihrem Schutz erneuern. Hinter diesen Zielen steckte vor allem das Interesse der Guisen, traditionelle Privilegien des Hochadels zu sichern und die staatlichen Entscheidungskompetenzen zu dezentralisieren. In der Grundsatzerklärung der Liga wurden sowohl alle französischen Dörfer als auch Städte dazu aufgefordert, dem katholischen Bündnis beizutreten und Soldaten und Waffen zu stellen.

Katharina von Medici und Heinrich III. sahen die Gründung der katholischen Liga als Versuch an, die Autorität des Königs zu beschränken. Die hugenottische Seite schürten die Ängste des Königs vor einem Machtverlust noch durch die Verbreitung von Flugschriften, nach denen Heinrich von Guise beim Papst schon seinen Anspruch auf den französischen Thron geltend gemacht hatte.[65]

Im Jahre 1576 begann der sechste Hugenottenkrieg, in dem die Katholiken La Charite und Brouage einnehmen konnten. Im September des Jahres 1577 kam es zum Friedensedikt von Poitiers, das die im Edikt von Beaulieu vorgenommenen Zugeständnisse an die Hugenotten um ein geringes Maß einschränkte. Durch das Verbot aller Ligen und Bündnisse startete Heinrich III. den Versuch, den Einfluss der beiden Parteien zurückzudrängen und seine eigene Position zu stärken.

Nach zwei Jahren Waffenruhe flammten in Jahre 1579 die Auseinandersetzungen zwischen Protestanten und Katholiken wieder auf.[66] Hugenottische Truppen eroberten im Mai 1580 die Stadt Cahors; die danach folgenden Ereignisse wurden durch ergebnislose Plünderungszüge beider Seiten bestimmt. Der Bruder des Königs, Herzog Franz von Anjou, bemühte sich um eine Beendigung der innerfranzösischen Kampfhandlungen, da er einen Feldzug

[65] Bitton, The French Nobility in Crisis 1540–1640, a.a.O., S. 64

[66] Köller/Töpfer, Frankreich, a.a.O., S. 251

in die aufständischen Niederlande plante. Die Bemühungen Franz von Anjou, der innerhalb der katholischen Fraktion eine gemäßigte Stellung einnahm, führten zum Frieden von Fleix (26. November 1580).

Als Franz von Anjou, der als voraussichtlicher Thronerbe Heinrichs III. gehandelt wurde, im Juni 1584 starb, galt der protestantische Bourbone Heinrich von Navarra als der legitime Nachfolger auf den französischen Königsthron. Die katholische Seite war seitdem bemüht, die Thronbesteigung eines Protestanten zu verhindern. Aus diesem Grunde kam es am 21.12.1584 zu einem Bündnis zwischen dem Herzog Heinrich von Guise und dem König Philipp II. von Spanien (Vertrag von Joinville), dessen Ziel im Wesentlichen darin bestand, die Thronbesteigung Heinrich von Navarras unter allen Umständen zu verhindern sowie alle „Häresien" in Frankreich und den Niederlanden auszumerzen.[67] Der Vertrag von Joinville enthielt die Klausel, dass im Falle des Todes von Heinrich III. Karl von Bourbon, Erzbischof von Rouen, zum Thronerben ausgerufen werden sollte. Philipp II. von Spanien gewährte der Liga die monatliche Summe von 50.000 Kronen, um die finanziellen Lasten eines immer wahrscheinlich werdenden Krieges gegen die Hugenotten auszugleichen.

Die Fraktion Heinrich von Guises erhielt im Jahre 1685 Unterstützung durch bürgerliche Kräfte aus Paris und anderen nordfranzösischen Städten.[68] Der Grund für diese Solidarität mit Heinrich von Guise lag in der Befürchtung, dass nach der Machtübernahme Heinrich von Navarras das Königtum durch den Einfluss südfranzösischer Adelsgruppen entscheidend geschwächt würde. Außerdem konnten sie sich nicht mit der Vorstellung anfreunden, dass ein Protestant das Amt des Königs bekleiden könnte.

Im Jahre 1585 begann der achte Hugenottenkrieg, der in entscheidender Weise von Fragen der Thronfolge bestimmt wurde. Heinrich von Guise unterstützte katholische Erhebungen in der Champagne und Picardie und besetzte die strategisch bedeutenden Städte Toul und Verdun. In den ersten Jahren des Krieges gelang es keiner Seite, entscheidende Erfolge zu

---

67 Ebd., S. 256. Der Vertrag von Joinville wurde ebenfalls von Papst Sixtus X. ratifiziert.

68 Ebd.

erzielen. Heinrich von Navarra besiegte bei Coutras die katholische Armee unter Lieutenant Anne de Joyeuse. Diese Niederlage glich Heinrich von Guise durch den Sieg in der Schlacht von Vimory am 26.10.1587 wieder aus.

Am 10.07.1588 schlossen sich die Liga und Heinrich III. zur Union von Rouen zusammen. Es wurde vereinbart, dass Heinrich von Guise das wichtige Amt des Generallieutenants des Königreiches erhielt und eine schnellstmögliche Einberufung der Generalstände festgelegt wurde. Die Zusammenkunft der Generalstände fand zwischen September und Dezember 1588 in Blois statt.[69] Zahlreiche Teilnehmer sprachen sich in ihren Reden gegen einen königlichen Absolutismus aus und hoben die Leistungen des Adelsgeschlechts der Guisen innerhalb der letzten Jahrzehnte für das Königtum in Frankreich hervor. Die Adelsfraktion unter der Führungsrolle der Guisen benutzte die Versammlung in Blois als Plattform, um einen größeren politischen Einfluss zu fordern.

König Heinrich III., der spätestens nach den Ereignissen von Blois befürchtete, von der katholischen Fraktion abgelöst zu werden, ließ im Jahre 1588 sowohl Heinrich von Guise als auch den Bruder des Herzogs, Kardinal von Guise, von Mitgliedern der königlichen Garde ermorden.[70] Nach der Ermordung des Herzogs von Guise teilte er seiner Mutter Katharina die Beweggründe seiner Tat mit:[71] „Ich will König sein, und nicht mehr Gefangener und Sklave, wie ich es seit dem 13. Mai bis zu dieser Stunde gewesen bin, von der an ich von neuem begonnen habe, König zu sein."

Die Nachricht von der Ermordung der beiden führenden Vertreter der Familie Guise löste in Paris, dessen Einwohner zum größten Teil auf der

---

69 Vgl. dazu Vivent, J.: La tragedie de Blois. Le roi de France et le duc de Guise 1585–1588, Paris 1946

70 Es wird berichtet, dass Heinrich III. den Leichnam Heinrich von Guises in einen Teppich wickeln ließ, dem Toten ins Gesicht sprang und sagte: „Da seht ihr den König von Paris." Zitiert nach: Carroll, S.: Ceux de Guise: the Guise family and their affinity in Normandy, during the Wars of Religion, in: French History 9 (1995), S. 125–152, hier: S. 147

71 Zitiert aus: Köller/Töpfer, Frankreich, a.a.O., S. 258

Seite der Guisen standen, offene Empörung aus.[72] Die Katholiken in Paris schufen sich selbst eine eigene Organisation, den „Rat der Sechzehn"[73], die sich an die Aufteilung der Stadt in sechzehn Bezirke anlehnte. Dieser Rat, der in starkem Maße von katholischen Predigern beeinflusst wurde, förderte den Widerstand der Stadt gegen Heinrich III. Zahlreiche katholische Prediger bezeichneten Heinrich III. als Verräter des katholischen Glaubens und forderten seine Exkommunikation. Dem französischen König blieb in dieser Situation keine andere Wahl, als sich mit dem Protestanten Heinrich von Navarra zu verbünden. Dies hatte zur Folge, dass die Opposition der katholischen Fraktion gegen Heinrich III. weiter anwuchs. In Pamphleten und Streitschriften versuchten die Katholiken, ihren eigenen Standpunkt zu begründen und die öffentliche Meinung für sich zu gewinnen. Der katholische Theologe Jean Boucher (1548-1644) verfasste in Paris die Schrift „De iusta Henrici tertii abdicatione", worin er die Absetzung Heinrichs III. befürwortete und begründete. Boucher sprach sowohl dem Papst als auch der Bevölkerung Frankreichs das Recht zu, den König seines Amtes zu entheben, wenn dieser Verbrechen gegen die katholische Kirche begangen hätte. Damit stellte er der absolutistischen Idee den Gedanken eines Bevölkerung und Königs gleichermaßen verpflichtenden Herrschaftsvertrages entgegen.

Das schon im Jahre 1580 erschienenes Geschichtswerk „Stemmatum Lotharingiae ac Barri Ducum Tomi Septem" des Erzdiakons von Toul, Francois de Rosieres, diente den Katholiken dazu, Heinrich III. als rechtmäßigen König Frankreichs in Frage zu stellen.[74] In diesem Werk führt de Rosieres den Ursprung des Adelsgeschlechts der Guisen auf den trojanischen Helden Antenor zurück und spricht ihnen die Legimitation zu, über das Königreich Frankreich zu herrschen.

Am 1.5.1589 schlossen sich die Truppen Heinrichs III. mit denen von Heinrich von Navarra zu einem gemeinsamen Heer zusammen, das noch durch Soldaten aus der Schweiz und Deutschland unterstützt wurde. Im Sommer 1589 gelang es Heinrich III. und Heinrich von Navarra, Paris, in

72 Ebd.

73 Vgl. dazu Ascoli, P.: The Sixteen and the Paris league 1585-1591, Berkley 1971

74 De Rosieres, F.: Stemmatum Lotharingiae ac Barri Ducum Tomi Septem, Paris 1580

der sich der Anführer der Liga, Herzog von Mayenne, aufhielt, mit ihren Truppen nahezu einzuschließen. Als Heinrich III. am 01.08.1589 von dem Dominikanermönch Jacques Clement erdolcht wurde[75], wurde Heinrich von Navarra als Heinrich IV. sein rechtmäßiger Nachfolger.[76] Der Tod des Königs führte dazu, dass ein Teil seiner Soldaten sich den Truppen der Liga anschloss, so dass Heinrich IV die Belagerung von Paris aufgeben musste. Das Scheitern Heinrichs IV., Paris einzunehmen, führte dazu, dass er zunächst die Stadt Tours zum Regierungszentrum erklärte.[77]

Im Frühjahr 1590 unterwarf Heinrich IV. sowohl mehrere süd- und mittelfranzösische Gebiete als auch große Teile der Normandie. Aufgrund des Eingreifens spanischer Truppen unter ihrem Feldherrn Alexander Farnese, dem Herzog von Parma und Statthalter der spanischen Niederlande, sah sich Heinrich wenig später dazu gezwungen, die erneute Belagerung von Paris abzubrechen.

Die französischen Katholiken wurden im Verlauf des Krieges immer mehr von der spanischen Unterstützung abhängig. Im Februar 1591 wurde in Paris eine ständige spanische Garnison stationiert.

Die fehlenden durchschlagenden Erfolge im Krieg mit Heinrich IV. zwangen die Katholiken zum Umdenken.[78] Es herrschte unter ihren Anführern Einigkeit darüber, dass ein Erfolg über den König nur dann möglich war, wenn es ihnen gelang, der französischen Bevölkerung einen allgemein anerkannten König zu präsentieren. Aus diesem Grund berief der Herzog von Mayenne im Januar 1593 die Generalstände nach Paris. Die Teilnehmer dieser Konferenz bestanden ausschließlich aus Personen, die der katholischen Fraktion nahe standen. Der Papst und König Philipp II. von Spanien entsandten ebenfalls Vertreter nach Paris. Jedoch scheiterten nach langen Verhandlungen alle Versuche der katholischen Fraktion, durch die Generalstände einen geeigneten Kandidaten für den Königsthron zu finden. Unterschiedliche Interessen und die Furcht des eigenen

---

75 Bouchet, R.: Discours de la guerre civile et mort tres-regrette de Henry III. roy de France et de Pologne, Tours 1590, S. 19

76 Köller/Töpfer, Frankreich, a.a.O., S. 260

77 Garrison, J.: Henry IV., Paris 1984, S. 147

78 De Levis-Mirepoix, A.: Les guerres de religion (1559–1610), Paris 1954, S. 106

Machtverlustes führten dazu, dass auf der Versammlung in Paris kein allgemeiner Konsens erzielt wurde.

Am 25.7.1593 schwor Heinrich IV. auf Rat seines Beraters und engen Vertrauten Sullys dem Protestantismus ab und trat, um die Widerstände der katholischen Seite zu überwinden, zum Katholizismus über.[79] Nachdem Heinrich IV. dem Erzbischof von Bourges seinen Entschluss mitgeteilt hatte, vollzog er am 25.7.1593 an den Gräbern der französischen Könige in Saint-Denis die Konversion. Heinrich IV. wurde nach seinem Übertritt zum Katholizismus vom Pariser Parlament als rechtmäßiger König akzeptiert.

Am 31.7.1593 einigten sich die Kriegsparteien auf einen befristeten Waffenstillstand, der bis zum Ende des Jahres andauern sollte. Damit schuf Heinrich IV. die Voraussetzungen für die Lösung des innenpolitischen Konfliktes zwischen den Konfessionsparteien.[80] Er gelangte zu der Erkenntnis, dass die Überwindung der inneren Auseinandersetzungen und die Zurückstellung der jeweiligen Parteiinteressen eine notwendige Voraussetzung für eine Weiterentwicklung des französischen Staates darstellte.

Sowohl die Adelsgeschlechter der Hugenotten als auch die der Katholiken waren an einer Stabilisierung der Situation interessiert. Die Mobilisierung der Unter- und Mittelschichten in Paris[81] seit dem Jahre 1590 wirkte für die französischen Adeligen bedrohlich. Gleichzeitig brachen in der Normandie und in mehreren südfranzösischen Gebieten Bauernunruhen aus. Es kristallisierte sich heraus, dass bei einer Fortsetzung der inneren Auseinandersetzungen der Hugenotten und der Katholiken die Stellung der herrschenden Schichten in Frankreich insgesamt äußerst gefährdet war.

Als der am 31.7.1593 geschlossene Waffenstillstand abgelaufen war, kam es wiederum zu Kampfhandlungen mit den Katholiken, die Heinrich IV.

---

79 Köller/Töpfer, Frankreich, a.a.O., S. 262

80 Sedgwick, H.-D.: Henry von Navarre, Indianapolis 1930, S. 142

81 Vgl. dazu: Barnavi, E.: Le Partie de Dieu. Etude sociale et politique des chefs de la Ligue parisienne 1585–1594, Brüssel 1980

für sich entschied.[82] Am 22.3.1594 eroberten seine Truppen Paris, wenig später nahm er Rouen und zahlreiche nordfranzösische Städte ein. Einige Städte und Regionen, die sich seiner Regierungsgewalt widersetzten, gewann er durch finanzielle Zuwendung oder durch die Verleihung bestimmter Privilegien.

Der Herzog von Mayenne, der mit spanischer Unterstützung das Herzogtum Burgund unter Kontrolle hielt, ergab sich erst nach langem Widerstandskampf im Oktober 1595.

Im Januar 1596 kam es zu einem Friedensvertrag zwischen Heinrich IV. und dem Herzog. Der Vertrag beinhaltete die endgültige Auflösung der Liga sowie die Gewährung von drei Sicherheitsplätzen für den Herzog von Mayenne (Soissons, Chalon-sur-Saone, Seurre).[83] Als Ausgleich für die Bewilligung der Sicherheitsplätze sah sich der Herzog von Mayenne dazu gezwungen, auf das Herzogtum Burgund zu verzichten. Heinrich IV. erklärte sich in dem Vertrag bereit, die im Laufe der Kriege angehäuften Schulden der Liga zu übernehmen. Der Sohn des Herzogs erhielt den Posten des Gouverneurs der Ile de la France.

Erst Anfang 1598 konnte Heinrich IV. den Widerstand der Bretagne brechen. Nach langen Verhandlungen wurde Heinrich IV. am 17.9.1595 schließlich vom Papst als König von Frankreich anerkannt.

Nachdem Frankreich Spanien am 17.1.1595 und seinem Verbündeten Savoyen zu Lyon den Krieg erklärt hatte, weitete sich der achte Hugenottenkrieg zu einem internationalen Konflikt aus.[84] Nach jahrelangen Kämpfen kam es schließlich durch die Vermittlung des Papstes am 2.5.1598 zum Frieden von Vervins, wo die Bedingungen des Friedens von Cateau-Cambresis aus dem Jahre 1559 bestätigt wurden. Der Friedensvertrag von Vervins beinhaltete Gebietsgewinne in der Provence und im Rhonegebiet auf Kosten Savoyens (Bresse, Bugey, Valromey, Gex).[85] Die

---

[82] Köller/Töpfer, Frankreich, a.a.O., S. 262

[83] Drouot, H.: Mayenne et la Bourgogne: etude sur la Ligue, 1587–1596, 2. Bde, Paris 1937, S. 189

[84] Meyer, Geschichte Frankreichs, a.a.O., S. 196

[85] Sieburg, Geschichte Frankreichs, a.a.O., S. 105

Einmischung Spaniens in innerfranzösische Angelegenheiten gehörte der Vergangenheit an.

Neben der innenpolitischen Destabilisierung des Landes forderten die Hugenottenkriege eine unvorstellbare Zahl an Menschenleben. Der Chronist Jean Moreau schätzte die Zahl der Opfer lediglich für die letzte Kriegsphase seit 1585 auf ungefähr eine Million Menschen.[86] In dem Dorf Quimper überlebte von 15 Einwohnern nur einer die mehr als drei Jahrzehnte dauernden Auseinandersetzungen. Die Folgen der Kriege wirkten sich noch bis zu Beginn des 17. Jahrhunderts aus; die Pest und mehrere Hungersnöte breiteten sich vor allem in den ländlichen Gebieten aus.

Abgesehen von den zu beklagenden Opfern verlor Frankreich ab dem Jahre 1569 ungefähr 10.000 Hugenotten, die aufgrund der religiösen Unterdrückung ins Elsass emigrierten. Weitere 6.000 Personen hugenottischen Glaubens fanden in England einen Zufluchtsort, wo sie ungehindert nach ihren religiösen Grundsätzen leben konnten. Diese Emigration wirkte sich in hohem Maße nachteilig für die wirtschaftliche Entwicklung Frankreichs aus, da die ausgewanderten Hugenotten zu derjenigen sozialen Schicht gehörten, die den Grundpfeiler der französischen Ökonomie bildeten.

Die Einwohnerzahl Frankreichs betrug nach den Hugenottenkriegen nicht wesentlich mehr als zu Beginn des 16. Jahrhunderts. Paris hatte sogar einen Bevölkerungsrückgang zu verzeichnen. In der ersten Hälfte des 14. Jahrhunderts lebten dort 275.000 Menschen, während im Jahre 1590 lediglich 200.000 Einwohner registriert wurden.[87]

2.4 Das Edikt von Nantes (1598)

Die entscheidende Voraussetzung zur Überwindung der konfessionellen Gegensätze schuf Heinrich IV. mit dem Edikt von Nantes vom 30.04.1598, das einen religiösen Ausgleich brachte und das Ende der mehr als drei

[86] Waquet, H. (Hrsg.): Memoires du Chanoine Jean Moreau sur la guerres de la Ligue en Bretagne, Quimper 1960, S. 277 f

[87] Sieburg, Geschichte Frankreichs, a.a.O., S. 104.

Jahrzehnte dauernden Hugenottenkriege bedeutete.[88] Das Edikt, das aus 92 Artikeln, einem Breve über finanzielle Zuwendungen des Königs an die Protestanten und mehr als 50 Geheimartikeln über die Gewährung von Sicherheitsplätzen und anderen Zugeständnisse an die Hugenotten bestand, gründete sich auf die in früheren Jahren herausgegebenen Edikte von Poitiers, Nerac und Fleix. Das Edikt von Nantes stellte somit eine Zusammenfassung und Bestätigung jener Teilerfolge dar, die die Protestanten innerhalb der acht Hugenottenkriege errungen hatten.[89]

Der wesentliche Grundsatz des Ediktes von Nantes war die Gewährung der vollen Gewissensfreiheit, auch wenn der Katholizismus bis zum Toleranzedikt von 1787 weiterhin Staatsreligion blieb. Jedoch durften die Protestanten ihren Kult lediglich unter verschiedenen Beschränkungen ausüben; sie mussten sich weiterhin den katholischen Ehegesetzen unterwerfen und waren zur Zahlung des Kirchenzehnten an die katholischen Pfarrer verpflichtet. Für ihre eigenen konfessionellen Bedürfnisse wurde ihnen gestattet, innerhalb ihrer Glaubensgemeinschaft eigene Steuern zu erheben. Von der protestantischen Kultfreiheit waren der Hof des Königs mit seinem Gefolge, Paris mit seiner Bannmeile und die Armee bis auf die Quartiere hugenottischer Befehlshaber ausgenommen. Heinrich IV. sah im Edikt von Nantes Maßnahmen vor, die die Gleichberechtigung der Hugenotten in politischer und gesellschaftlicher Beziehung sichern sollten. Die Protestanten erhielten Zugang zu allen zivilen und militärischen Ämtern sowie gleichberechtigten Status bei der Aufnahme in Universitäten, Schulen und Krankenhäusern.

Heinrich IV. gewährte den Hugenotten insgesamt ungefähr 150 Sicherheitsplätze, in denen die Protestanten Garnisonen unterhalten konnten.[90]

Dieses Verteidigungssystem erstreckte sich über ganz Südfrankreich südlich der Loire; es verteilte sich auf die beiden Plätze Jargeau und Cha-

---

88 Ebd. Vgl. auch dazu die einzige vollständige deutsche Übersetzung aller Teile dieses Dokuments bei Sander, F.: Die Hugenotten und das Edikt von Nantes. Mit urkundlichen Beigaben zum Gedächtnis an das Potsdamer Edikt des Großen Kurfürsten vom 29. Oktober/8. November 1685, Breslau 1885, S. 229–285

89 Ebd.

90 Meyer, Geschichte Frankreichs, a.a.O., S. 196

rite-sur-Loire, die dazu dienten, gegebenenfalls den protestantischen Truppen aus Deutschland einen Zugang zu ermöglichen. Weitere bedeutende Städte, die den Protestanten als Sicherheitsplätze dienten, waren La Rochelle, Saumur, Niort, Montauban, Castres und Montpellier. Abgesehen von den Sicherheitsplätzen besaßen ungefähr vierzig Städte eine protestantische Verwatungsstruktur (Nimes, Villeneuve-les-Avignon, Privas, Castres, Oloron, Montauban, Jarnac, Sully).[91]

Die Sicherheitsplätze, die quasi einen Staat im Staate darstellten, bedeuteten nicht nur strategische Vorteile, sondern stellten für die Hugenotten eine große Gefahr in der Zukunft dar.[92] Angesichts des unitarischen Charakters der französischen Monarchie konnte der politische und militärische Sonderstatus der Hugenotten auf Dauer nicht hingenommen werden. Sieburg bemerkt richtigerweise, dass ein erneuter Zusammmenstoß zwischen der königlichen Zentralgewalt und den Hugenotten vorprogrammiert war.[93]

Trotz des Ediktes von Nantes blieben Misstrauen und Feindseligkeiten auf beiden Seiten bestehen. Da die Eigenschaft der religiösen Toleranz als Voraussetzung für ein Zusammenleben noch nicht weit verbreitet war, brachte das Edikt lediglich eine kurzfristige Lösung der konfessionellen Gegensätze im französischen Staat.

2.5 Die Zeit nach dem Edikt von Nantes bis zum Jahre 1629

Nach dem Edikt von Nantes leitete Heinrich IV. verstärkte Anstrengungen ein, um das durch die jahrelangen Kriege schwer belastete Wirtschaftssystem Frankreichs zu beleben. Heinrich IV. ernannte im Jahre 1599 den Herzog von Sully zum „surintendant des finances", der in der landwirtschaftlichen Produktion die Grundlage einer aufblühenden Wirtschaft sah.[94] Der Herzog von Sully führte in den Jahren 1598–1600 die begrenzte Senkung der Taille herbei, um den Bauern eine gewisse Entlas-

91 Ebd.

92 Sieburg, Geschichte Frankreichs, a.a.O., S. 105

93 Ebd.

94 Köller/Töpfer, Frankreich, a.a.O., S. 265

tung zu verschaffen. Weiterhin verfolgte er das Ziel, den Import von Luxusgütern durch einen Ausbau des Zollwesens zurückzuschrauben.

Auf Anordnung Heinrich IV. wurde in den Jahren 1601–1604 eine Kommission gebildet, die Vorschläge zur Wiederbelebung der ökonomischen Entwicklung erarbeiten sollte.[95] In dieser Kommission besaß der hugenottische Wirtschaftsfachmann und langjähriger Vertrauter des Königs, Barthelemy de Laffemas, eine führende Stellung. Im Jahre 1602 wurde de Laffemas zum „Controlleur General du Commerce" und Präsident des neu gegründeten „Conseil du Commerce" ernannt:[96] „Thus a Hugenot tail become one of the chief men engaged in directing the economic activities of France."

De Laffemas vertrat wie der Herzog von Sully merkantilistische[97] Überzeugungen. Im Gegensatz zu Sully, der der Förderung der Landwirt-

---

95 See, H.: Histoire economique de la France, Band I., 2. Auflage, Paris 1948, S. 184

96 Cole, C. W.: French Mercantilist Doctrines before Colbert, New York 1951, S. 61

97 Der Merkantilismus ist eine zusammenfassende Bezeichnung der absolutistischen Staaten zwischen dem 16. und 18. Jahrhundert und die diesen Bestrebungen zugrunde liegenden Wirtschaftslehren. Das grundsätzliche Ziel des Merkantilismus lag in der Vermehrung der Macht und des Wohlstandes des jeweils eigenen Landes bzw. des Landesherrn. Die jeweiligen Herrscher machten sich militärisch durch die Aufstellung eines festen Heeres und verwaltungsmäßig durch die Verfügung über eine Beamtenschaft von der Mitwirkung der Stände und vom feudalen Lehenssystem unabhängig. Indem die Herrscher den Hof zum Mittelpunkt des politischen und gesellschaftlichen Lebens erhoben, beanspruchten sie auch die verbindliche Entscheidungsgewalt in der Wirtschafts- und Sozialpolitik. Der Merkantilismus entwertete die Aufsicht, die im Mittelalter die Stadt zum Schutz der Kunden über Markt und Korporation und zum Schutz der Bürgerschaft über auswärtige Unternehmer ausgeübt hatte. Die wesentlichen Erlaubnisse oder Verbote erließ nicht mehr die Stadt, sondern der Staat. Der jeweilige König oder Landesfürst erteilte Privilegien, Konzessionen und Monopole für das Staatsgebiet. Ausfuhrprämien, Subventionen und Kredite für den Export von Fertigwaren wurden im Interesse der zentralen Hof- und Außenwirtschaftspolitik vergeben. Weiterhin wurden Verbote zur Ausfuhr von Rohstoffen, die im eigenen Land verarbeitet werden konnten, und zur Einfuhr von Fertigwaren und Verbrauchsgütern zugunsten des Staatsschatzes und außenpolitischen Absichten erlassen. Der Merkantilismus stand dem Streben nach wirtschaftlicher Autarkie und der territorialstaatlichen Integration mit dem Interesse eines freien Handels entgegen. Zur zeitlichen Einordnung des Merkantilismus in die Wirtschaftsgeschichte vgl. die immer noch aktuellen Forschungsbeiträge von Engelsing, R.: Kleine Wirtschaftsgeschichte Deutschlands, Hannover 1968, S. 63–70 oder Blaich, F.: Die Epoche des Merkantilismus, Wiesbaden 1973, S. 21 ff

schaft den Vorrang einräumte, setzte sich de Laffemas für den Vorrang der Gewerbepolitik ein. Entscheidend für dieses Primat war seine Überzeugung, dass der wirtschaftliche Reichtum und die politische Macht eines Staates durch die Besitzmenge von Gold und Silber repräsentiert würden. Dabei setzte de Laffemas voraus, dass Gold und Silber in Form von Münzen oder Barren als Zahlungsmittel verwendet wurden. Im Falle der Verhinderung des Abflusses von Geld ins Ausland erwartete er einen ökonomischen Aufschwung Frankreichs. Seine wichtigsten wirtschaftspolitischen Forderungen lauteten:[98]

- Errichtung von Manufakturen und staatliche Förderung der einheimischen Gewerbezweige,
- Gründung einer eigenen Rohstoffbasis, die nach Möglichkeit Unabhängigkeit von der Zufuhr ausländischer Rohstoffe gewährte,
- Verbot der Ausfuhr von Rohstoffen,
- Verbot der Einfuhr von Manufakturwaren aus anderen Ländern.

Im Jahre 1604 wurde auf Betreiben Sullys ein Erlass[99] verabschiedet, der für den in akuter Geldnot befindlichen Staat einträglichen Brauch des Ämterkaufs und -handels festigte. Dadurch wurde gegen eine jährlich zu zahlende hohe Summe den Erben eines Amtsinhabers die Entscheidungsgewalt über das Amt zugesichert und damit die Erblichkeit der Ämter gefördert.[100]

Die schlechte finanzielle Situation des französischen Staates führte dazu, dass Heinrich IV. die Kolonialpolitik seiner Vorgänger in Nordamerika fortsetzte. Um die französischen Interessen in Nordamerika zu etablieren, entstand im Jahre 1608 die Siedlung Quebec, die eine bedeutende Ausgangsbasis für die allmähliche Kolonialisierung Kanadas wurde.[101]

---

98 Blaich, Die Epoche des Merkantilismus, a.a.O., S. 55

99 Dieser Erlass wurde von dem königlichen Rat Paulet ausgearbeitet und deshalb in der französischen Bevölkerung „Paulette" genannt.

100 Göhring, M. : Weg und Sieg der modernen Staatsidee in Frankreich. Vom Mittelalter bis 1789, Tübingen 1949, S. 2 ff

101 Hardy, G.: Histoire de la colonisation francaise, 5. Auflage, Paris 1947, S. 38. Vgl. dazu auch Blet, H.: Histoire de la colonisation francaise, Bd. I., Paris/Grenoble 1946

Durch diese wirtschaftspolitischen Maßnahmen gelang es Heinrich IV., die schlimmsten Folgen der Hugenottenkriege in den Griff zu bekommen. Darüber hinaus festigte Heinrich IV. die Machtstellung des Königtums:[102] „Auf der Grundlage der einander einigermaßen die Waage haltenden Stellung des alten Adels, der Noblesse de robe und des für eine Machtübernahme in keiner Weise reifen, durch die inneren Kriege eher geschwächten Bürgertums waren günstige Voraussetzungen dafür gegeben, dem Königtum in Weiterführung der bereits zwischen 1461 und 1559 deutlich erkennbaren Tendenzen eine absolute Machtposition zu sichern."

Es darf nicht übersehen werden, dass die Bestimmungen des Edikt von Nantes nicht nur der hugenottischen Seite, sondern auch dem Katholizismus erhebliche Vorteile brachten. In den von Protestanten vollkommen oder teilweise besetzten Gebieten wurde die katholische Kirche wieder in ihre ursprünglichen Rechte eingesetzt.[103] Katholische Besitzungen, Liegenschaften, Kirchengebäude und Einkünfte mussten restituiert werden. In Hochburgen des Protestantismus wie La Rochelle wurden oft nach jahrzehntelanger Unterbrechung katholische Gottesdienste abgehalten, Prozessionen durchgeführt und katholische Schulen neu eröffnet.

Trotz alledem gingen für viele Katholiken die den Protestanten eingeräumten Konzessionen im Edikt von Nantes zu weit. Die Parlamente ließen sich nur durch erheblichen Druck des Königs zur Registrierung des Ediktes bewegen: Paris und Grenoble verweigerten bis zum Jahre 1599 die Unterzeichnung, die Städte Aix, Dijon, Toulouse und Rennes waren erst im Laufe des Jahres 1600 zur Ratifikation bereit, Rouen widersetzte sich bis zum Jahre 1609.

In den Jahren nach dem Edikt von Nantes entwickelten die Hugenotten eine eigene politische und militärische Organisationsstruktur.[104]

Neben den Provinzversammlungen existierte eine landesweite Zusammenkunft, über der ihrerseits die protestantischen Fürsten standen. Pa-

102 Schunk, Geschichte Frankreichs, a.a.O., S. 267

103 Mieck, Das Entstehen des modernen Frankreich 1450–1610, a.a.O., S. 242

104 Meyer, Geschichte Frankreichs, a.a.O., S. 297

rallel dazu entstand eine militärische Struktur, die die hugenottischen Hochburgen miteinander vernetzte. Nach dem Vorbild der Statthalterschaften des Königreiches wurde Frankreich in acht Militärbezirke unterteilt; die protestantische Armee erhielt einen Oberbefehlshaber. Diese Entwicklungen verschärften die ohnehin schon existierende Konfliktsituation zwischen Protestantismus und Katholizismus.

Die Situation wurde zusätzlich durch die Tatsache angeheizt, dass sich Heinrich IV. in den Finanzbehörden (Sully, Maupeou, Arnaud, Dupin u.a.), am Hofe (Polignac, Lomenie), in der Verwaltung (Laffernas) und in der Armee (La Tremouille, Turenne, Rohan u.a.) mit zahlreichen Personen protestantischen Glaubens umgab.[105]

Protestantische Sekretäre, Künstler, Schriftsteller, Ärzte und Architekten wurden von ihm beschäftigt, was den Argwohn vieler Katholiken erregte und nicht zur Verbesserung des Verhältnisses zwischen Katholiken und Protestanten beitrug.[106]

Nachdem bereits mehrere von der katholischen Seite geplante Attentatsversuche auf Heinrich IV. scheiterten, wurde er am 14.5.1610 von dem fanatischen Katholiken Francois Ravaillac auf offener Straße ermordet.[107] Das Verhältnis zwischen Katholiken und Protestanten begann sich nach dem Tod Heinrichs IV. weiter zu verschlechtern. König Ludwig XIII. (1610–1643) führte im Jahre 1620 einen Feldzug gegen die Protestanten im Süden Frankreichs, der den Anschluss Navarras und des Bearn an die Krone brachte. Da sich der König jedoch nicht entscheidend gegen die Hugenotten durchsetzen konnte, wurde im Oktober 1622 der Kompromissfrieden von Montpellier vereinbart, der das Edikt von Nantes bestätigte.[108]

---

105 Pages, P.: Naissance du Grand Siecle, La France de Henry IV. a Louis XIV. (1598–1611), Paris 1948, S. 164

106 Mieck, Das Entstehen des modernen Frankreich 1450–1610, a.a.O., S. 243

107 Eine ausführlichere Darstellung der Ermordung Heinrichs IV. bietet Mousnier, R.: Ein Königsmord in Frankreich. Die Ermordung Heinrich IV., Berlin 1970

108 Meyer, Geschichte Frankreichs, a.a.O., S. 297 f

Im Jahre 1624, als der Kardinal Richelieu[109] die Geschicke des Königreiches lenkte, nahmen die protestantischen Anführer Heinrich von Rohan und sein Bruder Soubise den Kampf wieder auf. Nach der Vermittlung England unterzeichneten die beiden Parteien im Jahre 1626 in La Rochelle einen neuen Friedensvertrag.[110]

Kurz darauf erhoben sich die Hugenotten, deren Zentrum La Rochelle wurde, ein weiteres Mal. Der Herzog von Buckingham unterstützte die Hugenotten mit Hilfstruppen und nahm die Ile de Re in Besitz. Die Armee des Königs ließ daraufhin alle Boote entlang der Küste beschlagnahmen, eroberte die Insel zurück und belagerte La Rochelle. Nachdem die königlichen Truppen im Mai eine englische Flotte besiegen konnten, musste La Rochelle aufgrund einer Hungersnot kapitulieren. Die Einnahme La Rochelles bedeutete eine ökonomische Niederlage für die königliche Partei. Die bis zu ihrer Belagerung blühende Handelsrepublik wurde dauerhaft geschwächt und die Zahl ihrer Einwohner auf wenige Tausend Personen reduziert.

Als nach längeren Kämpfen auch die anderen befestigten hugenottischen Städte erobert wurden, kam es im Jahre 1629 zum Frieden von Alais und zum Gnadenedikt von Nimes. Diese beiden Verträge stellten die Beziehung der Hugenotten zum französischen Staat auf eine neue Grundlage. Die Bestimmungen der Verträge sahen vor, dass den Hugenotten alle im Edikt von Nantes garantierten Sicherheitsplätze weggenommen wurden, was das Ende des Protestantismus als politischer und militärischer Machtfaktor innerhalb Frankreichs bedeutete.[111]

Gleichzeitig wurden aber die religiösen und gesellschaftlichen Rechte der Hugenotten bestätigt, so dass wenigstens dieser Kernbestandteil des Ediktes von Nantes erhalten blieb. Mit dieser Regelung verfolgte Richelieu die Absicht, die Hugenotten politisch in den französischen Staat zu integrieren, ohne ihren konfessionellen Sonderstatus anzutasten. Damit

---

109 Weiterführende Informationen über Richelieu finden sich bei Gloger, B.: Richelieu. Die Karriere eines Staatskardinals, 2. Auflage, Berlin 1990

110 Bonney, R.:Political Change in France under Richelieu and Mazarin 1624–1661, Oxford/London/Glasgow 1978, S. 87

111 Sieburg, Geschichte Frankreichs, a.a.O., S. 115

wollte der Kardinal der Gefahr eines erneuten religiösen Krieges gegen die Hugenotten entgegentreten.[112]

Richelieu schrieb nach Abschluss des Friedens von Alais und des Gnadenediktes von Nimes an König Ludwig XIII.:[113] „Die Quellen der Häresie und der Rebellion sind jetzt versiegt."

Durch katholische Missionstätigkeit, die von Richelieu unterstützt wurde, und die Konversion zahlreicher Mitglieder des hugenottischen Adels zum katholischen Glauben, wurde die Stellung der Protestanten weiterhin geschwächt.

2.6 Die Entwicklung unter Ludwig XIV. bis zum Revokationsedikt von Fontainebleau (1685)

Im Jahre 1661 lebten ungefähr eine Million Hugenotten in Frankreich, die in allen gesellschaftlichen Schichten zu finden waren. Nördlich der Loire existierte mit Ausnahme der Normandie lediglich eine geringe Anzahl an hugenottischen Gemeinden, die hauptsächlich in Städten wie Metz, Caen, Rouen oder Sedan konzentriert waren.[114] In Paris bildeten 10.000–12.000 Protestanten innerhalb der katholischen Bevölkerung eine Minderheit. Joutard geht in seiner Schätzung von mehr als 150.000 in Nordfrankreich lebenden Hugenotten aus.[115]

Dagegen bildeten die Hugenotten im Süden des Landes größere Gruppen mit meist ländlicher Basis. In manchen Gebieten stellten sie sogar die Mehrzahl der Bevölkerung wie in den Cervennen und in der Gegend von Nimes, wo sie ungefähr 80 % der Einwohner ausmachten, aber auch in einigen Landstrichen des Vivarais wie z.B. der Dauphine. Außerdem befand sich in Dieulefit, Bordeaux und im niederen Languedoc die katholische Bevölkerung in der Minderzahl. Weiter nach Westen hin verfügten die südfranzösischen Hugenotten weiterhin über andere Stützpunkte wie

112 Ebd.

113 Zitiert aus Schunk, Geschichte Farnkreichs, a.a.O., S. 43

114 Joutard, P.: 1685 – Ende und neue Chance für den französischen Protestantismus, in: von Thadden/Magdelaine, Die Hugenotten 1685–1985, a.a.O., S. 11–25, hier: S. 12

115 Ebd.

z.B. am Rande des Zentralmassivs um Millau, Castres, Mazamet sowie in Montauban, in den Pyrenäen und im Bearn. Ferner existierten entlang des Atlantiks mehrere hugenottische Bastionen, die wichtigsten waren La Rochelle, Poitou, Chatellerault und Niort. Laut Joutard lebten insgesamt mehr als 800.000 Hugenotten im Süden Frankreichs.[116] Vor allem die hugenottischen Hochburgen im Süden des Königreiches unterhielten seit dem 16. Jahrhundert ständige Verbindungen miteinander.

Ludwig XIV. zweifelte am Loyalismus der Hugenotten zum französischen Staat und vertrat gegenüber dem Protestantismus eine ablehnende Haltung:[117] „Ich habe stets die reformierte Lehre für ein Übel gehalten und betrachte sie heute noch mit Schmerz."

Im Umgang mit den Hugenotten plädierte Ludwig XIV. für eine restriktive Auslegung des Ediktes von Nantes:[118] „(...) das beste Mittel, um die Zahl der Hugenotten in meinem Königreiche allmählich zu verringern, bestehe darin, keine neuen Bedrückungen gegen sie anzuwenden, die Rechte zu beobachten, die sie unter den vorigen Königen erlangt hatten, aber ihnen auch keine neuen Zugeständnisse zu machen, sondern die Ausübung dieser Rechte nur in den engsten Grenzen der Gerechtigkeit und Billigkeit zu gewähren. (...) Gnadenerweise, die nur von mir abhingen, sollten von nun an keinem Anhänger dieser Lehre mehr zuteil werden (...) um sie zu bewegen, eifriger auf die Männer zu hören, die ihnen die Augen öffnen konnten, beschloß ich, durch Belohnungen für diejenigen, die Vernunft annehmen wollten, einen Anreiz zu schaffen."

Der erste Schritt zur Bekämpfung des Protestantismus in Frankreich war das Verbot der Versammlungen der hugenottischen Nationalsynoden durch Ludwig XIV.; nach der Synode von Loudan im Jahre 1659 kam es zu keiner weiteren Zusammenkunft der führenden protestantischen Vertreter.[119] Der Versuch der Hugenotten, Ludwig XIV. von ihrer Treue gegenüber seiner Person und dem französischen Königreich zu überzeugen,

116 Ebd.

117 Steinfeld, L.: Memoiren Ludwigs XIV., Basel/Leipzig 1931, S. 65

118 Ebd., S. 67 f

119 Joutard, 1685 - Ende und neue Chance für den französischen Protestantismus, in: von Thadden/Magdelaine, Die Hugenotten 1685-1985, a.a.O., S. 11

schlug fehl. Die Mitglieder der Synode von Loudan übergaben einen Brief an den König, in dem sie folgendes versicherten:[120] „Die Könige dieser Welt haben in gewisser Weise den Platz Gottes inne und sind sein wirkliches Abbild auf Erden. Dies sind die fundamentalen Grundsätze unseres Glaubens, die wir während unserer ganzen Kindheit gelernt haben, die wir versuchen, während unseres ganzen Lebens anzuwenden, und die wir als eine unbedingte Pflicht unseren Herden einimpfen."

Da der Austritt aus der protestantischen Kirche häufig den Verlust des Geschäftes, des elterlichen Erbteils und aller Arbeitsmöglichkeiten nach sich zog, wurde im Jahre 1676 unterstützt von Ludwig XIV. und der gallikanischen Kirche die „caisse de conversions" („Konversionskasse") gegründet, die zum Katholizismus bekehrten Protestanten finanziell unterstützen sollte.[121]

Des Weiteren appellierte Ludwig XIV. an die katholischen Pfarrer in Frankreich, durch Predigten und die Verbreitung zahlreicher katholischer Schriften die Hugenotten zum Katholizismus zu bekehren. Ein Beispiel dafür stellte der Pfarrer Jean Drouhet aus Saint-Maixent dar. Er widmete sich vor allem der Aufgabe, die seiner Meinung nach häretischen Protestanten in seiner Gemeinde zum katholischen Glauben zu bekehren. In einem Fall fungierte er als Zeuge einer Abschwörung eines protestantischen Mitglieds seiner Gemeinde, ein anderes Mal übernahm er eine Patenschaft für die Kinder eines konvertierten Protestanten. Diese Maßnahmen erwiesen sich jedoch als weitgehend wirkungslos; lediglich eine verschwindende Minorität unter den Hugenotten ließ sich zur Konversion bewegen.[122]

Durch die Einquartierung von Soldaten bei protestantischen Familien versuchte Ludwig XIV., die Bekehrung zum katholischen Glauben voranzutreiben. Da zu dieser Zeit noch keine Kasernen existierten, war die Zivilgesellschaft dazu verpflichtet, Soldaten bei sich aufzunehmen und ihren Lebensunterhalt sicherzustellen. Mit dieser Maßnahme, die bislang

---

120 Labrousse, La conversion au XVIIeme siecle, a.a.O., 167

121 Bluche, F.: Im Schatten des Sonnenkönigs. Alltagsleben im Zeitalter Ludwigs XIV. von Frankreich, Freiburg/Würzburg 1986, S. 316 ff

122 Ebd., S. 317

lediglich gegen Steuersünder angewendet wurde, wurden nun in protestantischen Haushalten Soldaten einquartiert - ein Vorgang, für den sich rasch die Bezeichnung „dragonnade" (Dragonade) durchsetzte. Die Dragoner stellten ein Teil der berittenen Infanterie dar, die aufgrund ihrer Rücksichtslosigkeit und Brutalität gefürchtet waren. Durch die Anwendung von Gewalt und psychischem Terror gelang es den Soldaten, viele hugenottische Familien zur Konversion zu zwingen. Bluche berichtete, dass „die Dragoner im Juli des Jahres 1685 innerhalb von acht Tagen mehr Protestanten bekehrt hätten als die Missionare im Laufe eines ganzen Jahres."[123] Ein für die Zwangskonversion verantwortlicher Marschall der Dragoner berichtete: [124] „Ich weiß nicht mehr, was ich mit den Truppen machen soll, weil die Ortschaften, in die ich sie schicke, im allgemeinen alle konvertieren, und zwar so schnell, dass alles, was sie machen können, dies ist: eine Nacht in den Ortschaften schlafen, in die ich sie schicke."

Es gab allerdings auch protestantische Familien, die sich den Zwangsbekehrungen der Dragoner mit Erfolg widersetzten. Ein katholischer Agent gab seinem Vorgesetzten die folgende Meldung weiter:[125] „Es gibt noch gut 45 Hugenottenfamilien in Rouen, die sich nicht ergeben wollen und die ohne ein Anzeichen von Ungeduld zusehen, wie die Reiter, die bei ihnen einquartiert sind, ihre Güter verzehren. Gestern wurde ich von einem unserer Herren Präsidenten gebeten, einen Kaufmann aufzusuchen, der vier Kürassiere bei sich hat, um diesen für uns zu gewinnen; aber er wollte zu keiner Zeit eine Unterredung mit mir führen; und als ich ihn bat, mir die Dinge zu nennen, an denen er in unserem Glauben zweifele, sagte er mir , dass er an allem zweifele und dass Gott ihm die Gnade gewähre, in seinem Glauben an nichts zu zweifeln. Er geleitet selbst seine Reiter zu den Metzgern und in die Garküchen; sie wählen, was sie wollen, und er trinkt und isst mit ihnen, und sagt ihnen oft, dass sein Gut und Leben dem König, sein Gewissen aber Gott gehöre."

---

123 Ebd. S. 318

124 Bost, C.: Les predicants protestants des Cevennes et du Bas-Languedoc, 1684–1700, Paris 1912, Bd.I., S. 18

125 Zitiert aus: Joutard, 1685 - Ende und neue Chance für den französischen Protestantismus, in: von Thadden/Magdelaine, Die Hugenotten 1685–1985, a.a.O., S. 18

Neben diesen Praktiken wurden in den Jahren zwischen 1660 bis 1685 die gesetzlichen Rechte der Hugenotten erheblich eingeschränkt, die zunächst den protestantischen Kult und die Prediger, dann die Gesamtheit der gläubigen Hugenotten und schließlich die von französischen Kalvinisten ausgeübten Berufe betrafen.

Die Bestimmungen des Ediktes von Nantes und des Gnadenediktes von Alais sahen für den protestantischen Kult bestimmte Einschränkungen vor. Lediglich in Orten, die eine bestimmte Anzahl von protestantischen Einwohnern besaßen, war es erlaubt, Gottesdienste abzuhalten. Diese Grundsätze konnten nachsichtig oder streng ausgelegt werden, in der Regel wurde die letztere Variante gewählt. Im Poitou wurden am 13.9.1663 in Champdeniers sowie am 5.5.1682 in La Mothe-Saint-Heraye die protestantischen Gotteshäuser abgerissen. Im September 1682 warf der Intendant von Paris den dort lebenden Hugenotten vor, dass die in ihrem Gotteshaus zu Charenton ebenso Lutheraner, Zwinglianer sowie Anglikaner tolerierten, obwohl innerhalb des französischen Staates lediglich die calvinistische Religion erlaubt sei.

Die protestantischen Prediger waren ebenfalls von der restriktiven Auslegung des Ediktes von Nantes betroffen. Das Dekret vom März 1683 erlaubte es ihnen bei drohender öffentlicher Abbitte nicht, den Übertritt von Katholiken zum Protestantismus zu dulden oder gar zu unterstützen. Die Erklärung vom 22.5.1683 enthielt die Aufforderung, dass in allen protestantischen Kirchen eine bestimmte Zahl von Plätzen für Katholiken zu reservieren sei. Die Festlegung vom August 1684 besagte, dass kein hugenottischer Pfarrer länger als drei Jahre an einem Ort seinen Beruf ausüben durfte. Am 26.12. 1684 wurde per Dekret festgelegt, dass öffentliche protestantische Gottesdienste lediglich in jenen Orten durchgeführt werden durften, in denen mindestens zehn hugenottische Familien wohnten. Im August 1685 wurde es den französischen Kalvinisten untersagt, Predigten zu halten sowie theologische Schriften oder Bücher zu verfassen. Ab dem 6. August 1685 durften protestantische Pfarrer sich nur noch in mindestens sechs Meilen Entfernung an jenen Orten ansiedeln, an denen der protestantische Kult verboten war.

Anhand dieser Maßnahmen erscheint die Bewunderung, die einer der einflussreichsten hugenottischen Prediger in dieser Zeit, Pierre du Bosc aus Caen, Ludwig XIV. in einer Abhandlung entgegenbrachte, höchst verwunderlich: [126] „(…) Held ersten Ranges, im Frieden, im Kriege, im Kabinett; (…) weise und subtil im Urteil, scharfsinnig und klar sehend in den Geschäften, unermüdlich in der Arbeit, unbesiegbar in den Schlachten, in allen schönen Künsten bewandert. (…) Die Natur allein war zu schwach für ein so großes und so wundervolles Werk. Zweiundzwanzig Jahre Unfruchtbarkeit, die seiner Empfängnis vorausgegangen sind, entreißen selbstverständlich der Natur den Ruhm seiner Geburt. Eine Kraft, über alle zweitrangigen Ursachen erhaben, hat einen so außergewöhnlichen Fürsten hervorgebracht, und die Eigenschaften, die er besitzt, sind ein unvergleichlicher Beweis dafür (…), die eindeutig das Wunder seiner Geburt bezeugen."

Für diese uneingeschränkte Huldigung Ludwigs XIV. durch einen hugenottischen Prediger existieren mehrere Erklärungsmöglichkeiten. Die These, dass es dabei um politisches Kalkül handelte, um die antihugenottische Haltung des Königs zu verändern und ihn auf die Seite der Protestanten zu ziehen, lässt sich anhand keiner Quelle belegen. Eine opportunistische Grundhaltung gegenüber dem König erscheint ebenfalls zweifelhaft. Wahrscheinlicher ist der grundsätzliche positive Bezug des Predigers auf das absolutistische Königtum in Frankreich. Eine große Zahl hugenottischer Schriften und Zeugnisse zu politischen und gesellschaftlichen Fragen trug im 17. Jahrhundert einen royalistischen Charakter. Sie wurden bestimmt durch die Lehrmeinungen an den beiden bedeutenden reformierten Akademien in Sedan und Saumur, wo die Führungskräfte der Hugenotten durch Professoren wie Pierre du Moulin sowie Moyse Amyraut im Sinne der absolutistischen Lehre erzogen wurden.[127] Weiterhin stand der französische Staatstheoretiker Jean Bodin (1529–1596)[128], der im Jahre 1576 sein Hauptwerk „Sechs Bücher über den

---

126 Leonard, E.G.: Histoire generale du protestantisme, Paris 1961, Bd.2, S. 363

127 Desel, J./Mogk, W.: Hugenotten und Waldenser in Hessen-Kassel, Kassel 1978, S. 17

128 Der aus Angers stammende Bodin hob in seinen Werken die souveräne Macht als Merkmal der staatlichen Gewalt hervor. Für ihn war der jeweilige Herrscher ledig-

Staat" veröffentlichte, in denen er den Begriff der staatlichen Souveränität herausarbeitete und die Grundlagen des Absolutismus formulierte, auch noch im 17. Jahrhundert im Mittelpunkt des geistigen Lebens in Frankreich.[129] Die vorbehaltlose Treue zum König war eine weit verbreitete Erscheinung unter den hugenottischen Predigern. Selbst nach dem Revokationsedikt von Fontainebleau aus dem Jahre 1685, das die grausame Verfolgung und Ermordung unzähliger Hugenotten auslöste, blieb der Glaube an die absolutistische Herrschaft des französischen Königtums in den Köpfen zahlreicher Hugenotten weiterhin erhalten. Der hugenottische Pastor Merlat, der nach der Aufhebung des Ediktes von Nantes Verfolgungen ausgesetzt war und ins Exil in die Schweiz gehen musste, veröffentlichte im Jahre 1686 in Lausanne ein Werk mit dem Titel „Traktat über die absolute Herrschaft der Fürsten", in dem er folgenden Standpunkt vertrat:[130] „Die Fürsten, denen Gott erlaubte, zu absoluter Herrschaft zu gelangen, sind an kein Gesetz in Bezug auf ihre Untertanen gebunden (...) Daher ergibt sich die allumfassende Straflosigkeit ihrer Handlungen unter den Menschen und die Verpflichtung der Völker, all das, was ihnen solche Fürsten an Leid auferlegen, ohne Auflehnung zu erdulden, und darin nur Gott allein zu haben, der das Recht auf Rache hätte."

Die Gesamtheit der hugenottischen Gläubigen litten ebenso unter den gesetzlichen Maßnahmen Ludwigs XIV.[131] Die Deklaration vom April 1663 verweigerte es den erst vor kurzer Zeit zum Katholizismus übergetretenen Hugenotten, diese Entscheidung zu revidieren. Den französischen Protestanten wurde im August 1669 durch ein königliches Edikt die Emigration in Ausland verwehrt. Im Juni 1680 wurde den Protestanten per Dekret der Übertritt zur protestantischen Religion untersagt. Im

---

lich an die Beachtung bestimmter Grundsätze des natürlichen und göttlichen Rechtes gebunden. Er konnte das positive Recht nach seinen eigenen Anschauungen beliebig verändern. Vgl. dazu Köller/Töpfer, Frankreich, a.a.O., S. 254 oder das Werk von Kamp, M.E.: Die Staatswirtschaftslehre Jean Bodins, Bonn 1949

129 Schunk, Geschichte Frankreichs, a.a.O., S. 26

130 Zitiert aus Joutard, 1685 - Ende und neue Chance für den französischen Protestantismus, in: von Thadden/Magdelaine, Die Hugenotten 1685–1985, a.a.O., S. 15

131 Bluche, Im Schatten des Sonnenkönigs, a.a.O., S. 320

November 1680 wurden die Richter dazu aufgefordert, kranken Protestanten einen Besuch abzustatten und den Versuch zu unternehmen, sie zum katholischen Glauben zu bekehren. Ein Jahr später wurde diese Bestimmung dahingehend ergänzt, dass der Richter im Falle seiner Verhinderung durch den Bürgermeister des Ortes oder der Stadt vertreten werden musste.

Ludwig XIV. ordnete am 31.01.1681 per Dekret an, dass Kinder von Protestanten, die unehelich geboren wurden, im katholischen Glauben zu erziehen wären.[132] Als Anreiz zur Konversion wurde im April 1681 festgelegt, dass zum Katholizismus übertretende Protestanten zwei Jahre lang von Truppeneinquartierungen ausgenommen wurden. Am 17.06.1681 entschied Ludwig XIV., dass die Kinder der Hugenotten im Alter von sieben Jahren das Recht besaßen, zum Katholizismus überzutreten. Eine Erklärung vom 30.08.1682 verbot den Hugenotten, sich außerhalb der Kirche und ohne Pfarrer zu versammeln. Die königliche Bestimmung vom 16.6.1685 besagte, dass alle Untertanen der französischen Krone nicht im Ausland heiraten durften. Am 09.07.1685 wurde den Protestanten mitgeteilt, dass es ihnen verboten wurde, katholische Bedienstete einzustellen. Das Edikt vom 20.08.1685 sah vor, dass Kindern kalvinistischer Franzosen kein Vormund eigener Konfession gestattet wurde.

Die Berufstätigkeit der Hugenotten wurde seit dem Jahre 1680 immer weiter eingeschränkt.[133] Seit dem 20.02.1682 durften sie nicht mehr als Hebamme, ab dem 15.06.1682 nicht mehr als Notar, Staatsanwalt, Amtsdiener oder Polizeibeamter arbeiten. Am 21.08.1684 wurde ihnen die Betätigung als Gutachter, am 10.07.1685 der Beruf des Notar- oder Rechtsanwaltsgehilfen untersagt. Ab dem 6.08.1685 durften die Hugenotten nicht mehr den Beruf des Arztes ausüben.

---

132 Ebd. S. 321

133 Ebd. S. 322

2.7 Das Revokationsedikt von Fontainebleau (1685) und seine Folgen

Die oben dargelegten verschärften Maßnahmen Ludwigs XIV. gegen den französischen Kalvinismus mündeten in das Revokationsedikt von Fontainebleau vom 18.10.1685, das das Edikt von Nantes aufhob. Ludwig XIV. stellte fest:[134] „So sehen Wir nun jetzt mit dem gerechten Danke, den Wir Gott schuldig sind, dass Unsere Sorgen das vorgesteckte Ziel erreicht haben, da ja der bessere und größere Teil Unserer Untertanen von der besagten vorgeblich reformierten Religion die katholische angenommen hat. Weil denn nun dieserhalb die Ausführung des Ediktes von Nantes und alles dessen, was zugunsten der besagten vorgeblich reformierten Religion angeordnet worden ist, den Nutzen verloren hat, so haben Wir geurteilt, dass Wir nichts Besseres tun könnten (...) als das besagte Edikt von Nantes und die besonderen Artikel, die im Anschluß an dasselbe bewilligt worden sind (...) vollständig aufzuheben."

Das Revokationsedikt von Fontainebleau untersagte jegliche Kultfreiheit der Hugenotten und tolerierte lediglich die individuelle, nicht die öffentlich praktizierte Gewissensfreiheit im französischen Staat.[135] Es sah ebenso die Zerstörung von hugenottischen Kirchen vor:[136] „Und infolgedessen wollen Wir und gefällt es Uns, dass alle Tempel derer von der besagten vorgeblichen reformierten Religion, die in Unserem Königreiche, Ländern, Gütern und Herrschaften Unserer Botmäßigkeit gelegen sind, unverzüglich zerstört werden." Weiterhin verbot das Edikt den protestantischen Schulen, Kinder und Jugendliche gemäß ihren konfessionellen Vorstellungen zu unterrichten:[137] „Verbieten die besonderen Schulen der vorgeblich reformierten Religion zum Unterricht der Kinder (...)".

---

134 Deutscher Hugenottenverein (Hrsg.): Das Edikt von Nantes. Das Edikt von Fontainebleau, Flensburg 1963, S. 90

135 Sieburg, Geschichte Frankreichs, a.a.O., S. 141

136 Das Edikt von Fontainebleau. 300-Jahrfeier Oktober 1985. Vortrag von Pfarrer Albrecht Prüfer im Französischen Gymnasium, in: Die Hugenottenkirche, 39. Jg., Nr.10, Oktober 1986, S. 38 f

137 Ebd.

Hugenottische Eltern wurden dazu gezwungen, ihre Kinder im katholischen Sinne taufen zu lassen. Außerdem mussten protestantische Pfarrer, die nicht bereit waren, zum Katholizismus zu konvertieren, innerhalb von vierzehn Tagen Frankreich verlassen:[138] „Befehlen ernstlich allen Predigern der besagten vorgeblichen reformierten Religion, die sich nicht bekehren und die katholische, apostolische und römische Religion annehmen wollen, vierzehn Tage nach der Veröffentlichung Unseres gegenwärtigen Ediktes Unser Königreich und die Länder Unserer Botmäßigkeit zu verlassen."

Das Edikt verbot es aber allen anderen Hugenotten „bei Strafe der Galeeren für Männer und Einziehung von Leib und Gut für die Frauen, aus unserem besagten Königreiche, Ländern und Gebieten unserer Botmäßigkeit auszuwandern."[139]

Nach dem Edikt von Fontainebleau verstärkte Ludwig XIV. die Bemühungen, durch die Herausgabe von Schriften und Büchern den Katholizismus in seinem Königreich weiter zu festigen. Zwischen Oktober 1685 und Januar 1687 belieferten zahlreiche Pariser Buchhändler die königliche Verwaltung und die katholischen Missionare in ganz Frankreich mit über einer Million Büchern; darunter befanden sich 160.000 Katechismen, 128.000 Exemplare des Werkes „L' imitation de Jesus-Christ" und 148.000 „katholische" Übersetzungen des Neuen Testamentes.[140]

Die Lutheraner des Elsass blieben von den Bestimmungen des Revokationsediktes ausgenommen, was durch den Versuch der schrittweisen Eingliederung auf kulturellem und religiösem Gebiet in das Königreich begründet werden kann.[141]

Die Zwangsbekehrungen brachten jedoch nicht den gewünschten Erfolg; der katholische Glaube wurde in vielen Fällen lediglich mit einem Lippenbekenntnis angenommen, während zu Hause und an geheimen Treffpunkten weiterhin die Schriften Johannes Calvins gelesen und pro-

---

138 Ebd.

139 Deutscher Hugenottenverein, Das Edikt von Nantes. Das Edikt von Fontainebleau, a.a.O., S. 91 f

140 Bluche, Im Schatten des Sonnenkönigs, a.a.O., S. 317

141 Schunk, Geschichte Frankreichs, a.a.O., S. 66

testantische Gottesdienste abgehalten wurden. In den Cervennen feierten ungefähr 100 Hugenotten kurz nach ihrer Konversion zum katholischen Glauben einen geheimen Gottesdienst mit Liedern, Gebeten und Predigten. Außerdem fand in derselben Gegend am Ostersamstag 1689 ein Gottesdienst mit 4.000 Personen hugenottischen Glaubens statt. In der protestantischen Hochburg La Rochelle gelang es ebenfalls nicht, den kalvinistischen Glauben zu unterdrücken. Viele Hugenotten konvertierten formal zum katholischen Glauben, erzogen aber weiter ihre Kinder nach protestantischen Grundsätzen und trafen sich weiterhin in Privatwohnungen zu Gottesdienstfeiern.

Joutard berichtete über die zahlreichen Versuche der Hugenotten, sich dem Diktat des Katholizismus zu widersetzen:[142] „Die ‚Neubekehrten' lauerten auf die geringste Erlahmung des Eifers der Obrigkeit; alles diente ihnen zum Vorwand, um ihren Verpflichtungen nicht nachzukommen: man hörte nicht die Glocke, die zur Messe ruft, man wurde krank, man vergaß, sein Haus für die Fronleichnamsprozession mit Blumen zu schmücken. In der Todesstunde zeigte sich besonders die Bedeutung dieses Verhaltens. Man wollte nicht zwischen der Letzten Ölung und der Ablehnung des Priesters wählen müssen. Empfing man die Sterbesakramente, ordnete man sich dem ‚Papismus' unter; stieß man den Priester zurück, riskierte man, als rückfällig (…) angesehen zu werden und sich den schwersten Sanktionen auszusetzen: (…) Deswegen griff die Umgebung zu einer List; sie verheimlichte die Krankheit, und wenn der Priester auftauchte, war der Kranke gerade nicht greifbar, er schlief oder war abwesend."

In einigen Dörfern gelang es den Hugenotten, in ihre nach der Gültigkeit des Edikts von Fontainebleau zwangsweise entzogenen öffentlichen Ämter zurückzukehren.[143] Dies eröffnete der hugenottischen Bevölkerung die Möglichkeit, sich teilweise offen vom Katholizismus zu distanzieren und ihre eigene Religion innerhalb bestimmter Auflagen wieder ausüben zu dürfen. Der katholische Pfarrer des Dorfes Vebron in den Cervennen

[142] Joutard, 1685 – Ende und neue Chance für den französischen Protestantismus, in: von Thadden/Magdelaine, Die Hugenotten 1685–1985, a.a.O., S. 20

[143] Ebd.

stellte fest:[144] „Der Herr de Salgas, der Herr Aures und der Herr Boudon sind die Hähne dieser Gemeinde, auf die alle anderen angewiesen sind und von denen Gut und Böse abhängt; sie sind große Politiker und drehen und wenden die Dinge, wie es ihnen beliebt."

Nur eine Minderheit der hugenottischen Pastoren schwörten ab, die übrigen und mit ihnen ca. 200.000–300.000 Gläubige flüchteten unter lebensbedrohlichen Umständen ins protestantische Ausland. Den Ablauf dieser Emigration schildert der französische Historiker Daniel Rops:[145] „Es war eine schreckliche Flucht, eine erbarmungslose Austreibung. Man floh in Booten von den Küsten Aumis und der Bretagne, im Sturm; man floh auf den steilsten Pfaden der Alpen und des Jura, mitten im Winter. Wie viele von diesen Flüchtlingen sind gestorben? Diejenigen, die von der Polizei aufgegriffen wurden, schickte man auf die Galeeren: glücklicher waren jene dran, die auf der Stelle erschossen wurden."

Diejenigen Hugenotten, die bei ihrem Versuch, Frankreich zu verlassen, von den königlichen Behörden festgenommen wurden, wurden zum Galeerendienst verurteilt. Diese Maßnahme kam häufig einem Todesurteil gleich, denn über die Hälfte der Sträflinge verstarb aufgrund der schlimmen körperlichen Belastungen und der räumlichen Enge, die die Ansteckungsgefahr für Krankheiten erheblich steigerte, auf den Galeeren.

Die Zahl der „galeriens pour la foi" („Galeerensträflinge aus Glaubensgründen") betrug 1450 Personen.[146] Selbst auf den Galeeren waren die Hugenotten exorbitanten Schikanen ausgesetzt. In den Jahren 1699 und 1700 zwangen die Offiziere und katholischen Schiffsgeistlichen der Galeeren „La Superbe", „La Favorite" und „La Magnanime" die protestantischen Galeerensträflinge dazu, während einer katholischen Messe niederzuknien und ihre Mütze abzunehmen. Diejenigen Hugenotten, die sich bei diesem Ereignis, das als „affaire du bonnet" (Mützenaffäre) be-

[144] Poujol, R.: Histoire d'un village cevenal : Vebron, Aix-en-Provence 1983, S. 132

[145] Zitiert aus Spaich, H.: Fremd in Deutschland. Auf der Suche nach Heimat, a.a.O., S. 66

[146] Bluche, Im Schatten des Sonnenkönigs, a.a.O., S. 311

kannt wurde, weigerten, den Anordnungen zu gehorchen, wurden auf übelste Weise misshandelt.[147]

Viele Hugenotten hielten trotz Schikanen und Folterungen unbeirrt an ihrem Glauben fest. Das sich im Laufe der Zeit auf den Galeeren entwickelnde Zusammengehörigkeitsgefühl unter ihnen führte im Jahre 1699 zu Gründung einer geheimen Organisation der protestantischen Galeerensträflinge.[148] Diese „Eglise des confesseurs qui souffrent pour la verite de l'Evangile („Kirche der Bekenner, welche für die Wahrheit des Evangeliums leiden") verfügte über Sympathisanten in der Hafenstadt Marseille und in anderen französischen Metropolen, über die sie Briefe, Bibeln und protestantische Schriften aus den niederländischen Generalstaaten beziehen konnten.[149] Die hugenottische Organisation unterstand einem Direktorium, das aus sieben Personen bestand. Zu den Aktivitäten der protestantischen Organisation gehörte nicht nur regelmäßiger Religionsunterricht, sondern auch die Missionstätigkeit bei katholischen Sträflingen.

Die Flüchtlinge ließen sich vornehmlich bei Glaubensbrüdern in den niederländischen Generalstaaten, in England, in der Schweiz, in den protestantischen deutschen Territorien, insbesondere Brandenburg-Preußen und Hessen, sowie in Skandinavien nieder. Unter diesen Migranten befanden sich überproportional viele Intellektuelle (Pfarrer, Künstler, Literaten, Verleger usw.) sowie hoch qualifizierte Handwerker und Fabrikanten, was für den französischen Staat zu dieser Zeit einen enormen geistigen und wirtschaftlichen Verlust bedeutete. Ein Beispiel dafür stellte die nordfranzösische Stadt Metz dar:[150] „Die Auswanderung so vieler wohlhabender Familien, reicher Kaufleute, leitender Persönlichkeiten der blühenden Gewerbe war ein verhängnisvoller Schlag für das Gedeihen der Stadt und des Metzer Landes. Die Einwohnerzahl sank in erschreckender Weise. Die Güter sanken erheblich im Wert, da viele Häu-

---

[147] Ebd.

[148] Ebd. S. 312

[149] Ebd.

[150] Zitiert aus: Erbe, H.: Die Hugenotten in Deutschland, Essen 1937, S. 25

ser unbewohnt blieben und viele Arbeitskräfte für die Bebauung des Landes fehlten (...). Der Handel ging gewaltig zurück."

Meyer unterschätzte die Auswirkungen der hugenottischen Auswanderung, wenn er feststellte:[151] „Dennoch fiel diese Menschen- und Kapitalflucht nicht so sehr ins Gewicht, denn die Immigration von englischen und vor allem irischen Katholiken nach Frankreich glich die Verluste weitgehend aus. Diese Einwanderung fiel geringer aus, verteilte sich auch über einen längeren Zeitraum und ersetzte den Verlust von Protestanten zwar nicht ganz, doch brachte sie Menschen und Kapital ins Land, die eine gewisse wirtschaftliche Blüte der französischen Häfen im 18. Jahrhundert ermöglichten."

Die Einwohnerzahl Frankreichs betrug zum Zeitpunkt des Todes Ludwigs XIV. im Jahre 1715 etwa 18 Millionen Menschen; dies waren ungefähr 2 Millionen weniger als zur Zeit der Ermordung Heinrichs IV.[152] Dieser Bevölkerungsrückgang, der vor allem durch die Emigration der Hugenotten begründet werden kann, wirkte sich äußerst nachteilig auf das wirtschaftliche Leben in Frankreich aus. Seit dem Jahre 1690 geriet das von Colbert[153] ausgebaute französische Manufaktursystem in eine Krise. Im Jahre 1715 war die finanzielle Lage Frankreichs derart katastro-

151 Meyer, Geschichte Frankreichs, a.a.O., S. 358

152 Sieburg, Geschichte Frankreichs, a.a.O., S. 147

153 Jean-Baptiste Colbert (1619–1683) bekleidete seit dem Jahre 1661 den Posten des Oberintendanten der Finanzen in Frankreich. Durch grundlegende administrative, ökonomische und finanzielle Reformen schuf er die Voraussetzungen für die Außen- und Kolonialpolitik Ludwigs XIV. Er war einer der führenden Vertreter des Merkantilismus und förderte den französischen Außenhandel und die industrielle Entwicklung des Landes. Außerdem wurde er von Ludwig XIV. zum Oberintendanten der schönen Künste ernannt und gründete im Jahre 1666 die Academie des Sciences. Vgl. dazu Cole, C. W.: French Merkantilism 1683–1700, 2. Auflage, New York 1965; Scoville, W.C.: The Presecution of Huguenots and French Economic Development 1680–1720, Los Angeles 1960, S. 444 f ; Schumpeter, J. A.: Geschichte der ökonomischen Analyse, 2. Bde, Göttingen 1989 oder Mager, W.: Frankreich vom Ancien Regime zur Moderne, 1630–1830. Wirtschafts-, Gesellschafts- und politische Institutionengeschichte, Stuttgart 1980

phal, so dass der Staatshaushalt um 18 Jahresbudgets überzogen werden musste.[154]

Außerdem vernachlässigt Meyer in seiner Argumentation den Bereich des geistigen Lebens in Frankreich, der sehr stark unter der Emigration der Hugenotten litt.

In abgelegenen Gebieten Frankreichs wie den Cervennen spielte der Protestantismus trotz des Revokationsediktes weiterhin eine große Rolle. Während des Spanischen Erbfolgekrieges kam es zu Aufständen der hugenottischen Camisarden (1702–1704), die schließlich von den königlichen Truppen besiegt wurden.[155] Die Zentren des Aufstandes waren die Dörfer Le Mas Soubeyron, St. Jean du Gard, Florac, Castelnau-Valence sowie Le Trabuc. Die weit verzweigten Höhlensysteme in den Cervennen dienten vielen Hugenotten während den Verfolgungen als Versteck.[156]

Es bleibt festzuhalten, dass die religiöse Einheit des Landes, was ein wesentliches Ziel des Revokationsediktes von Fontainebleau darstellte, nicht erreicht wurde.[157]

Der Feststellung von Thaddens ist zuzustimmen, dass das Revokationsedikt und die dadurch resultierende Emigration der Hugenotten einen tiefen Einschnitt in die Geschichte Frankreichs bedeuteten.[158] Das Revokationsedikt brachte die seit längerer Zeit schwelende Krise des absolutistischen Staates zum offenen Ausbruch. Des Weiteren wurde der Protestantismus als Faktor des gesellschaftlichen, politischen und wirtschaftlichen Lebens in Frankreich für längere Zeit ausgeschaltet. Die Flucht der Hugenotten aus Frankreich bedeutete eine der ersten großen Emigrationen in der Geschichte der Neuzeit.[159]

---

154 Treue, W.: Wirtschaftsgeschichte der Neuzeit im Zeitalter der industriellen Revolution 1700–1960, Stuttgart 1962, S. 89

155 Vgl. dazu Almeras, C.: La revolte des Camisardes, Paris 1960 oder Ducasse, A.: La guerre des Camisardes. La resistance huguenotte sous Louis XIV., Paris 1962

156 Gahrig, Unterwegs zu den Hugenotten in Berlin, a.a.O., S. 22

157 Schunk, Geschichte Frankreichs, a.a.O., S. 85

158 von Thadden, R./Magdelaine, M.: Die Hugenotten 1685–1985, München 1985, S. 7

159 Spaich, Fremd in Deutschland. Auf der Suche nach Heimat, a.a.O., S. 66

3. Frankfurt am Main: Knotenpunkt der hugenottischen Emigration

Schon im 16. Jahrhundert wurde die freie Reichstadt Frankfurt am Main zum Zufluchtsort für all jene Personen, die wegen ihrer Konfession aus ihrem Land flüchten mussten. Glaubensflüchtlinge aus England, Wallonen und Niederländer gründeten in Frankfurt am Main protestantische Gemeinden.[160] Valerand Poulain aus Lille richtete für eine Gruppe wallonischer Glaubensflüchtlinge ein Aufnahmegesuch an den Rat der Stadt Frankfurt am Main.[161] In einer außerordendlichen Ratsversammlung am 18.03.1554 wurde den Flüchtlingen die Aufnahme gestattet. Somit galt der 18.03.1554 als Gründungstag der französischen Gemeinde in Frankfurt am Main. Friedrich Bothe stellte fest:[162] „Außer dem Mitleid mit den armen, um ihrer Religion willen verfolgten Flüchtlingen ließ die Hoffnung dem Rat (der Freien Reichsstadt Frankfurt) ihre Einbürgerung angebracht erscheinen, dass mit ihnen ein kräftiges Reis dem Baume des heimischen Gewerbelebens aufgepropft werden könne. In der Tat waren sie Träger frischen Unternehmensgeistes; alle möglichen Handwerker waren unter ihnen vertreten, vornehmlich aber das Textilgewerbe."

Am 19.04.1554 hielt die französische Gemeinde ihren ersten Gottesdienst in der Weißfrauenkirche ab. Zusammen mit der flämischen Gemeinde, die im Jahre 1555 unter Johannes a Lasco gegründet wurde, gestattete der Frankfurter Rat zunächst der französischen Gemeinde die Ausübung von Gottesdiensten in der Weißfrauenkirche. Bald darauf kam es zu Auseinandersetzungen sowohl mit der lutherischen Kirche als auch mit den autochthonen Handwerkern und Kaufleuten, die die Konkurrenz der Mitglieder der französischen Gemeinde fürchteten. Durch einen Be-

---

160 Magdelaine, M.: Frankfurt am Main: Drehscheibe des Refuge, in: von Thadden/Magdelaine, Die Hugenotten 1685–1985, a.a.O., S. 26–37, hier: S. 26. Die anglikanische Gemeinde bestand im Gegensatz zu der niederländischen und französischen nicht allzu lange, da nach der Regierung von Maria Tudor die meisten Mitglieder nach England zurückkehrten.

161 Dölemeyer, B.: Hier finde ich meine Zuflucht. Auf den Spuren der Hugenotten und Waldenser im südlichen Hessen, Bad Karlshafen 1999, S. 28

162 Zitiert aus Spaich, Fremd in Deuschland. Auf der Suche nach Heimat, a.a.O., S. 82

schluss vom 28.08.1561 verbot der Rat der Stadt Frankfurt der französischen Gemeinde die Benutzung der Weißfrauenkirche, so dass lediglich Privatgottesdienste in einer Scheune oder in Häusern wie „Zur großen Aynung“ von engagierten Gemeindemitgliedern abgehalten werden konnten.[163]

Die französische Kirche erlebte durch die fortschreitende Ansiedlung wallonischer Glaubensflüchtlinge einen zahlenmäßigen Aufschwung, der einen größeren Einflussfaktor auf die innerstädtischen Entscheidungen mit sich brachte. Um diesen zunehmenden Einfluss der französischen Gemeinde zurückzudrängen, entschied der lutherische Magistrat der Stadt Frankfurt am Main, ab dem Jahre 1596 jegliche Form des französisch-reformierten Gottesdienstes innerhalb der Stadt zu verbieten. Dies hatte zur Folge, dass zahlreiche Mitglieder der französischen Gemeinde die Stadt verließen und sich in Hanau und Frankenthal ansiedelten. Im Laufe des 17. Jahrhunderts erholte sich die französische Gemeinde nach der Ansiedlung zahlreicher hugenottischer Kaufleute und Handwerker von diesem Schock.

Die im 16. Jahrhundert großzügige Aufnahme von Glaubensflüchtlingen beschränkte sich Anfang des 17. Jahrhundert nur noch auf Lutheraner; seit dem Jahre 1628 hatten Juden und Kalvinisten nicht mehr die Möglichkeit, Stadtbürger zu werden. Dessen ungeachtet entwickelte sich Frankfurt am Main Ende des 17. und Anfang des 18. Jahrhunderts zu eines der Hauptzentren der Aufnahme für nach dem Edikt von Fontainebleau vom 18.10.1685 aus Frankreich geflohenen Hugenotten.[164]

Die Tatsache, dass viele hugenottische Glaubensflüchtlinge gerade Frankfurt am Main als Zufluchtort wählten, hatte verschiedene Gründe. Aufgrund der günstigen geographischen Lage in der Nähe des Zusammenflusses von Main und Rhein stellte Frankfurt einen wichtigen Knotenpunkt der Ost-West- und Nord-Süd-Verbindungen dar. In wirtschaftlicher Hinsicht war Frankfurt am Main zu dieser Zeit eines der bedeutendsten europäischen Handelszentren; die Warenmessen, die zweimal im

163 Dölemeyer, Hier finde ich meine Zuflucht, a.a.O., S. 28

164 Magdelaine, Frankfurt am Main: Drehscheibe des Refuge, in: von Thadden/ Magdelaine, Die Hugenotten 1685–1985, a.a.O., S. 26

Jahr stattfanden, zogen Kaufleute aus zahlreichen Ländern an. Da Frankfurt in politischer Hinsicht dem Kaiser unterstellt war, verfügte sie über eine größere Autonomie als andere Städte.

Die französische Gemeinde in Frankfurt am Main, die schon den Hugenotten, die schon vor dem Revokationsedikt von Fontainebleau emigrierten, einen Zufluchtsort anboten, half auch in diesem Fall den in Frankfurt eintreffenden Glaubensflüchtlingen. Da die Zahl der hugenottischen Emigranten schon bald stark anstieg, entschloss sich das Konsistorium, für die Glaubensflüchtlinge spezielle Unterstützungslisten[165] anzufertigen. Aus diesen Unterstützungslisten geht hervor, dass sich vom Mai 1685 bis Mai 1695 mehr als 63.700 Flüchtlinge in Frankfurt befanden.[166] Die Zahl der zwischen Mai 1695 und Mai 1705 in Frankfurt registrierten Emigranten betrug mehr als 34.000 Personen.[167]

An die Glaubensflüchtlinge wurde die für die damaligen Verhältnisse sehr hohe Summe von 150.000 Gulden verteilt.[168] Trotz der Bereitstellung eines größeren Betrages und der Sammlung von Spenden war die französische Gemeinde nicht in der Lage, diese Summe allein aufzubringen. Sowohl die deutsche reformierte Gemeinde als auch die Lutheraner in Frankfurt, die im Jahre 1699 eine Spendensammlung veranstalteten, unterstützten die französische Gemeinde in ihrer Notsituation. England und die Niederlande stellten ebenfalls Geld zur Verfügung, was jedoch ausschließlich für die französischen Kirchen in der Umgebung von Frankfurt am Main bestimmt war. Die französische Gemeinde in Frankfurt erhielt weitere Zuwendungen von reichen Glaubensflüchtlingen, die sich nach ihrer Flucht dauerhaft in Frankfurt ansiedelten.[169]

---

165 Die Unterstützungslisten der französischen Gemeinde Frankfurts liefern für die ersten Jahre zahlreiche Informationen über die ankommenden Flüchtlinge: Namen, Vornamen, Familienstand, Beruf, regionale Herkunft, Reiseweg, Bestimmungsort, erhaltene Geldzahlungen und in manchen Fällen die Fluchtumstände, die erlittenen Strapazen und kurze biographische Eckdaten.

166 Dieses Register befindet sich im Stadtarchiv Frankfurt im Karmeliterkloster

167 Ebd.

168 Magdelaine, Frankfurt am Main: Drehscheibe des Refuge, in: von Thadden/ Magdelaine, Die Hugenotten 1685–1985, a.a.O., S. 27

169 Ebd.

Anhand der Unterstützungslisten lässt sich eine regionale und soziale Streuung der in Frankfurt emigrierten Glaubensflüchtlinge nachweisen.[170] Die aus Lothringen, dem Westen oder Norden Frankreichs stammenden Hugenotten flüchteten im Allgemeinen direkt in die deutschen Territorien. Die Mehrzahl der hugenottischen Flüchtlinge kam aus dem Süden Frankreichs und musste zuerst die Schweiz durchqueren, wo sie in Genf, Lausanne, Bern und Zürich und anderen Städten vorübergehende Zufluchsorte fanden.[171] Viele hugenottische Emigranten gingen direkt nach Schaffhausen, wo sich die direkte Grenze zu Deutschland befand. Die Kantone und Städte in der Schweiz ließen den Flüchtlingen sofortige Hilfeleistungen zukommen; so erhöhten die Städte Bern und Zürich die Steuerabgaben, um mit den zusätzlich erworbenen Geldern den Unterhalt der Flüchtlinge sicherzustellen. Die Schweizer Kantone bildeten Flüchtlingsorganisationen, „Chambres des refugies" kümmerten sich um die Verteilung von Hilfsgeldern, eine begrenzte Unterbringung und um die Hilfe bei der Weiterreise.[172] Die Verantwortungsträger der Kantone versuchten, in Verhandlungen mit anderen aufnahmebereiten protestantischen Ländern die Ansiedlung der Flüchtlinge in deren Territorien zu fördern und auch finanziell zu subventionieren.

Aufgrund der gemeinsamen Notlage entstand unter den hugenottischen Flüchtlingen in Frankfurt ein enges Zusammengehörigkeitsgefühl, Klassenunterschiede und regionale Herkunft spielten keine wesentliche Rolle mehr. Charakteristisch dafür ist die Begegnung des Buchhändlers Jacob Malizy aus der Champagne mit dem Wollkämmer Pompee Toures aus Veynes im Dauphine in Frankfurt. Zusammen mit ihren Familien zogen sie weiter nach Heidelberg, wo Pompee die Tochter von Malizy heiratete.[173]

---

170 Ebd., S. 28

171 Vgl. dazu das Beispiel von Zürich: Barbatti, B.: Das „Refuge" in Zürich. Ein Beitrag zur Geschichte der Hugenotten- und Waldenserflüchtlinge nach der Aufhebung des Ediktes von Nantes und zur Geschichte der Stadt Zürich, Zürich 1957

172 Dölemeyer, Hier finde ich meine Zuflucht, a.a.O., S. 7

173 Magdelaine, Frankfurt am Main: Drehscheibe des Refuge, in: von Thadden/ Magdelaine, Die Hugenotten 1685-1985, a.a.O., S. 29

Die in der Stadt eingetroffenen Gruppen bestanden zum Teil aus Personen, die denselben Beruf ausübten. So emigrierte im Juni 1686 eine Gruppe von Tuchmachern, die alle aus dem Dauphine stammten, nach Frankfurt. Die Ausübung desselben Berufes erleichterte es ihnen auf ihrer Flucht, Arbeit zu finden, da sie sich nicht gegenseitig Konkurrenz machten.

Die meisten in den Unterstützungslisten eingetragenen Flüchtlinge kamen ohne Geld und Vermögen nach Frankfurt, da sie auf schnellstem Wege fliehen und ihren Besitz zurücklassen mussten. Ein Beispiel waren die aus Arvieux stammenden Jean Morel, Antoine Musquet und Jacques Simond, die am 6.10.1686 in Frankfurt eintrafen:[174] „sie wurden verfolgt und gezwungen, die Messe zu besuchen, doch da sie den Götzendienst nicht ertragen konnten, haben sie alles verlassen, Häuser, Verwandte und alle ihre Habe."

Vor allem hugenottische Bauern, die durch den Verlust ihres Hofes und den dazugehörigen Gütern ihre gesamte Existenzgrundlage verloren, trafen völlig verarmt in Frankfurt ein:[175] „Ihren Besitz zu verlassen, bedeutete für sie wirklich alles aufzugeben. War es ihnen gelungen, ihre Ernte noch zu verkaufen oder die Verwaltung ihrer Güter einem zurückgebliebenen Mitglied der Gemeinde, mittels eines fiktiven Verkaufes, anzuvertrauen, so hatten sie ihre wenigen Mittel schon bald ausgegeben und befanden sich somit unter den Mittellosesten."

Viele Flüchtlinge, die einen Teil ihres Vermögens mitnehmen konnten, waren dazu gezwungen, davon Unterkunft, Lebensmittel oder Fluchthelfer zu bezahlen. Einige verloren ihren letzten Besitz durch Überfälle von Räuberbanden oder Soldaten. Aus den Unterstützungslisten geht hervor, dass ein Pierre d'Assas aus Vigan von einer Gruppe Banditen ausgeraubt, misshandelt und an den Beinen verletzt wurde.[176]

Die Glaubensflüchtlinge erreichten aufgrund der auf der Flucht erlittenen Entbehrungen sowie Verletzungen Frankfurt in einem schlechten körper-

---

174 Zitiert aus: Ebd.

175 Zitiert aus: Ebd. S. 34

176 Ebd. S. 31

lichen Zustand:[177] „Abel Mobe ist von einem Karren heruntergefallen, ein zweiter Karren ist ihm über den Körper gefahren. Er war gezwungen, während fünf Monaten in Zürich zu bleiben. Kleine Kinder, schwangere Frauen (...) oder alte Leute - wie z.B. die im Elsaß geborene Marie Sage, aus Marsillargues, die alt und blind und verkrüppelt war - waren besonders gefährdet. (...) Jacques Faure, Koch aus Melle im Poitou, kam mit seiner Frau und seinen 3 Kindern krank an. Er erhielt Geld für das Nötigste und um die Miete für ein Zimmer zu zahlen, er blieb mehr als drei Monate in Frankfurt."

Sofort nach ihrer Ankunft und Registrierung wurden sie in Herbergen, Hospitälern oder bei Einzelpersonen gegen eine geringe Bezahlung, die vom Konsistorium der französischen Gemeinde aufgebracht wurde, mit Lebensmitteln versorgt und vorübergehend einquartiert. Ein geringer Teil der Flüchtlinge starb in Frankfurt an den Folgen der Strapazen der Emigration, insbesondere kleine Kinder, schwangere Frauen oder alte Menschen überlebten diese Anstrengungen nicht.[178]

Zusätzlich zu den Hilfeleistungen für ihre in der Stadt eingetroffenen Glaubensbrüder unterstützte die französische Gemeinde von Frankfurt mit finanziellen Mitteln die Anreise weiterer Flüchtlinge:[179] „Daniel Martin, früher Pastor in Mentoules in Valscluson, kam am 3. November 1686 nach einem vierzehnmonatigen Aufenthalt in Aigle, wo er ‚die Ausreise von mehreren, armen Refugies ermöglicht hatte', in deren Begleitung nach Frankfurt zurück; dort gab man ihm 15 Gulden, und er brach erneut in die Schweiz auf, um weitere Familien, die man in der Grafschaft Waldeck erwartete, in Empfang zu nehmen. Pierre Hemery (...) hatte eine erste Gruppe von Gemeindemitgliedern des Pastors Daniel Martin von Zürich nach Frankfurt begleitet."

In Frankfurt fanden nicht nur protestantische Flüchtlinge einen Zufluchtsort, sondern auch Angehörige des katholischen Glaubens, die verfolgten Hugenotten aus Mitleid Unterstützung gewährten. Viele dieser katholischen Helfer konvertierten in Frankfurt zum Protestantismus. Sie

[177] Zitiert aus: Ebd.

[178] Ebd. S. 31

[179] Ebd. S. 35

erhielten dieselben Leistungen wie die protestantischen Glaubensflüchtlinge; viele von ihnen siedelten sich dauerhaft in Frankfurt an:[180] „Sicher waren sie mittellos, und doch betrachtete man sie als wichtige Personen, denn sie erhielten nicht nur eine große Geldsumme, nämlich 19 Gulden und 37,5 Albusse, sondern sie wurden auch noch bis zu den Schnallen für die Strumpfbänder und die Schuhe eingekleidet."

Von den hugenottischen Flüchtlingen, die während der ersten achtzehn Monate nach dem Revokationsedikt von Fontainebleau in Frankfurt eintrafen, befanden sich überproportional viele Handwerker, darunter vor allem Tuchmacher und andere Beschäftigte aus der Leder-, Metall- und Holzindustrie.

Die Generalstaaten der Niederlande[181], Brandenburg-Preußen und Hessen-Kassel waren in den Jahren 1686-87 für die meisten Glaubensflüchtlinge, die nach Frankfurt emigrierten, die bevorzugtesten Bestimmungsorte.[182] Aus diesen Staaten wurden Vertreter entsandt, die die hugenottischen Flüchtlinge zu einer Ansiedlung in ihrem Territorium bewegen sollten. Der Kurfürst von Brandenburg delegierte zu diesem Zweck Christoph Merian nach Frankfurt, der möglichst viele Flüchtlinge von den Vorteilen einer Niederlassung in Brandenburg überzeugen sollte.[183] Merian organisierte im Auftrag des Kurfürsten die Ausreise zahlreicher hugenottischer Gruppen nach Brandenburg; er unterstützte sie mit Geld und Nahrungsmitteln für die Reise und händigte ihnen Pässe aus. Die Niederlande waren seit dem Jahre 1685 zur wichtigsten Schutzmacht der

---

180 Ebd. S. 33

181 Weitere Informationen zur Migration in die Niederlande bietet Bots, H./Bastiaanse, R.: Die Hugenotten und die niederländischen Generalstaaten, in: von Thadden/ Magdelaine, Die Hugenotten, a.a.O., S. 55-72; Gibbs, G.C.: Some Intellectual and Political Influences of the Hugenot Emigres in the United Provinces, c. 1680-1790, in: Bijtragen en Mededelingen betreffende de Geschiedenes der Nederlanden, 30 (1975), S. 254-287 oder Bolhuis, H.H.: La Hollande et les deux refugies, in: Bulletin de la Societe du Protestantisme francais, 115, (1969), S. 407-428

182 Magdelaine, Frankfurt am Main: Drehscheibe des Refuge, in: von Thadden/ Magdelaine, Die Hugenotten (1685-1985), a.a.O., S. 35. Vgl. zu anderen Aufnahmestaaten die Darstellung von Reaman, G. E.: The Trail of the Huguenots in Europe, the United States, South Africa and Canada, London 1964

183 Magdelaine, Frankfurt am Main: Drehscheibe des Refuge, in: von Thadden/ Magdelaine, Die Hugenotten (1685-1985), a.a.O., S. 30

hugenottischen Flüchtlinge aufgestiegen. Ihr Gesandter, Pierre Valkenier, der zum „Plenipotentiaire pour l'Etablissement de ces Vaudois et Refugies dans la Haute Allemagne" wurde, spielte in den Aufnahmeverhandlungen mit deutschen Fürsten eine wesentliche Rolle.

Die niederländischen Generalstaaten nahmen in diesen achtzehn Monaten insgesamt 1040 Glaubensflüchtlinge auf. Danach folgten Brandenburg-Preußen und Hessen-Kassel, die 1014 beziehungsweise 751 Personen in ihrem Territorium eingliederten.[184]

Auch andere kleinere Staaten waren daran interessiert, hugenottische Flüchtlinge aufzunehmen. In den achtzehn Monaten gingen 55 Hugenotten nach Homburg, der Hauptstadt von Hessen-Homburg, 50 Flüchtlinge siedelten sich in Hanau an, wo schon eine wallonische Kirchengemeinde existierte, 64 von ihnen bevorzugten die Pfalz als Zufluchtsort.[185]

Weiterhin fanden zahlreiche Glaubensflüchtlinge in den Hansestädten eine neue Heimat; 182 Exulanten siedelten sich in Bremen[186] an, eine unbekannte Zahl von ihnen ließ sich in Hamburg-Altona[187] und Lübeck[188]

---

184 Ebd. S. 35

185 Ebd. S. 36

186 Bremen führte im Jahre 1582 den reformistischen Glauben als Stadtbekenntnis ein. Die Ansiedlung von niederländischen, hugenottischen und pfälzischen Flüchtlingen, die die wirtschaftliche Entwicklung der Hansestadt vorantrieb, erfolgte relativ unproblematisch. Vgl. Veeck, O.: Geschichte der reformierten Kirche Bremens, Bremen 1909, S. 142 ff

187 Die Niederlassung reformierter Glaubensflüchtlinge stieß in Hamburg auf den entschiedenen Widerstand der Bürgerschaften und der lutherischen Kirche. Zunächst gelang es diesem Bündnis, die Entstehung einer reformierten Gemeinde in Hamburg zu verhindern. Da die Hansestadt an guten Beziehungen zu ihrem wichtigsten Handelspartner, den Niederlanden, interessiert war, gründete sich trotz aller Widerstände im Jahre 1601 eine reformierte Gemeinde in Altona. Nach der Ansiedlung hugenottischer Flüchtlinge entstand in Altona auch eine französische Gemeinde. Vgl. Von Roesbroenk, R.: Die Niederlassung von Flamen und Wallonen in Hamburg (1567–1605), in: Verein für Hamburgische Geschichte 49/50, Hamburg 1964, S. 53–76, hier: S. 53 ff

188 Wie auch in Hamburg existierten auch in Lübeck Vorbehalte gegenüber reformierten Neuankömmlingen. Der Senat Lübecks verabschiedete im Jahre 1670 ein Dekret, das die Ansiedlung reformierter Personen aufgrund wirtschaftlicher Erwägungen befürwortete. Die lutherische Geistlichkeit der Stadt lehnte jedoch die Einwanderung von Angehörigen des reformierten Glaubens rigoros ab. Erst nach jahrzehntelangen Streitigkeiten setzte sich der Senat Lübecks durch und erteilte

nieder. Ein geringer Teil der Hugenotten, die in Frankfurt registriert wurden, emigrierte nach England.[189]

Auffallend wenige Hugenotten, die in den Jahren 1685 und 1686 in Frankfurt eintrafen, wählten Württemberg als neuen Ansiedlungsort. Dies ist dadurch zu erklären, dass viele Flüchtlinge den direkten Weg über die Schweiz wählten oder von Frankreich aus einwanderten. In den Frankfurter Unterstützungslisten sind lediglich diejenigen Exulanten erfasst worden, die aus dem Westen oder Norden eintrafen.

Einige Glaubensflüchtlinge besaßen überhaupt keine Vorstellung, in welcher Stadt oder Ortschaft sie sich ansiedeln wollten.[190] Dies erklärte sich aus der Tatsache, dass sie keinen Anhaltspunkt hatten, in welchem Gebiet eine unmittelbare Chance bestand, eine Arbeit zu finden.

Ein Teil der Hugenotten kehrten nach kurzer Zeit wieder nach Frankfurt zurück, da sie sich in ihrer neuen Umgebung nicht wohl fühlten, auf der Suche nach Angehörigen oder Freunden waren oder keine geeignete Arbeitsmöglichkeit in den Aufnahmeorten fanden: [191] „Raymond Chaffonin, ein Maurer aus Vallon, (...) hatte (...) keine Arbeit in Holland gefunden und wollte nun in Frankfurt bleiben. (...) Ester Roussel z.B. war sehr betagt und ihr Sohn Isaac Cheminon schwachsinnig; sie stammten aus Mollieres im Vac Cezare und wurden am 11. November 1686 zum ersten Mal betreut; sie gedachten, den Winter in Hanau zu verbringen. Als sie am 11.Juli zum zweiten Mal Hilfe erhielten, erklärten sie, dass sie bis nach Kassel gegangen seien, dort jedoch nichts für ihren Lebensunterhalt hätten finden können; nun wollten sie in die Schweiz ziehen. Antoine

---

hugenottischen Flüchtlingen die Einreiseerlaubnis. Vgl. Grundmann, P.: Französische Flüchtlinge in Lübeck: Refugies und Emigres, Schönberg 1920, S. 15 ff oder Hoffmann, M.: Geschichte der freien und Hansestadt Lübeck, 2. Hälfte, Lübeck 1889/1892, S. 101 ff

189 Nähere Hinweise zum Leben der Hugenotten in England finden sich bei Cottret, B.: Terre d'exil. L'Angleterre et ses refugies francaise et wallons de la Reforme a la Revocation de l'Edit de Nantes, Paris 1986 oder Cottret, B.: Glorreiche revolution, schändliche Revokation? Französische Protestanten und Protestanten Englands, in : von Thadden/Magdelaine, Die Hugenotten, a.a.O., S. 73-84

190 Magdelaine, Frankfurt am Main: Drehscheibe des Refuge, in: von Thadden/ Magdelaine, Die Hugenotten 1685-1985, a.a.O., S. 36

191 Zitiert aus: Ebd.

Gabriel aus dem Pays de Gex, ein Seidenarbeiter, wollte ebenfalls nicht in Kassel bleiben: er hatte erfahren, dass seine Eltern nach Genf geflohen waren und wollte sie dort aufsuchen."

4. Brandenburg-Preußen

4.1 Das Edikt von Potsdam

Das wichtigste Zufluchtsland für die hugenottischen Glaubensflüchtlinge war sowohl im Hinblick auf die Zahl der Emigranten als auch in Bezug auf die strukturellen Voraussetzungen ihrer Aufnahme Brandenburg-Preußen. Das Herrscherhaus von Brandenburg-Preußen nahm durch die Konversion des Kurfürsten Johann Sigismund im Jahre 1613 den reformierten Glauben an. Von den ungefähr 43.000 hugenottischen Flüchtlingen, die in die deutschen Territorien einwanderten, ließen sich ca. 20.000 in Brandenburg-Preußen nieder.[192]

Die Grundlage für die Ansiedlung war das am 25.10.1685 erlassene Edikt von Potsdam des Kurfürsten Friedrich Wilhelm „betreffend diejenigen Rechte, Privilegia und andere Wohlthaten, welche Se. Churfürstl. Durchl. Zu Brandenburg den Evangelisch-Reformierten Frantzösischer Nation, so sich in Ihren Landen niederlassen werden, wegen der Jurisdiction und sonst, dasselbst zu verstatten gnädigst entschlossen seyn".[193]

Das Edikt legte in vierzehn Artikeln die Rahmenbedingungen für die Ansiedlung der Glaubensflüchtlinge in Brandenburg-Preußen fest.[194] Zu-

---

192 Christoph Graf zu Dohna gab in seinen „Memoires originaux" einen Eindruck von der Situation in Berlin: „Bei meiner Rückkehr (1686) fand ich in Berlin angefüllt mit Franzosen; sie flüchteten in Massen hierher, angezogen von der günstigen Aufnahme, die der Kurfürst den ersten bereitet hatte. (...) Jeden Tag sah man Kaufleute, Manufakturunternehmer und vor allem Offiziere und Edelleute in Mengen eintreffen" Zitiert nach: Glatzer, R. (Hrsg.): Berliner Leben 1648-1866. Erinnerungen und Berichte, Berlin 1956, S. 48

193 Zitiert nach: Wilke, J.: Rechtsstellung und Rechtssprechung der Hugenotten in Brandenburg-Preußen (1685-1809), in: von Thadden/Magdelaine, Die Hugenotten 1685-1985, a.a.O., S. 100- 114, hier S. 100

194 Das Edikt von Potsdam wurde im Gegensatz zu anderen Edikten aufgrund der besonderen Situation, in denen sich die Flüchtlinge befanden, relativ kurzfristig verfasst. Bei der Ausarbeitung des Inhalts stützte sich der Kurfürst Friedrich Wilhelm unter anderem auf die Pfarrer Francois de Gaultier und Jacques Abbadie der französischen Gemeinde in Berlin. Sie machten den Kurfürsten und seine Berater mit Augenzeugenberichten über die Situation der Flüchtlinge vertraut.Vgl. dazu auch Mengin, E.: Das Edikt von Potsdam. Das Edikt von Fontainebleau, Paris 1963

nächst regelte es die Unterstützung auf der Flucht, die Hilfeleistung bei der Einwanderung und die Niederlassung:[195] „Das Edikt schrieb die Wege vor, die von den Hugenotten einzuschlagen waren; die Sammelorte hießen Amsterdam, Frankfurt am Main und Hamburg. Von dort aus sollten die Vertriebenen, durch kurfürstliche Kommissare empfangen, nach den von ihnen gewählten Orten weitergeleitet werden. Es schlägt ihnen eine Reihe von Städten als zur Ansiedlung besonders geeignet vor und befiehlt, dass sie dort gut aufgenommen und mit allem zur Ansiedlung Nötigen versehen werden sollen."

Weiterhin verbot das Edikt von Potsdam der autochthonen Bevölkerung in Brandenburg-Preußen, den hugenottischen Flüchtlingen Nahrungsmittel zu verweigern. Ihr aus Frankreich mitgebrachter Besitz durfte ungehindert nach Brandenburg-Preußen eingeführt werden.

Der Kurfürst übergab den Flüchtlingen verfallene oder verlassene Häuser als erbliches Eigentum.[196] Außerdem erhielten sie von Friedrich Wilhelm die notwendigen Materialien zum Wideraufbau der Häuser und wurden von allen Abgaben befreit. Beim Bau eines Hauses überwies die kurfürstliche Verwaltung den Hugenotten geeignete Baustellen mit den dazugehörigen Gärten und Wiesen sowie die benötigten Baumaterialien; dazu kam eine zehnjährige Abgabenfreiheit.

Im Edikt von Potsdam erteilte der Kurfürst den Flüchtlingen das Bürgerrecht und gewährte ihnen den Eintritt in die Zünfte. Manufakturgründungen von hugenottischen Kaufleuten wurden durch umfangreiche Privilegien und finanzielle Zuwendungen unterstützt. Das Edikt beinhaltete ebenso das Recht der Ausübung der reformierten Religion in französischer Sprache und die Ernennung von eigenen Geistlichen:[197] „In einer ieden Stadt wollen wir gedachten Unsern Frantzösischen Glaubens-Genossen einen besonderen Prediger halten, auch einen bequemen Ort anweisen lassen, woselbst das exercitium Religionis Reformatae in Frant-

[195] Zitiert nach Tritt, I.: Der kulturgeographische Einfluß der Glaubensvertriebenen in Berlin, Berlin 1966, S. 3

[196] Ebd.

[197] Mengin, E.: Das Recht der französisch-reformierten Kirche in Preußen, Berlin 1929, S. 192

zösischer Sprache, und der Gottesdienst mit eben denen Gebräuchen und Ceremonien gehalten werden sol, wie es biß anhero bey den Evangelisch Reformierten Kirchen in Franckreich bräuchlich gewesen."

Ein weiteres Privileg des Ediktes war die standesgemäße Gleichstellung der eingewanderten hugenottischen Adeligen mit dem einheimischen Adel.

Im Artikel 10 des Ediktes von Potsdam gewährte der Kurfürst Friedrich Wilhelm den Hugenotten in den Städten einen Richter zur Schlichtung interner Auseinandersetzungen:[198] „So viel die Jurisdiction und Entscheidung der zwischen offt gedachten Frantzösischen Familien sich ereignender Irrungen und Streitigkeiten betrifft, da sind wir gnädig zufrieden, und bewilligen hiermit, dass in den Städten, wo selbst verschieden Frantzösische Familien vorhanden, dieselbe iemand ihres Mittels erwägen mögen, welcher bemächtiget seyn soll, dergleichen differentien ohne eigene Weitläufftigkeit, in der Güte zu vergleichen und abzuthun."

Ein Kollegium aus hugenottischen Richtern und deutschen Magistratsangehörigen kümmerte sich um Streitigkeiten zwischen deutschen und französischen Personen:[199] „Daferne aber solche Irrungen unter Teutschen an einer, und Frantzösischen Leuten anderer Seite sich ereignen. So sollen selbige durch den Magistrat eines ieden Orts und diejenige welche die Frantzösische Nation zu ihrem Schieds-Richter erwählen wird, zugleich und gesamter Hand untersuchet, und summariter zu Recht entschieden und erhöret werden, welches dann auch als dann statt haben soll, wann die unter Frantzosen allein vorfallende differentien, dergestalt wie oben erwehnet, in der Güte nicht beygeleget und verglichen werden können."

Das Edikt von Potsdam sprach den Glaubensflüchtlingen zwar weitgehende Rechte und Privilegien zu, von einer Selbstverwaltung der Hugenotten war darin nicht die Rede. Erst im Laufe der Zeit entwickelte sich

198 Zitiert nach: Wilke, Rechtsstellung und Rechtssprechung der Hugenotten in Brandenburg-Preußen, in: von Thadden/Magdelaine, Die Hugenotten 1685–1985, a.a.O., S. 100

199 Zitiert nach: Ebd.

die hugenottische Gemeinde zu einer festen Gemeinschaft mit eigenständigem Charakter.[200]

Am 23.11.1685 wurde in Berlin ein Kommissariat für die Angelegenheiten der hugenottischen Flüchtlinge innerhalb des Generalkriegskommissariats gegründet, das als Kontrollorgan die Durchführung der Bestimmungen des Potsdamer Ediktes kontrollieren sollte.[201] Der erste Vorsitzende des Kommissariats wurde Marshall Joachim Ernst von Grumbkow (1637-1690), sein Stellvertreter war der ehemalige brandenburgische Gesandte in Frankreich, Ezechiel Freiherr von Spanheim (1629-1710). Die hugenottischen Vertreter Graf d'Espence und du Bellay d'Ancle gehörten ebenfalls dem Kommissariat an.

Alle nach Brandenburg-Preußen emigrierten Flüchtlinge mussten sich dort kurz nach ihrer Ankunft melden; erst nach der genauen Feststellung ihrer Verhältnisse besaßen sie einen Anspruch auf die im Edikt von Potsdam erteilten Vergünstigungen und Privilegien. Für die hugenottischen Exulanten war in den meisten Fällen der damalige Leiter der französischen Gemeinde von Berlin, de Gaultier, der erste Ansprechpartner, der den Kontakt zum Kommissariat herstellte.[202]

Nachdem die hugenottischen Glaubensflüchtlinge bei einem französischen Richter bzw. Oberrichter den Untertaneneid geschworen hatten, lebten sie als Untertanen des Kurfürsten bzw. des Königs in Brandenburg-Preußen. Sie nahmen eine gewisse Sonderstellung gegenüber der deutschen Bevölkerung ein, da sie unter der Schirmherrschaft der Hohenzollern eine innere kirchliche und juristische Selbstverwaltung aufbauen durften.[203]

Bei der rechtlichen und verwaltungsmäßigen Eingliederung der hugenottischen Kolonien in das brandenburg-preußische Staatswesen lassen sich zwei Entwicklungslinien voneinander unterscheiden. Zuerst erfolgte

---

200 Ebd. S. 101

201 Gahrig, Unterwegs zu den Hugenotten in Berlin, a.a.O., S. 30

202 Ebd.

203 Wilke, J.: Rechtstellung und Rechtssprechung der Hugenotten in Brandenburg-Preußen (1685-1809), in: von Thadden/Magdelaine, Die Hugenotten 1685-1985, a.a.O., S. 100- 114, hier S. 102

zwischen den Jahren 1685 und 1690 die Herausbildung einer eigenständigen Gerichtsbarkeit als Teil des Sonderstatus der hugenottischen Kolonien. Danach erhielten die französischen Kolonien bis zum Jahre 1720 die wesentlichen rechtlichen Grundlagen für den Ausbau ihrer eigenen Gerichtsbarkeit und Selbstverwaltung. Bis zur juristischen Auflösung der Kolonien im Jahre 1809 kam es zu keinen wesentlichen Veränderungen in der Rechtssprechung und Verwaltung der hugenottischen Kolonien.

Die elementare Bedeutung des Ediktes von Potsdam für die hugenottischen Glaubensflüchtlinge wird an der historischen Einleitung zu einem Predigtensammelband aus dem Jahre 1785 ersichtlich:[204] „Nach hundert Jahren widmen die Fremden einen besonderen Tag ehrlichen Freudenfesten. (...) Sie prägen Münzen und schreiben Bücher, um zu verhindern, daß eine lange Reihe von Jahren aus dem Gedächtnis auszulöschen, was die Vorfahren gewesen sind und getan haben."

4.2 Potsdam

Im 7. oder 8. Jahrhundert gründeten die slawischen Heveller eine kleine Siedlung in Sichtweite der Nuthemündung. Die Siedlung war Teil einer Handelsstraße, die Magdeburg mit den Handelszentren jenseits von Oder und Weichsel verband.

Im Jahre 993 wurde Potsdam das erste Mal als „Poztupimi" urkundlich erwähnt:[205] „Damals schenkte der knapp 13jährige deutsche König Otto III. seiner Tante Mathilde, Äbtissin des Klosters Quedlinburg, die zwei Orte Poztupimi und Geliti im Hevellergau." Über die näheren Hintergründe dieses Rechtsaktes und die weitere Entwicklung der lokalen Ereignisse ist nichts bekannt.

Der askanische Markgraf Albrecht von Ballenstedt (1123–1170) erwarb im Jahre 1150 das gesamte Besitztum des Hevellerfürsten Pribislav von

[204] Zitiert nach L'heureuse colonie, du celebration du Jubile des colonies francaises etablies dans les Etats du Roi: consistant en un Recueil de Sermons prononces dans les cinq paroisses francaises de Berlin, Berlin 1785, S. 5

[205] Zitiert aus Gahrig, Unterwegs zu den Hugenotten im Land Brandenburg, a.a.O., S. 35

Brandenburg.[206] Unter dessen Herrschaft entstand in Potsdam eine askanische Burg, in deren Schutz sich eine Marktsiedlung herausbildete.

Im 14. Jahrhundert war Potsdam noch eine relativ unbedeutende Stadt in der Mark Brandenburg. Die Einwohnerzahl Potsdams betrug lediglich mehrere hundert Personen:[207] „Der Ort besteht nur aus der Burg, dem Rathaus, einer Feldsteinkirche und etwa 50 recht kleinen Häusern. Sie liegen an vier Straßen, deren bedeutenste die heute noch vorhandene Burgstraße ist."

Unter dem Kurfürst Joachim I. von Hohenzollern wurde die Befestigung der Burg mit einem Graben und einem Wall durchgeführt. Nach seiner Thronbesteigung im Jahre 1598 übergab er das Amt Potsdam seiner Gemahlin Katharina von Brandenburg-Küstrin als Wittum, das der Kurfürstin im Falle einer Witwenschaft ermöglichen sollte, ökonomisch selbständig zu bleiben und ihren gewohnten Lebensstil beibehalten zu können. Die Baumaßnahme führten zu einer Steigerung der Einwohnerzahl Potsdams auf ungefähr 1.000 Personen. Seit dem Ende des 15. Jahrhunderts begannen sich die Handwerker in Potsdam zu Zünften zusammenzuschließen.[208] Dabei machten die traditionellen Gewerbe der Schuhmacher, Bäcker und Schneider den Anfang, die Innung der Wollweber ist für das Jahr 1409 nachzuweisen. Nach wie vor prägten jedoch die Fischer das soziale Profil der Ortschaft, da in der näheren Umgebung von Potsdam zahlreiche fischreiche Gewässer existierten.

Die wirtschaftliche aufstrebende Stadt erlitt durch die beiden Brände im Jahre 1536 und 1550, die zahlreiche Gebäude und das Rathaus vernichteten, einen wirtschaftlichen Rückschlag. Dies führte dazu, dass die verarmte Bürgerschaft in den sechziger Jahren des 16. Jahrhunderts von den brandenburgischen Landständen materielle Zuwendungen erhielt, um den Rathausneubau zu finanzieren.

Wie für andere Städte und Ortschaften in der Mark Brandenburg bedeuteten der Dreißigjährige Krieg und seine Folgen einen herben Rückschlag

---

206 Ebd. S. 37

207 Zitiert aus Ebd.

208 Hahn, P.-M.: Geschichte Potsdams von den Anfängen bis zur Gegenwart, München 2003, S. 12

für die Entwicklung der Stadt. Um das Jahr 1620, bevor Potsdam direkt in die Auseinandersetzungen verwickelt wurde, gab es in der Stadt 198 Häuser, was auf eine Bevölkerungszahl von ungefähr 1500 Menschen hinweist.[209]

Während des Dreißigjährigen Krieges zogen sowohl schwedische als auch kaiserliche Heere durch die Stadt, wodurch Potsdam mehr als die Hälfte der Bevölkerung verlor. Eine Erhebung des Potsdamer Magistrates im Jahre 1660 stellte fest, dass von den 198 Häusern, die noch vor dem Kriege existierten, 119 völlig zerstört worden sind. Lediglich 79 Familien lebten noch in Potsdam, die anderen kamen entweder im Verlaufe der Kämpfe und Plünderungen ums Leben oder mussten aus der Stadt fliehen.[210] Dazu kamen noch zahlreiche Hungersnöte, die durch Klimakatastrophen hervorgerufen wurden. Zwischen den Jahren 1626 und 1631 breiteten sich Typhus, Ruhr- und Pestepidemien entlang der Heerstraßen aus, woran viele Bewohner Potsdams, die ohnehin an Unterernährung litten, starben.

Bei den Friedensverhandlungen von Oliva im Jahre 1660 wurde dem Kurfürsten Friedrich Wilhelm die Herrschaft über die Mark Brandenburg und das Herzogtum Preußen zugesprochen. Im Laufe der Zeit entstand neben Berlin eine zweite Residenzstadt des Kurfürsten in Potsdam. Kurfürst Friedrich Wilhelm beschleunigte ab dem Jahre 1660 die Entwicklung Potsdams:[211] „(…) der brandenburgische Kurfürst Friedrich Wilhelm (1640–1688) (…), der 1660 das verpfändete Amt und Schloß Potsdam bei dem Amthauptmann von Haacke einlöste und dem Berliner Festungsbaumeister Memhardt den Auftrag erteilte, an der Stelle des alten verfallenen ein neues Schloß zu errichten. Zugleich leitete er den Ankauf der Adelsgüter Bornstedt, Geltow, Golm, Grube, Drewitz und Gleinecke ein, die zur Herrschaft Potsdams zusammengeführt wurden."

209 Uhlemann, M./Rückert, O.: Potsdam. Geschichte der Stadt in Wort und Bild, Berlin 1986, S. 21

210 Ebd. S. 22

211 Zitiert aus: Ebd. S. 24

Die Gründe, warum der Kurfürst Friedrich Wilhelm ausgerechnet Potsdam als Residenzstadt auswählte, lassen sich nicht eindeutig benennen:[212] „Bis heute ist nicht eindeutig geklärt, wann sich der Kurfürst in solch starkem Maße dieser Stadt (Potsdam - M.L.) zuwandte, in der er sich nach 1670 immer häufiger und länger aufhielt und in der er schließlich auch starb. Die guten Jagdmöglichkeiten und der Wasserreichtum der sich zu Seen entwickelnden Havel werden wohl wesentliche natürliche Voraussetzungen dafür gewesen sein."

Hahn weist noch auf einen anderen Aspekt hin:[213] „Der aristokratischen Gesellschaft war ein charakteristisches Raum- und Naturgefühl zu eigen, wie es auf gemalten Schloßansichten häufig zum Ausdruck kam. Sie verlangte nach Orten, welche eine prachtvolle Inszenierung ihres exklusiven Lebensstiles erlaubten sowie das Auge und die Sinne durch deren natürliche Vielfalt entzückten und überwältigten."

Kurfürst Friedrich Wilhelm förderte in den letzten Jahren seiner Regierungszeit die Entwicklung des Handwerks und des Handels in Potsdam. Dies führte dazu, dass sich im Jahre 1682 holländische Damast- und Seidenweber in der Stadt niederließen und dort Manufakturen gründeten.[214]

Im Laufe der Zeit entstanden in der Stadt zahlreiche neue Bauten, Schlösser, Parks, Kasernen, Manufakturen, Fabriken und Kirchen, was Potsdam den Rang einer der bedeutenden Städte in Brandenburg-Preußen einbrachte.

Unter der Regentschaft Friedrich Wilhelms I. (1713–1740) vergrößerte sich die Einwohnerzahl Potsdams auf ungefähr 15.000 Personen.[215]

Im Gegensatz zu anderen hugenottischen Gemeinden in Brandenburg-Preußen, die kurz nach dem Edikt von Potsdam aus dem Jahre 1685 in verschiedenen Städten und Dörfern des Landes gegründet wurden, konstituierte sich die französische Gemeinde in Potsdam erst im Jahre

---

212 Giersberg, H.-J.: „Mein Herr Vater hat Potsdam sehr lieb", in: 1.000 Jahre Potsdam. Das Buch zum Stadtjubiläum mit dem Festprogramm, Potsdam 1992, S. 57 f

213 Hahn, Geschichte Potsdams von den Anfängen bis zur Gegenwart, a.a.O., S. 21

214 Gahrig, Unterwegs zu den Hugenotten im Land Brandenburg, a.a.O., S. 37

215 Ebd.

1723.[216] Die wenigen hugenottischen Flüchtlinge, die Ende des 17. Jahrhunderts nach Potsdam kamen, wurden zunächst Mitglied der im Jahre 1662 entstandenen deutschen reformierten Gemeinde. Diejenigen Hugenotten, die am Hof des Kurfürsten in Potsdam angestellt waren, wohnten zu einem großen Teil in Berlin und gehörten der französischen Gemeinde in Berlin[217] an.

Zu Beginn des 18. Jahrhunderts kamen weitere Flüchtlinge nach Potsdam, so dass die Zahl der Hugenotten in Potsdam deutlich zunahm.

---

216 Ebd. S. 44

217 Nähere Informationen über die französische Gemeinde in Berlin sind in folgenden Werken enthalten: Beringuier, R. (Hrsg.): Die Stammbäume der Mitglieder der Französischen Kolonie in Berlin, Berlin 1887; Birnstiel, E.: Die Hugenotten in Berlin oder Die Schule der Untertanen, Berlin 1986; Ribbe, W. (Hrsg.): Geschichte Berlins. Eine Veröffentlichung der Historischen Kommission zu Berlin, 2. Bände, Berlin 1988; Manoury, K.: Die Geschichte der Hugenottenkirche von ihren Anfängen in Frankreich bis zur Gegenwart in Deutschland 1517–1937, 2. Bände, Berlin 1937–1941 Bregulla, G. (Hrsg.): Hugenotten in Berlin, Berlin 1988; Erman, W.: Jean Pierre Erman (1735 bis 1814). Ein Lebensbild aus der Berliner französischen Kolonie, Berlin 1914; Fischer, G.: Die Hugenotten in Berlin, Berlin 1988; Fuhrich-Grubert, U.: Die französische Kirche zu Berlin. Ihre Einrichtungen 1672–1945, Bad Karlshafen 1992; Glatzer, R. (Hrsg.): Berliner Leben 1648–1806. Erinnerungen und Berichte, Berlin 1956; Projektgruppe Inventarisierung historischer Friedhöfe und Projektgruppe Erhebung und Aufbereitung von Umweltdaten auf Friedhöfen im Auftrag der Senatsverwaltung für Stadtentwicklung und Umweltschutz, Fachabteilung Bau- und Gartendenkmalpflege (Hrsg.): Historische Friedhöfe in der Mitte Ost-Berlins, Berlin o.J.; Hofmeister, B./Möbius, D. (Hrsg.) Exkursionen durch Berlin und seine Umgebung, Berlin 1992; Manoury, K./Prüfer, A.: Der Weg der französischen Kirche in Berlin. Eine Übersicht, Berlin 1967; Ribbe, W. (Hrsg.): Geschichte Berlins. Eine Veröffentlichung der Historischen Kommission zu Berlin, 2. Bände, Berlin 1988; Sagave, P.-P.: Berlin und Frankreich 1685–1871. Französische Einflüsse und Gegenströmungen in Brandenburg-Preußens Hauptstadt von der Hugenotteneinwanderung bis zum deutsch-französischen Krieg, Berlin 1980; Schulz, K.: 3000 Berliner Kolonisten und Kolonistensöhne 1682–1812, Schriftenreihe der Stiftung Stoye der Arbeitsgemeinschaft für Mitteldeutsche Familienforschung e.V., Nr. 3, Neustadt an der Aisch 1972; Jersch-Wenzel, S./John, B.(Hrsg.): Von Zuwanderen zu Einheimischen. Hugenotten, Juden, Böhmen, Polen in Berlin, Berlin 1990, S. 13–152; Seyppel, J.: Nun – Unsterblichkeit. Wanderungen zu den Friedhöfen Berlins, Berlin 1964; Eberhardt, F. u.a.: Die Liusenstadt. Geschichte und Geschichten über einen alten Berliner Stadtteil, Berlin 1995; Mengin, E.: Die französisch-reformierte Luisenstadtkirche zu Berlin 1728–1928. Festschrift zum zweihundertjährigen Bestehen, Berlin 1928; Ludewig, T.: Berlin. Geschichte einer deutschen Metropole, Gütersloh 1986, S. 163 f

Als Friedrich Wilhelm I. den Ausbau Potsdams zur Garnisonsstadt vorantrieb, erfolgten zeitgleich die Erneuerung der Altstadt (1720–1742) sowie die Anlage der Neustadt (1720–1742). Über die Form der Stadterweiterung urteilte der Baumeister Heinrich Ludwig Manger (1728–1790):[218] „Die Art zu bauen in den neu angelegten Straßen war gänzlich eintönig und gleichförmig, nur um die Monotonie nicht zu unterbrechen, welche auch in Ansehen des äußerlichen Abfärbens beachtet wurde. Das Auge des Königs war durch die beständige Beschäftigung mit seinen Garderegimentern dermaßen verwöhnt, dass ihm auch die neu angelegten Straßen nicht gefielen, als wenn deren Häuser eine in Reihen stehende Anzahl Soldaten vorstellten, wovon die Dachkerker über dem zweiten Stockwerke gleichsam den Grenadiermützen glichen."

Diese Erweitung Potsdams und der Umstand, dass Friedrich Wilhelm I. mit dem Patent vom 29.2.1720 alle im Edikt von Potsdam zugesicherten Privilegien für die angesiedelten hugenottischen Flüchtlinge bestätigte und verlängerte, veranlasste viele Hugenotten, Potsdam als neuen Wohnort zu wählen.[219] Am Ende des 18. Jahrhunderts besaß Potsdam mit 26.000 Menschen ebenso viele Einwohner wie die Kaiser- und Handelsstadt Aachen.[220] Die im Mittelalter bedeutenden Städte Bamberg, Mainz und Regensburg verzeichneten sogar weniger Einwohner als die junge preußische Garnisons- und Residenzstadt.

Als im Jahre 1722 die gerade fertig gestellte Garnisonskirche zur Hofkirche ernannt und der deutschen reformierten Gemeinde zur Nutzung übertragen wurde, nutzten die Hugenotten in Potsdam die Gelegenheit, um Friedrich Wilhelm I. ihren Wunsch nach kirchlicher Selbständigkeit zu übermitteln.[221]

Friedrich Wilhelm I. stimmte der Bitte zu und erteilte ihnen die Erlaubnis, eine eigene Gemeinde zu gründen. Weiterhin gestattete er den hugenottischen Exulanten, die Kapelle des Potsdamer Stadtschlosses für ihre Got-

---

218 Zitiert aus Hahn, Geschichte Potsdams von ihren Anfängen bis zur Gegenwart, a.a.O., S. 39

219 Gahrig, Unterwegs zu den Hugenotten im Land Brandenburg, a.a.O., S. 40

220 Engelsing, Kleine Wirtschafts- und Sozialgeschichte Deutschlands, a.a.O., S. 68

221 Gahrig, Unterwegs zu den Hugenotten im Land Brandenburg, a.a.O., S. 45

tesdienste zu nutzen und einen Prediger ihrer Wahl zu beschäftigen. Am 11.7. 1723 feierte die französische Gemeinde in Anwesenheit des Königs ihren ersten Gottesdienst in der Schlosskapelle. Der erste Prediger der Gemeinde war der aus der Normandie stammende Thomas Le Cointe (1682–1776).[222]

Die Schlosskapelle diente der französischen Gemeinde bis zum Jahre 1753 als Gotteshaus. Auf Initiative Friedrich II. entstand in den Jahren 1751 bis 1753 die Französische Kirche[223], die speziell für die französische Gemeinde in Potsdam erbaut wurde. Die Französische Kirche wurde von Johann Boumann d. Ä. nach einem Entwurf von Georg Wenzeslaus von Knobelsdorff errichtet; das Äußere der Kirche ähnelte der dem Pantheon nachgebildeten Hedwigskirche in Berlin.[224] Friedrich II. übernahm die gesamte Finanzierung des Neubaus. Gahrig vermutet, dass es sich bei der Französischen Kirche um den letzten Kirchenbau handelt, der in Brandenburg speziell für eine französische Gemeinde errichtet wurde.[225] Am 23.9.1753 hielt Prediger Le Cointe den ersten Gottesdienst in der Französischen Kirche ab.[226]

Neben der Berufung eines Predigers genehmigte Friedrich II. das Anliegen der französischen Gemeinde, einen Kantor, einen Schulmeister und einen Küster zu beschäftigen. Aus einer Urkunde vom 1.8.1723 geht hervor, dass Friedrich II. sich dazu bereit erklärte, für den monatlichen Lohn

---

222 Thomas Le Cointe studierte nach seiner Ankunft in Brandenburg-Preußen an der Viadrina in Frankfurt/Oder Theologie und bekleidete vor seinem Amtsantritt in Potsdam die Stelle des Predigers in Brandenburg. Im Jahre 1739 wurde er Ratsmitglied des in Berlin ansässigen Oberkonsistoriums und Inspektor aller Kirchen. Vgl. Ebd. S. 336

223 Eine ausführlichere Betrachtung der Französischen Kirche ist zu finden in: Kitschke, A.: Kirchen in Potsdam. Aus der Geschichte der Gotteshäuser und Gemeinden, Berlin 1983

224 Gahrig, Unterwegs zu den Hugenotten im Land Brandenburg, a.a.O., S. 61

225 Ebd., Vgl. dazu auch Mielke, F.: Potsdamer Baukunst, 2. Aufl., Berlin 1998 oder Poensgen, G.: Die Bauten Friedrich Wilhelms IV. in Potsdam, Berlin 1930

226 In der Französischen Kirche predigten in der Folgezeit weitere bekannte Mitglieder der hugenottischen Gemeinde, wie z.B. Jean Henry, der spätere Leiter der königlichen Bibliothek in Berlin, Isaac Henri Chodowiecki, der Sohn des Kupferstechers Dabiel Nicolaus Chodewiecki oder Jacques Papin (1761–1818) Vgl. dazu Gahrig, Unterwegs zu den Hugenotten im Land Brandenburg, a.a.O., S. 337

aufzukommen; sowohl der Kantor als auch der Schulmeister bekamen 100 Taler zugesprochen, der Küster erhielt 30 Taler.[227]

Zu den Mitgliedern der französischen Gemeinde gehörten zahlreiche Personen, die im Dienst des preußischen Königshauses standen. Gahrig stellte eine Auswahl der bedeutendsten Persönlichkeiten zusammen:[228] „Henri Alexandre de Catt, Vorleser Friedrich II., Samuel Villaume, Privatschreiber des Kronprinzen, Theodor Etienne Laspeyre, Rat im königlichen Kabinett, Jean Francois de Perrot, Privatsekretär im königlichen Kabinett, Frederic Maurice Bovet, Sekretär des Kronprinzen, Charles Dantal, Vorleser Friedrich Wilhelm II., Jean Espagne, Zimmerherr des Kronprinzen, de Gaultier, Hauslehrer des Prinzen Louis, Samuel Connor, königlicher Koch, Chavy, Gärtner bei Friedrich Wilhelm II., Pierre Abraham Drox, Kastellan des Schlosses Sanssouci."

Außer den am königlichen Hof angestellten Hugenotten[229] bestand die französische Gemeinde aus Fabrikanten, Handwerkern sowie Angehörigen verschiedener Berufsgruppen, die in entscheidender Weise für die ökonomische Weiterentwicklung Potsdams verantwortlich waren.

Die hugenottischen Tabakhändler besaßen an dem wirtschaftlichen Aufschwung Potsdams einen großen Anteil. Der Hugenotte Samuel Schock, der in Potsdam die erste preußische Schnupf- und Rauchtabakfabrik gründete, wurde in der Mitte des 18. Jahrhunderts der bedeutendste Tabakfabrikant in Brandenburg:[230] „In der Gemeindeliste von 1736 findet man unter den neu dazugekommenen 76 Gemeindemitgliedern den Namen Samuel Schock (...). Schon 1738 konnten viele hundert Zentner Tabak in andere Städte (...) versandt werden. Die Fabrik verfügte über 28 Tabakpressen, die ständig im Gang waren. Es entstanden ungewöhnlich große Stangen Tabak von 50–60 Pfund. Nachdem die Fabrik im Jahre 1742 vollständig abbrannte, baute Samuel Schock sie mit eigenen Mitteln

---

227 Manoury, K.: Die Geschichte der französisch-reformierten Provinzgemeinden, Berlin 1961, S. 2

228 Gahrig, Unterwegs zu den Hugenotten im Land Brandenburg, a.a.O., S. 69

229 Vgl. dazu auch Dehio, L.: Friedrich Wilhelm IV. von Preußen, München 1961

230 Zitiert aus: Gahrig, Unterwegs zu den Hugenotten im Land Brandenburg, a.a.O. S. 56

wieder auf. Nach kurzer Zeit erwirtschafte er jährlich wieder sehr große Gewinne und viele Leute fanden dort ihren Unterhalt. So wurde Schocks Unternehmen zu einer Art Vorbild für die Region und ermunterte andere Fabrikanten, sich in Potsdam niederzulassen. (...) 1765 ging die Fabrik in königlichen Besitz über, Schock blieb Direktor."

Andere hugenottische Tabakfabrikanten errichteten ebenso wie Schock Manufakturen in Potsdam und der näheren Umgebung und exportierten ihre Ware nach Polen, Russland, Dänemark und Schweden.

Im Jahre 1685 legten Hugenotten in Potsdam die ersten Maulbeerpflanzungen an. In einem Park hinter der Potsdamer Garnisonskirche sollen sie laut Reyer „die schönsten Maulbeerplantagen des Königreichs" angepflanzt haben.[231] Die Maulbeerbaumkultur wurde bereits vereinzelt vor der Ansiedlung der hugenottischen Flüchtlinge in der Umgebung von Potsdam betrieben. Ab der Mitte des 18. Jahrhundert entwickelte sich die Maulbeerpflanzungen zu einer ertragreichen Tätigkeit, da sowohl in Potsdam als auch in Berlin zahlreiche seidenverarbeitende Betriebe ansässig waren, die einen erheblichen Bedarf an Rohseide hatten.[232] Die Arbeit in den Maulbeerplantagen wurde vornehmlich von Zöglingen des Waisenhauses erledigt, die bei einer wöchentlichen Arbeitsbelastung von vierzig oder fünfzig Stunden die Blätter ernteten und sie an die Raupen verfütterten.

Die hugenottische Seidenraupenzucht förderte ebenfalls die wirtschaftliche Entwicklung Potsdams. Die Kaufleute Barandon, de la Rouviere und de Thomas gründeten neben Berlin auch in Potsdam gewinnbringende Manufakturen.[233]

Andere von den Glaubensflüchtlingen betriebenen Berufszweige sorgten ebenso für eine Belebung der städtischen Wirtschaft. Neben hugenottischen Büchsenmachern, Schneidern, Messerschmieden, Buchhändlern, Zinngießern und Pastetenbäckern machten sich vor allem die Tuchmacher und Weinhändler einen Namen.

---

231 Reyer, C.: Geschichte der französischen Kolonie in Preußen, Berlin 1852, S. 192

232 Escher, F.: Berlin und sein Umland, Berlin 1985, S. 122

233 Pehle, M. : Potsdam, Potsdam 1938, S. 58

Um die französische Gemeinde in Potsdam zu vergrößern, forderte Friedrich II. durch ein Dekret alle pensionierten hugenottischen Offiziere auf, ihren Wohnsitz nach Potsdam zu verlegen. Bedingt durch dieses Dekret siedelten sich im Laufe der Jahre zahlreiche ehemalige hugenottische Angehörige der preußischen Armee in Potsdam an:[234] „Im Jahre 1738 gehörte zur Colonie 1 Oberst, 2 Oberstleutnants, 1 Major, 18 Hauptleute, 5 Leutnants, alle im Ruhestand. Die wichtigsten Herren waren der Oberst Theodore de Grangeroux, die Oberstleutnants Jean Gedeon d'Ozanne, Henri de Dallon, der Major Henri de Rossane, ferner Jean de Massabiou, Henri Chambead de Bavas u.a. (...) Dazu kamen noch aktive Offiziere, die Obersten de la Farelle und de Balbi, de Raoul, Hauptmann im Regiment der Garden zu Fuß, de Humbert, Hauptmann im Regiment des Prinzen zu Preußen, Pierre Gayette, Ingenieur-Hauptmann und Direktor der königlichen Bauten." Diese finanzkräftige Schicht sorgte dafür, dass das städtische Wirtschaftsleben angekurbelt wurde.[235]

Die königliche Deklaration vom 19.10.1731 bestätigte nochmals die Privilegien und Rechte der immer zahlreicher nach Potsdam kommenden Hugenotten. Aufgrund der wachsenden Zahl von Glaubensflüchtlingen, die sich in Potsdam ansiedelten, genehmigte Friedrich II. eine zweite Pastorenstelle für die französische Gemeinde.

Die französische Gemeinde gründete im Jahre 1791 eine eigene Schule, um ihren Kindern und Jugendlichen die Möglichkeit zu geben, die französische Sprache zu lernen und ihnen die protestantische Religion näher zu bringen.[236]

Vor der Errichtung der Schule unterrichteten die Kantoren Villaume (1723–1772), Plantier (1735–1779), Bonnet (1779–1782) und Jordan (1772–1809) die Söhne und Töchter der hugenottischen Flüchtlinge in ihren Häusern. Die Kinder von ärmeren Gemeindemitgliedern mussten für den Besuch der Schule keine Unkosten entrichten, zahlungskräftigere Familien

[234] Zitiert aus Manoury, Die Geschichte der französisch-reformierten Provinzgemeinden, a.a.O., S. 2; Vgl. dazu auch Opgenoorth, E.: „Ausländer" in Brandenburg/Preußen. Als leitende Beamte und Offiziere 1604–1871, Würzburg 1967

[235] Hahn, Geschichte Potsdams von den Anfängen bis zur Gegenwart, a.a.O., S. 44

[236] Gahrig, Unterwegs zu den Hugenotten im Land Brandenburg, a.a.O., S. 63 f.

wurden dazu angehalten, eine geringe Summe der Gemeinde zukommen zu lassen. Bis zur Mitte des 19. Jahrhunderts war die Schule der französischen Gemeinde die einzige Lehranstalt in Potsdam, wo die französische Sprache unterrichtet wurde.

Als im Laufe der Zeit die französische Sprache sowohl in den Gottesdiensten der französischen Gemeinde als auch im Leben der Gemeindemitglieder insgesamt immer mehr an Bedeutung einbüßte, versuchte die Schule, dieser Entwicklung entgegenzusteuern. Dieses Bemühen erwies sich als aussichtslos; im Jahre 1887 musste die Schule aufgrund fehlender Auslastung geschlossen werden.[237] Die Kinder der hugenottischen Gemeinde besuchten ab diesem Zeitpunkt die Schule der deutschen reformierten Gemeinde in Potsdam.

Die französische Gemeinde beeinflusste ab dem Zeitpunkt ihrer Ansiedlung die Entwicklung der Stadt; einige Gemeindemitglieder bekleideten wichtige Ämter im Magistrat von Potsdam. Der Hugenotte Guillaume Saint Paul übernahm im Jahre 1821 den Posten des Bürgermeisters der Stadt Potsdam, den er bis zum Jahre 1844 innehatte. Während seiner Amtszeit ließ er eine sieben Bände umfassende Chronik der Stadt Potsdam verfassen.[238]

Ein weiteres Mitglied der französischen Gemeinde, das mit der politischen, sozialen und wirtschaftlichen Entwicklung Potsdams verbunden werden muss, war Gustave Adolphe Briet.[239] Bevor er im Jahre 1875 nach Potsdam übersiedelte, war der gelernte Kaufmann in den Jahren 1856 bis 1874 Mitglied des Konsistoriums[240] der französischen Gemeinde in Berlin.

---

237 Ebd. S. 64

238 Ebd. S. 47

239 Ebd. S. 49

240 Nach den Vorschriften der Discipline ecclesiastique wurde eine französisch-reformierte Kirchengemeinde erst durch den Zusammentritt des Presbyteriums, des consistoires, begründet. Dieses Gremium setzte sich aus den folgenden Personen zusammen: einem oder mehreren Predigern, dem Geistlichen (pasteur), und zwei Gruppen von Laien, den anciens (Ältesten) und den diacres (Diakonen). Das Konsistorium war zuständig für die religiös-kirchliche Selbstverwaltung und übte entsprechend dem Vorbild der christlichen Urgemeinde die Kirchenzucht und die Almosenpflege aus. Vgl. dazu Desel, J./Mogk, W.: Hugenotten und Waldenser in Hessen-Kassel, Kassel 1978, S. 15

In Potsdam nahm er wesentlichen Einfluss auf das Leben der französischen Gemeinde. Briet wurde kurz nach seiner Ankunft in das Konsistorium gewählt und vertrat die Gemeinde auf der hugenottischen Kreissynode. Im Jahre 1875 wurde er von der Potsdamer Stadtverordnetenversammlung zum Waisenrat gewählt; dieses Amt übte er siebzehn Jahre lang aus. Im Jahre 1900 verlieh die Potsdamer Stadtverordnetenversammlung Briet den Rang eines Stadtältesten.

Die französische Gemeinde in Potsdam brachte einige wichtige Persönlichkeiten hervor, die architektonisch, künstlerisch und literarisch die Entwicklung der Stadt mitgeprägt haben.

Noch vor der Gründung der französischen Gemeinde in Potsdam spielte der hugenottische Baumeister Philipp de la Chieze eine wichtige Rolle am Hofe des Kurfürsten Friedrich Wilhelm.[241] De la Chieze trat im Jahre 1660 in die Dienste des Kurfürsten und „wurde sofort Generalquartiermeister und Kammerherr über das Bau- und Festungswesen. Der Kurfürst stellte ihm das Lehnsgut Caputh bei Potsdam zur Verfügung, wo er sich ein relativ bescheidenes Landhaus errichtete, das als Kernbau des heutigen Schlosses noch enthalten ist. Er erhielt die administrative Aufsicht über eine Reihe kurfürstlicher Bauten, u.a. über die Stadtschlösser in Berlin und Potsdam und den Mühlroser Kanal."[242]

Neben de la Chieze ist der hugenottische Bildhauer und Architekt Charles Philipp Dieussart zu nennen, der in den Jahren 1683–1691 am kurfürstlichen Hof tätig war. Er war sowohl am Ausbau des Jagdschlosses Klein-Glienecke als auch am Innenausbau des Potsdamer Schlosses beteiligt.[243]

Der hugenottische Architekt Peter de Gayette war für zahlreiche bauliche Neugestaltungen Potsdams in der ersten Hälfte des 18. Jahrhunderts verantwortlich. Nach seinen architektonischen Vorstellungen entstanden in den Jahren 1734 bis 1740 zahlreiche Reihenhäuser in der Neustadt. De Gayette war Gründungsmitglied der französischen Gemeinde in Pots-

241 Gahrig, Unterwegs zu den Hugenotten in Berlin, a.a.O., S. 335

242 Volk, W.: Historische Straßen und Plätze heute: Potsdam, Berlin 1988, S. 14

243 Ebd.

dam:[244] „Seit 1723 finden sich Eintragungen über ihn und seine Familie in den Kirchenbüchern der französischen Gemeinde, der er angehörte. Er muß im letzten Jahrzehnt des 17. Jahrhunderts geboren sein, das Geburtsjahr ist nicht bekannt. Er starb 1747 in Potsdam."

Carl Philipp Christian Gontard siedelte im Jahre 1765 von Bayreuth, wo er die Funktion des Hofbauinspektors ausübte, nach Potsdam über. Friedrich II. setzte ihn zugleich als Baudirektor und Leiter des Baukontors Potsdams ein, so dass Gontard für alle Baumaßnahmen verantwortlich war, die in den 70er und 80er Jahren durchgeführt wurden. Unter seiner Regie entstanden neben den Bauten im Park Sanssouci zahlreiche öffentliche Gebäude und Wohnhäuser. Außerdem entwarf er nach jahrelangen Vorarbeiten das Marmorpalais am Neuen See:[245] „Das Marmor-Palais, das vor dem Nauener Thore, zu Ende des Neuen Gartens am Heiligen See gelegen, erhebt sich auf einer quadratischen Fläche, deren Seiten 70 Fuß betragen, und hat ein Souterrain und zwei Geschosse. Auf dem mit Kupfer gedeckten platten Dache, das von einer Balustrade umgeben ist, erhebt sich ein Belvedere. Das prächtige Gebäude, welches zur Hälfte in den Heiligen See steht, wurde auf Befehl des Königs Friedrich Wilhelm I. durch Gontard, Langhans und Krüger aus inländischem Marmor aufgeführt."

Seine bedeutendste Leistung lag im Ausbau des Militärwaisenhauses[246] nach dem Siebenjährigen Krieg (1756–1763):[247] „Das Militärwaisenhaus

---

244 Ebd. S. 21

245 Cosmar, A.: Neuester und vollständigster Wegweiser durch Potsdam und seine Umgebungen für Fremde und Einheimische, Berlin 1841, S. 21

246 Das Militärwaisenhaus wurde auf Anordnung von Friedrich Wilhelm I. errichtet: „Die Insassen des Waisenhauses setzten sich zum Teil aus echten Kriegswaisen, zum anderen aus Soldatenkindern zusammen. Das Große Militärwaisenhaus wurde nach dem Vorbild der Franckeschen Stiftungen in Halle angelegt Die in ihm untergebrachten Kinder wurden größtenteils in den Manufakturen als Arbeitskräfte eingesetzt. Daneben erhielten sie eine - allerdings unzureichende - Unterweisung im Lesen, Schreiben und Rechnen. Die Kinder wurden durch einen besonders dafür eingestellten spanischen Spinnmeister für die Herstellung feiner Wolle für das Berliner Lagerhaus ausgebildet, um dann später in den Potsdamer Woll- und Seidenfabriken zu arbeiten. Aber auch in der Gewehrfabrik wurden die Insassen des Waisenhauses eingesetzt. 1730 waren dort von den 252 Beschäftigten

dürfte Gontards größte Bauaufgabe gewesen sein, die ihm in Potsdam erteilt wurde. Sie stellt zugleich die Krönung seines städtebaulichen Schaffens in dieser preußischen Residenzstadt dar. Von 1771 bis 1777 entstand der riesige Gebäudekomplex mit betontem Mittelteil, der nach oben von einem Monopteros abgeschlossen ist, einem tempelartigen Gebäudetypus, den der Meister zuvor im Freundschaftstempel und im Antikentempel (...) des Parkes von Sanssouci verwirklicht hatte."

Gontard verließ im Jahre 1779 Potsdam und ging nach Berlin, wo er die Turmbauten der Deutschen und Französischen Kirche auf dem Gendarmenmarkt errichtete.[248]

Der Hugenotte Carl Christian Horvath (1751–1837) wurde Ende des 18. Jahrhunderts zu einem der angesehensten Buchhändler in Potsdam.[249] Nach einem gescheiterten Versuch, als Buchhändler in Berlin Fuß zu fassen, siedelte er nach Potsdam über. Friedrich II. erteilte ihm am 11.2.1778 das Privileg, sowohl in Potsdam eine Buchhandlung zu eröffnen als auch Bücher zu drucken.

In den ersten Jahren fiel es ihm schwer, sich beruflich zu etablieren:[250] „Horvaths Buch- Kunst- und Musikalienhandlung nebst Leihbibliothek und 500 Bänden und eigenem Verlag hatten mit vielen Nöten und Verlusten zu kämpfen, bis er sich 1791 das Haus am Wilhelmplatz 6 vom Garnison-Maurermeister Renschau für 1.650 Taler kaufen konnte."

Nach der Überwindung dieser Schwierigkeiten verlegte Horvath mehr als 140 militärische, pädagogische, theologische und lokalgeschichtliche Schriften. Dazu gehörte ein Militärgesangbuch, das eine für die damalige Zeit hohe Auflage von 120.000 Exemplaren erreichte. Im Jahre 1824 verzichtete er aus Altersgründen auf die Leitung seines Geschäftes. Er be-

---

41 ‚Jungen'". Zitiert nach: Volk, Historische Straßen und Plätze heute: Potsdam, a.a.O., S. 18

247 Reuther, H.: Jan de Bodt und Carl Philipp Christian Gontard. Ein Beitrag zur Baukunst der Hugenotten in Berlin, in: Botta, B. u.a.: Die Hugenotten und Berlin-Brandenburg, 2.Auflage, Berlin 1981, S. 65–79, hier: S. 72.

248 Gahrig, Unterwegs zu den Hugenotten in Berlin, a.a.O., S. 165

249 Gahrig, Unterwegs zu den Hugenotten im Land Brandenburg, a.a.O., S. 57

250 Zitiert aus: Ebd.

kleidete für mehrere Jahre das Amt des Stadtverordnetenvorstehers im Potsdamer Magistrat:[251] „Im Stadtparlament vertreten waren insgesamt (...) 81 Hausbesitzer und 3 Mietbürger; davon 38 Gewerbetreibende, 10 Kaufleute, 4 Gastwirte. 1 Holzverwalter, 1 Fabrikant, 2 Apotheker und 4 aus nicht näher bezeichneten ‚höheren Ständen". (...) Sie wählten den bekannten Buchhändler Carl Christian Horvath zum ersten Stadtverordnetenvorsteher."

Der Glaubensflüchtling Antoine Pesne (1683-1757)[252], der aus einer angesehenen Pariser Malerfamilie stammte, wurde im Jahre 1711 in Berlin königlicher Hofmaler.[253] Eine der herausragenden Leistungen Pesnes bestand in dem Entwurf von Wand- und Deckenmalereien im Schloss Sanssouci. Er hatte weiterhin maßgeblichen Anteil an der Innenausstattung der katholischen Kirche St. Peter und Paul; er schuf die berühmten Gemälde „Christus am Ölberg"(1728), „Schutzengel" (1739) sowie „Madonna mit heiligem Domenicus" (1739). Pangels würdigte die Lebensleistung Pesnes folgendermaßen:[254] „Sein unerhörter Fleiß hinterließ ein umfangreiches Oeuvre, das durch die damals übliche detaillierte Ausführung der Stoffe, Spitzen, Gewänder und Juwelen als kulturhistorische Quelle ersten Ranges zu bezeichnen ist."

---

251 Uhlemann/Rückert, Potsdam, a.a.O., S. 58.Vgl. dazu auch Fabian, W.: Potsdam. Die Stadt - die Könige und ihre Besucher, Berlin 1997, S. 44

252 Zur Biographie Pesnes vor seinem Wirken in Potsdam bemerkt Plagemann: „Als Sproß einer angesehenen Pariser Malerfamilie bildete er sein Talent vor allem in Rom, Neapel und Venedig, wo er die Malkunst Tizians und Veroneses studierte und mit dem italienischen Maler Adrea Celesti (1637–1706) bekannt wurde. In Venedig entstand im Jahre 1707 das Bildnis des preußischen Gesandten Freiherr von Knyphausen, das Friedrich I. veranlasste, Pesne nach Berlin zu rufen. So siedelte der gebürtige Pariser im Jahre 1710 mit seiner Gattin Ursula Anne und der Familie seines Schwiegervaters Dubuisson nach Berlin über." Zitiert nach: Plagemann, K.-E.: Antoine Pesne. Hofmaler bei drei preußischen Königen, in: Schmelz, U. (Hrsg.): Potsdam ohne Ausländer? Zum Einfluss von Ausländern auf die Entwicklung Potsdams, Potsdam 1999, S. 40–48, hier: S. 40

253 Gahrig, Unterwegs zu den Hugenotten im Land Brandenburg, a.a.O. S. 67

254 Pangels, C.: Friedrich der Große. Bruder, Freund und König, München 1995, S. 226

Der Bornstädter Friedhof[255] wurde die letzte Ruhestätte vieler einflussreicher Hugenotten im Dienst des preußischen Königshauses.[256] Dort wurden Henri Alexandre de Catt[257], Vorleser Friedrich II, Pierre Abraham Droz, Kastellan des Schlosses Sanssouci und viele andere Mitglieder der französischen Gemeinde[258] in Potsdam beigesetzt.

Nicht nur die hugenottischen Ansiedler nahmen eine wichtige Rolle in der Entwicklung Potsdams ein. Im Zuge der Stadterweiterung kamen niederländische Handwerker mit ihren Familien nach Potsdam:[259] „Als der König 1732 zu einer Reise nach den Niederlanden aufbrach, war der Plan zu einer Erweiterung der Potsdamer Neustadt (...) bereits gefasst. So sah er einen Zweck in der Reise auch in der Anwerbung der als tüchtig und erfahren beim Aufbau auf schwierigem Baugrund bekannten niederländischen Handwerker."

Die niederländischen Handwerker bildeten kurz nach ihrer Ansiedlung eine eigene Kolonie in Potsdam. Der bekannteste Vertreter der in Potsdam angesiedelten Niederländer war Johann Boumann d.Ä., der mit 26 Jahren den Posten des Schlosskastellans bekleidete. Er war zusammen mit Pierre de Gayette und dem Ingenieur Berger für den Aufbau des

---

255 Gahrig, Unterwegs zu den Hugenotten im Land Brandenburg, a.a.O., S. 78. Vgl. dazu auch das Werk von Richter, M.: Bornstedter Friedhof und Kirche. Spuren aus der preußischen und Potsdamer Geschichte, Berlin 1993

256 Gahrig, Unterwegs zu den Hugenotten im Land Brandenburg, a.a.O., S. 78

257 Henri Alexandre de Catt galt nicht nur als Vorleser des Königs, sondern auch als sein enger Vertrauter und Ratgeber. Vgl. dazu: Hati, P.: Henri de Catt. Vorleser Friedrich des Großen. Die Tagebücher: 1758–1760, München/Berlin 1986 oder Kugler, F.: Geschichte Friedrichs des Grossen, Köln 1988, S. 267 ff

258 Dazu zählen Friedrich von Gontard (1860–1942), Friedrich Wilhelm Freiherr von Digion von Montetau (1858–1932, Generalmajor und Gutsbesitzer bei Potsdam), Ludwig Disque (1854–1928, Sanitätsrat), Heinrich Dietrich Draing (1697–1769, Amtmann in Bornstedt), Friedrich Wilhelm Bequelin (1768–1828, Geheimer Oberrechnungsrat), Guillaume St. Paul (Richter der französischen Kolonie) und Philippe Villaret (Stahlwarenfabrikant). Vgl. Gahrig, Unterwegs zu den Hugenotten im Land Brandenburg, a.a.O., S. 78

259 Schmelz, U.: Zur Rolle der Ausländer beim Ausbau der Residenzstadt Potsdam bis zum Jahre 1786, in Hahn, P.-M./Hübener, K./Schoeps, J. H. (Hrsg.): Potsdam. Märkische Kleinstadt -europäische Residenz. Reminiszenzen einer eintausendjährigen Geschichte, Berlin 1995, S. 93–111, hier: S. 103

„Holländischen Viertels" in den Jahren 1740–1742 verantwortlich.[260] Das „Holländische Viertel" blieb nicht die einzige architektonische Leistung Boumanns; unter seiner Anleitung entstand in den Jahren 1753–1755 das Alte Rathaus in Potsdam und die Französische Kirche in den Jahren 1751–1753.

Nach seinem Regentschaftsantritt im Jahre 1740 setzte Friedrich II. nach dem Vorbild seiner Vorgänger auf dem preußischen Thron den wirtschaftlichen Ausbau Potsdams weiter fort. Zu diesem Zweck warb er Einwanderer aus der Pfalz, aus Württemberg, Sachsen, Böhmen, Polen sowie der Schweiz an, die sich zum Teil dauerhaft in Potsdam niederließen.

Im Jahre 1750 gründeten böhmische Einwanderer die im Osten von Potsdam gelegene Kolonie Nowawes.[261] Auf dem heutigen Gebiet des Stadtteils Babelsberg wurden 310 Familien in 155 Häusern angesiedelt.[262] Die Leitung der Ansiedlung übertrug Friedrich II. seinem Vertrauten Oberst von Retzow. Durch die böhmische Einwanderung erhielt die aufstrebende Potsdamer Textilindustrie ein beträchtliches Arbeitskräftepotential. Anfang des 19. Jahrhunderts geriet die Potsdamer Textilindustrie in eine wirtschaftliche Krise, was sich an der sozialen Struktur in Nowawes deutlich festmachen ließ:[263] „Nach der Aufstellung des zuständigen Steuerrats wurden 1801 beispielsweise 42 Familien in Nowawes als wohlhabend betrachtet, weitere 98 erfreuten sich eines mäßigen Wohlstandes, während 310 Familien als bedürftig, d.h. am Rande des Existenzminimums befindlich, eingestuft wurden." Die schwierige Lage der Textilindustrie verschärfte sich bedingt durch die napoleonische Kontinentalsperre weiter.

Festzuhalten ist, dass die im Jahre 1723 gegründete französische Gemeinde und Einwanderer aus anderen Ländern den kulturellen, politischen und wirtschaftlichen Aufstieg Potsdams im 17. und 18. Jahrhundert ent-

---

260 Gahrig, Unterwegs zu den Hugenotten im Land Brandenburg, a.a.O., S. 62

261 Ebd. S. 40

262 Vogler, G.: Zur Geschichte der Spinner und Weber von Nowawes 1751–1785, Potsdam 1965, S. 8 ff

263 Hahn, Geschichte Potsdams von den Anfängen bis zur Gegenwart, a.a.O., S. 92

scheidend beeinflusst haben. Die französische Gemeinde in Potsdam, die im Laufe der Jahrhunderte zahlreiche Mitglieder verlor, existiert im Gegensatz zu anderen Gemeinden in Brandenburg-Preußen bis zum heutigen Tage.

4.3 Prenzlau

Die Uckermark entwickelte sich zum Hauptansiedlungsgebiet von französischen Glaubensflüchtlingen in der Mark Brandenburg. In Prenzlau, der Hauptstadt der Uckermark, lebte die von der Zahl her größte hugenottische Gemeinde.[264]

Im Jahre 1187 wurde die slawische Burgwallsiedlung „Perenncele" erstmals urkundlich erwähnt.[265] Der Pommernherzog Barnim I. erhob im Jahre 1234 Prenzlau zur Stadt und ließ sie weiter ausbauen. Im Jahre 1240 unterlagen die Pommern nach langen Auseinandersetzungen den askanischen Markgrafenbrüdern Johann I. und Otto III. Unter ihrer Herrschaft gewann die Stadt Prenzlau an überregionaler Bedeutung; die Ansiedlung von Gewerbetreibenden wurde gefördert und die Stadt befestigt. Ab dem Jahre 1426 übernahmen brandenburgische Regenten die Herrschaft über Prenzlau.

Der Dreißigjährige Krieg stoppte die positive Entwicklung Prenzlaus in wirtschaftlicher und politischer Hinsicht. Vor dem Krieg zählte Prenzlau ungefähr 1100 Einwohner, während im Jahre 1626 lediglich 20 Bäcker, 50 Schuhmacher, 16 Schlächter und 60 Tuchmacher als Gewerbetreibende in der Stadt registriert waren. Im Jahre 1638 lebten in Prenzlau nur noch 130 Personen, die anderen wurden Opfer des Krieges, starben an der sich rasch ausbreitenden Pest oder flohen aus Prenzlau.[266]

Erst durch die Ansiedlung von hugenottischen Glaubensflüchtlingen wuchs die Bevölkerung der Stadt wieder an. Im Jahre 1687 ließen sich in Prenzlau die ersten 18–20 französischen Flüchtlingsfamilien nieder, ins-

---

264 Gahrig, Unterwegs zu den Hugenotten im Land Brandenburg, a.a.O., S. 19

265 Ebd. S. 221

266 Enders, L.: Historisches Ortslexikon für Brandenburg, Teil VIII.: Uckermark, Weimar 1990, S. 777 f

gesamt etwa 150 Personen. Sie gründeten noch im gleichen Jahr die französische Gemeinde von Prenzlau. Diese Gemeinde ist aufgrund der Vielfalt ihrer Herkunftsregionen im Vergleich zu anderen hugenottischen Gründungen in der Uckermark charakteristisch. Die Mitglieder der französischen Gemeinde von Prenzlau stammten aus der Pfalz, dem Languedoc, der Picardie und Artois, der Champagne und Brie, aus der Schweiz, aus Flandern sowie dem nordfranzösischen Metz.[267]

Der Kurfürst Friedrich Wilhelm genehmigte den Neuansiedlern als Starthilfe weitreichende Privilegien. In einem Brief an den Magistraten von Prenzlau hieß es: [268] „Nachdem 18 frantzösische Familien in unser Stadt Prentzlow sich nieder zu lassen, und daselbst seßhafftig zu machen gemeinet, auch vorhabens seind mit betreibung Ackerbau und Tabak Pflantzen, Ihren unterhalt zu suchen, und wir also billig finden, dass Ihnen mit landungen, garthen und wiesen so viel möglich geholffen, und weil wir vernehmen, dass deselbst die Kirchen, Kaste und Hospital eine ziemliche anzahl Hufen haben, und solche vor gewöhnliche miethe ausgethan werden, auch zum theil bishero an Einwohnern in dörffern zum Gebrauch überlassen werden; So befehlen wir euch hiermit gnädigst solche Verfügung zu machen, dass diesen Familien entweder die Kastenhufen alleinigen oder die Kirchen-und Hospitalhufen zum Gebrauch überlassen und zu künfftiger Braakzeit angewiesen werden, und wollen wir die die miethe davor einige Jahre selbst zahlen lassen und habet Ihr im übrigen Ihnen sonst auch mit gärthen und Wiesenwachs zu helffen, und in allen billigen dingen behörigen Schutz zu leisten. Seind gegeben. Potzdam den 14.Mai 1687."

Eine weitere Verordnung des Kurfürsten vom 29.5.1687 besagte, dass der hugenottischen Gemeinde die Heiligen-Geist-Hospital-Kirche zur Durchführung ihrer Gottesdienste zur Verfügung gestellt werden sollte. Dort wurde außerdem festgehalten, dass der Prediger Etienne de Petit die französische Gemeinde betreuen sollte. Am 19.6.1687 fand in der Heili-

---

267 Gahrig, Unterwegs zu den Hugenotten im Land Brandenburg, a.a.O., S. 224

268 Zitiert aus Muret, Geschichte der französischen Kolonie in Brandenburg-Preußen, a.a.O., S. 259

gen-Geist-Hospital-Kirche der erste Gottesdienst der hugenottischen Gemeinde statt.[269]

Später erhielten die Flüchtlinge die Erlaubnis des Magistrates der Stadt, ihre Gottesdienste auch in der zentral gelegenen Jakobikirche durchzuführen.

Die meisten Gründungsmitglieder der französischen Gemeinde waren Bauern, Fabrikanten und Handwerker; ihnen wurde von den insgesamt 620 Quadratruten Boden 525 zur Nutzung überlassen.[270]

Kurz nach der Ansiedlung der Glaubensflüchtlinge gründete der Kurfürst Friedrich Wilhelm in Prenzlau nach dem Vorbild der französischen Königsmusketiere eine aus hugenottischen Adeligen bestehende Kompanie der Grands Mousquetaires. Diese Prenzlauer Kompanie bestand aus 120 Personen:[271] „Jeder der Adeligen hatte zumindest den Leutnantsrang und bekam für die damalige Zeit sehr hohen Sold von zehn Talern zuzüglich vier Taler für einen Burschen. Kompaniechefs waren der Kurfürst, der den Franzosen Pferde und Uniform schenkte, und Marshall von Schomberg."

Die Gründung der Kompanie der Grands Mousquetaires förderte die Entwicklung von Handwerk und Gewerbe in der Stadt, da zu ihrer Versorgung zahlreiche Gewerbetreibende nötig waren. Das Bild von Prenzlau als französische Garnisonsstadt veranlasste viele hugenottische Offiziere und Beamte, nach Prenzlau überzusiedeln.[272] Durch diesen Zuzug wuchs die französische Gemeinde in Prenzlau immer weiter an, im Jahre 1693 betrug die Zahl ihrer Mitglieder 240, sechs Jahre später war sie auf 427 angestiegen. Das zahlenmäßige Wachstum der französischen Gemeinde hielt auch Anfang des 18. Jahrhundert an. Im Jahre 1703 wurden

---

269 Ebd.

270 Enders, Historisches Ortslexikon für Brandenburg, a.a.O., S. 782

271 Zitiert nach Gahrig, Unterwegs zu den Hugenotten im Land Brandenburg, a.a.O., S. 223

272 Stahlwerk, W.: Die französische Kolonie in Prenzlau, Prenzlau 1886, S. 27

528 Mitglieder gezählt, bis zum Jahre 1710 gehörten 550 Personen der französischen Gemeinde an.[273]

Die Hugenotten waren durch ihren Kolonierichter im Prenzlauer Magistrat vertreten. Er hatte die Aufgabe, auftretende Streitigkeiten zwischen Mitgliedern der Gemeinde und städtischen Beamten zu regeln. Außerdem waren hugenottische Gemeindemitglieder über viele Jahrzehnte hinweg in der Stadtverwaltung vertreten.

Die hugenottischen Exulanten entfalteten nach ihrer Ankunft eine rege Bautätigkeit und trugen dazu bei, Prenzlau nach den Verwüstungen des Dreißigjährigen Krieges wieder aufzubauen. Im Jahre 1699 waren in der Stadt 620 Häuser bewohnbar, lediglich 74 standen weiterhin leer.[274]

Die Glaubensflüchtlinge gründeten nach ihrer Aufnahme in Prenzlau zahlreiche Manufakturen. Der französische Geschichtsschreiber Charles Ancillon sprach im Jahre 1690 von hugenottischen Tabakpflanzern, Hanf-, Leinen- und Seidenhändlern, die sich in der Stadt niedergelassen hatten.[275] Es scheint ebenfalls zu einigen Gründungen von Papierfabriken gekommen zu sein:[276] „Ein großer Segen waren die durch die Refugies eingeführten Papierfabriken. Frühere Versuche in diesem Lande waren gescheitert, deshalb begrüßte der große Kurfürst es lebhaft, als ein Refugie (Francois Fleureton) sich erbot, zu Burg die erste Papiermühle zu errichten. Doch erst als diese Mühle nach Prenzlau verlegt wurde, gedieh das Fabrikat. Der Unternehmer erhielt bald die Concession zu einer neuen Mühle, zu welcher ihm sogar eine Unterstützung von 1200 Thalern angewiesen wurde, zugleich empfing er das Privilegium der freien Einfuhr von Lumpen und das alleinige Recht, solche im Inlande sammeln zu dürfen, deren Ausfuhr gerade untersagt wurde."

---

273 Vgl. dazu Muret, Geschichte der französischen Kolonie in Brandenburg-Preußen, a.a.O., S. 314

274 Enders, Historisches Ortslexikon für Brandenburg, a.a.O., S. 782

275 Ancillon, C.: Geschichte der Niederlassung der Refugies in den Staaten Seiner Kurfürstlichen Hoheit von Brandenburg, Berlin 1939, S. 24

276 Beheim-Schwarzbach, M.: Hohenzollernsche Colonisation. Ein Beitrag zu der Geschichte des preußischen Staates und der Colonisation des östlichen Deutschlands, Leipzig 1874, S. 65

Ein Jahrzehnt nach der ersten Ansiedlung der Hugenotten in Prenzlau waren die Tabakpflanzer unter den Mitgliedern der Gemeinde nur noch eine Minderheit; die Wollstoffproduktion sowie das Leder- und Textilgewerbe standen im Vordergrund des wirtschaftlichen Lebens in der Kolonie.[277]

Der wirtschaftliche Aufschwung der hugenottischen Gemeinde wurde durch die in den Jahren 1710 bis 1711 auftretende Pest gestoppt. Zahlreiche Mitglieder der Gemeinde starben, die Überlebenden litten an der um sich greifenden Armut. In dieser Situation half das preußische Konsistorium den Hugenotten mit dem Bau einer Wollstofffabrik, um das Wirtschaftsleben innerhalb der Gemeinde voranzutreiben. Um aus den in Prenzlau herrschenden ärmlichen Verhältnissen zu entfliehen, wanderten einige Hugenotten nach Friederica in Dänemark aus und gründeten dort eine neue französische Gemeinde.[278]

Die in Prenzlau verbliebenen Hugenotten vermochten es im Laufe der Zeit, die wirtschaftliche Entwicklung wieder in eine positive Richtung zu lenken. Sie gründeten Tuchmacher-, Zeugmacher- und Tabakfabriken in Prenzlau und verhalfen der Stadt zu einer neuen wirtschaftlichen Blüte. Im Jahre 1744 waren verschiedene Mitglieder der französischen Gemeinde in Besitz von zahlreichen Brauhäusern in der Stadt.[279]

Mit der Zeit stiegen auch die Mitgliederzahlen der hugenottischen Gemeinde an; 306 Personen wurden im Jahre 1793 gezählt, im Jahre 1884 erhöhte sich ihre Zahl auf 352. Im 20. Jahrhundert nahm die Anzahl der französischen Gemeindemitglieder stetig ab, so dass es schließlich zum Zusammenschluss mit der deutschen reformierten Gemeinde kam.

Die Ansiedlung der Hugenotten und ihre wirtschaftliche, kulturelle und religiöse Bedeutung für die Stadtgeschichte Prenzlaus wurde im Kulturhistorischen Museum der Stadt dokumentiert.

---

[277] Nähere Informationen finden sich bei Pick, M.: Die französischen Kolonien in der Uckermark. Arbeiten des Uckermärkischen Museums und Geschichtsverein zu Prenzlau (Heft 13), Prenzlau 1935

[278] Gahrig, Unterwegs zu den Hugenotten im Land Brandenburg, a.a.O., S. 225

[279] Ebd.

4.4 Strasburg in der Uckermark

Das Dorf Strasburg, das zum Bundesland Mecklenburg-Vorpommern gehört, liegt im nordwestlichen Zipfel der Uckermark. In ihrer wechselhaften Geschichte gehörte die Uckermark oder Teile von ihr zu Pommern, Mecklenburg und Brandenburg. Im Jahre 1479 wurde die Uckermark nach verschiedenen Konflikten endgültig Teil der Kurmark Brandenburg.

Strasburg und seine Umgebung verloren große Teile ihrer Bevölkerung durch den Dreißigjährigen Krieg. Von den im Jahre 1625 registrierten 217 Feuerstellen, was einer Einwohnerzahl von 1500 bis 2000 entsprach, existierten im Jahre 1645 lediglich 39, was auf etwa 180–240 Einwohner Strasburgs schließen lässt.[280]

Hervorgerufen durch die Folgen des Dreißigjährigen Krieges und zwei große Stadtbrände im den Jahren 1653 und 1681 wurde Strasburg in seiner wirtschaftlichen und bevölkerungspolitischen Entwicklung weit zurückgeworfen. Eduard Muret stellte fest:[281] „Das Uckermärkische Städtchen Strasburg, dicht an der Mecklenburger und Pommerschen Grenze gelegen, hatte während des dreißigjährigen Krieges sehr gelitten und war auch noch später durch Krieg und Pest verwüstet worden. Im Jahre 1674 waren die Schweden wieder eingedrungen und hatten in der Stadt in alter Weise wieder gehaust. Viele Einwohner hatten die Stadt verlassen, viele waren der Pest zum Opfer gefallen. Hier war somit ein günstiger Boden für eine neue Ansiedlung (…)"

Nach der Aufhebung des Ediktes von Nantes siedelten sich im hessischen Geißmar zahlreiche französische Flüchtlinge an.[282] Die reformierte Gemeinde der Stadt bestand ebenfalls aus Glaubensflüchtlingen aus den Niederlanden, der Schweiz und der Pfalz. Für sie bedeutete der Aufent-

---

280 Lippert, W.: Geschichte der Stadt Strasburg in der Uckermark, Milow 1996, S. 86

281 Muret, Geschichte der französischen Kolonie in Brandenburg-Preußen, a.a.O., S. 271

282 Tarnogrocki, O.: Geschichte der französischen Kolonie zu Strasburg in der Uckermark, in: Die Kolonie (Jg. 5, Juli 1881–Jg. 6, Dezember 1882, Strasburg o. J., S. 11 ff. Tarnogrocki war der vierundzwanzigste Pfarrer der französischen Gemeinde in Strasburg nach deren Gründung im Jahre 1691.

halt in Geißmar jedoch nur eine Durchgangsstation auf der Suche nach einem anderen Zufluchtsort.

Als sie von der Möglichkeit erfuhren, dass der Kurfürst Friedrich III. von Brandenburg dazu bereit war, wegen ihres Glaubens verfolgte Protestanten in seinem Territorium aufzunehmen, reisten die beiden Kaufleute Pierre Letienne und Jean Jacques Tarvenier im Auftrag der Geißmarer Gemeinde nach Brandenburg-Preußen, um dort einen zur Ansiedlung passenden Ort ausfindig zu machen.[283] Nach einem Treffen mit Kurfürst Friedrich III. erhielten sie dessen Genehmigung, in seinem Territorium nach einer Niederlassungsmöglichkeit für die Mitglieder der Geißmarer Gemeinde zu suchen. Außerdem wurde den reformierten Kaufleuten von Friedrich III. eine Kostenentschädigung für die Reise nach Brandenburg-Preußen genehmigt. Nach längerer Suche entschieden sie sich für Strasburg in der Uckermark als neuen Siedlungsplatz für ihre reformierte Gemeinde. Nach der Entscheidung für Strasburg reisten Letienne und Tarvenier nach Kleve, wo Friedrich III. zu diesem Zeitpunkt residierte. Dort erhielten sie vom Kurfürsten das Privilegium vom 05.01.1691[284] , was sich auf die Ansiedlung von mehr als 55 Familien nach Strasburg in der Uckermark bezog.

Die Angaben zur Anzahl der protestantischen Familien nach Strasburg unterscheiden sich in den vorliegenden Quellen. Während Werner Lippert[285] von 55 Siedlerfamilien ausging, bezog sich Eduard Muret[286] auf den Inhalt des kurfürstlichen Privilegs, wonach mehr als 55 Familien die Ansiedlung gestattet wurde. Wilhelm Beuleke[287] ging von 374 Mitglieder in der Gründungszeit der reformierten Gemeinde zu Strasburg aus, wobei er sich hauptsächlich auf die Strasburger Kirchenbucheintragungen

283 Ebd., S. 14

284 Diese Urkunde ist heute in ihrer Originalfassung im Strasburger Pfarrarchiv aufbewahrt.

285 Lippert, Geschichte der Stadt Strasburg in der Uckermark, a.a.O.

286 Muret, Geschichte der französischen Kolonie in Brandenburg-Preußen, a.a.O., S. 274

287 Beuleke, W.: Die Hugenottenkolonie zu Strasburg in der Uckermark, Bad Karlshafen 1982

aus den Jahren 1691-1700 stützte. In der Colonieliste aus dem Jahre 1699 waren dagegen 59 Familien mit insgesamt 280 Personen verzeichnet.[288]

Die Ansiedlung der Hugenotten in Strasburg an der Uckermark verlief in den ersten Jahren nicht ohne Schwierigkeiten. Die Mehrheit der protestantischen Glaubensflüchtlinge, die von den Strapazen der Flucht aus Frankreich gekennzeichnet waren, wurde zunächst provisorisch in halb zerfallenen Wohnhäusern untergebracht, andere bekamen unzureichend bewohnbare Miethäuser zugewiesen:[289] „(...) so aber lediger Stellen anbetrifft, so finden sich alldort zum wenigsten soviel Platz, als zu 60 Häusern oder Scheunen zu setzen von nöthen sein möchte, und sollen ihnen solche bei ihrer Ankunft angewiesen und zu eigen geschenket werden."

In manchen Fällen fanden die Ankömmlinge nicht sofort eine Arbeitsmöglichkeit, so dass sie auf Spenden der französischen Gemeinde in Berlin oder auf Zuschüsse des Magistrats bzw. der kurfürstlichen Verwaltung angewiesen waren.

Von den alteingesessenen Einwohnern von Strasburg bekamen sie häufig Reserviertheit, aber auch offene Ablehnung zu spüren. Neben den Sprach- und Mentalitätsunterschieden zwischen den Hugenotten und der autochthonen Bevölkerung waren ökonomische Gründe für die skeptische Haltung einiger Dorfbewohner verantwortlich. Der Zuzug der vielen hugenottischen Handwerker stieß besonders bei den Zünften der deutschen Handwerksmeister auf wenig Wohlwollen, da diese die Konkurrenz der Protestanten fürchtete. Weiterhin entzündeten die den neuen Bewohnern vom Kurfürsten Friedrich III. zugewiesenen Privilegien Neid innerhalb der autochthonen Bevölkerung, die um ihre eigene berufliche Existenz fürchtete.

Das Privileg des Kurfürsten Friedrich III. gestattete den Glaubensflüchtlingen eine zehnjährige Steuerfreiheit, eximierte Gerichtsbarkeit und weitgehende Gewerbefreiheit.[290] Weiterhin besaßen die Mitglieder der

---

[288] Beringuier, R.: Die Colonieliste von 1699, 2. Auflage, Berlin 1990

[289] Muret, Geschichte der französischen Kolonie in Brandenburg-Preußen, a.a.O., S. 272

[290] Tarnogrocki, Geschichte der französischen Kolonie zu Strasburg in der Uckermark, a.a.O., S. 15

reformierten Gemeinde zu Strasburg das Recht, in die Handwerkergilden einzutreten und ihren Glauben uneingeschränkt auszuüben. Friedrich III. sicherte ihnen die Zollfreiheit für den Tabak, der von ihnen in den nächsten zehn Jahren gewonnen wird, zu. Außerdem überließ er den protestantischen Neuankömmlingen mehrere größere Ackerflächen „für den selbst zur damaligen Zeit ungemein niedrigen Preis von 4000 Thalern.“[291] Die ihnen durch das Privileg zugewiesenen 63 Hufen Land wurden im Jahre 1701 durch die Zahlung von 2000 Talern von den Hugenotten als Eigentum erworben. Der restliche Betrag von 2000 Talern wurde im Jahre 1704 an den Kurfürsten entrichtet.

Diese vor allem in ökonomischer Hinsicht wohlwollenden Privilegien des Kurfürsten bildeten die Grundlage für die langsam voranschreitende Entwicklung der reformierten Gemeinde in Strasburg.

Um ihre Lebensumstände entscheidend zu verbessern, entwickelten die Mitglieder der hugenottischen Gemeinde in der Zeit nach ihrer Ansiedlung eine rege Bautätigkeit, die ihrerseits maßgeblich dazu beitrug, dass Strasburg im Laufe der Zeit eine neue Blüte entfaltete. Der größte Teil der Stadthufen lag brach und wurde erst durch die Anstrengungen der Hugenotten wieder bestellt. In den folgenden Jahrzehnten trug der überwiegend von Hugenotten betriebene Tabakanbau wesentlich zur wirtschaftlichen Entwicklung Strasburgs bei.[292]

Im Jahre 1720 existierten in Strasburg bereits 65 Tabakpflanzer, das Stadtbild wurde durch die neu entstandenen Tabakscheunen wesentlich mitbestimmt. Als im Jahre 1730 der dänische König die Einfuhr von Tabak aus Brandenburg aufgrund ausreichenden eigenen Anbaus in seinem Lande verbot, führte dies zum Rückgang des Tabakanbaus und -handels in Strasburg. Sowohl die im Jahre 1750 von der preußischen Verwaltung erhöhten Zollabgaben bei der Ausführung von Tabak als auch die im Jahre 1770 beschlossene Handelssperre zwischen der Mark Brandenburg und Mecklenburg führten zum endgültigen Zusammenbruch des Tabakhandels in Strasburg.

---

291 Muret, Geschichte der französischen Kolonie in Brandenburg-Preußen, a.a.O., S. 271

292 Gahrig, W.: Unterwegs zu den Hugenotten im Land Brandenburg, a.a.O., S. 196

Außer den Tabakpflanzern waren Hugenotten in den verschiedensten Berufen für die aufblühende ökonomische Entwicklung Strasburgs verantwortlich:[293] „Zu ihrer Zeit trugen Hugenottennachkommen mit ihren speziellen Kenntnissen und Erfahrungen zum Gedeihen Strasburgs bei, z.B. der Brunnenmeister Jean Maillefert, Seilermeister Robert Soyeaux, Messerschmiedemeister Hermann Hurtienne, Töpfermeister Albrecht Battre, Schneidermeister und Inhaber eines Garderobengeschäftes, Gustav Soyeaux, die Gerber- und Lederfabrikanten Julius und Franz de Frenne."

Bis zum Jahre 1800 wuchs die französische Gemeinde in Starsburg beständig an, im Jahre 1780 erreichte sie mit 359 Mitgliedern ihren Höhepunkt. Damit entwickelte sich die französische Gemeinde in Strasburg nach Berlin, Magdeburg, Halle, Wesel, Prenzlau und Königsberg zur siebtgrößten französischen Kolonie in Brandenburg-Preußen.[294]

Einige Mitglieder der französischen Gemeinde bekleideten wichtige Ämter im Magistrat von Strasburg:[295] „Der (...) Kaufmann Pierre Letienne (...) wurde (...) nach seiner Ankunft Conseiller dans la magistrature de Strasburg, also Stadtrat. Mit ihm kam im Jahre 1691 der damals erst zehnjährige Jean Squedain, der ebenfalls später Stadtrat wurde. Der Gerbermeister Jean Etienne Ledoux wurde um 1760 als Ancien der Französisch-Reformierten Gemeinde angegeben und wirkte in der Stadtverwaltung als Kämmerer und Senator. Im Jahre 1896 (...) waren in der Stadtverordnetenversammlung der Tischlermeister Franz Courtois, der Lederfabrikant Franz de Frenne, der Gutsbesitzer vom Glödenhof sowie der Gutsbesitzer vom Schneidershof Albert Tarvenier vertreten."

Das kurfürstliche Dekret sah ebenso die Gründung einer eigenen Kirche für die Glaubensflüchtlinge vor. Nach längerer Überlegung wurde ihnen als Gotteshaus der untere, östliche Teil des Strasburger Rathauses bewil-

293 Zitiert aus: Ebd. S. 197

294 Lippert, Geschichte der Stadt Strasburg in der Uckermark, a.a.O., S. 46

295 Zitiert aus Gahrig, Unterwegs zu den Hugenotten im Land Brandenburg, a.a.O., S. 201

ligt:[296] „(...) nach dem Priveligium von 1691 ad 6, Se. Churf. Durchl. Friedrich III. gnädigst resolvieret, 'auf dem Rathause daselbst die gewölbe aptiren zu lassen, worinnen sie ihrer Andacht pflegen können."

Für die Inneneinrichtung ihrer neuen Kirche waren die Gemeindemitglieder selbst verantwortlich, Kurfürst Friedrich III. lehnte ein Bittgesuch der reformierten Gemeinde um finanzielle Unterstützung ab. Der Kurfürst erteilte ihnen aber die Erlaubnis, ihren Geißmarer Prediger Jacques Clement nach Strasburg kommen zu lassen, dem ein Gehalt von 150 Talern und eine freie Wohnung im Rathaus über dem reformierten Gotteshaus zugestanden wurde. Da Clement jedoch nicht aus den Diensten seines Landesherrn entlassen wurde, übernahm Henri de Baudan dieses Amt und wurde somit der erste französische Prediger in Strasburg. Der erste Gottesdienst der hugenottischen Gemeinde in ihrer neuen Kirche fand am 20.05.1691 unter der Leitung von de Baudan statt.

Die im Jahre 1691 von den Gemeindemitgliedern wiederhergestellte Kanzel ihres neuen Gotteshauses wurde schon im Jahre 1752 durch eine andere ersetzt, die aus freiwilligen Beiträgen der französischen Protestanten beschafft wurde.

Nach dem Privileg des Kurfürsten Friedrich III. und den Bemühungen zur Erneuerung ihrer Kirche sah die französische Gemeinde das Gotteshaus als ihren alleinigen Besitz an. Als im Jahre 1716 ein Erlass des französischen Oberkonsistoriums verabschiedet wurde, das den deutschen Protestanten in Strasburg die freie Nutzung des Gotteshaus zugestand, wenn ein protestantischer Pfarrer in die Stadt kommen würde, um das heilige Abendmahl auszuteilen, kam es zu Unmutsbekundungen bei einem Teil der französischen Gemeinde. Nach internen Auseinandersetzungen beschloss das Konsistorium einen Kompromiss. Die deutschen Protestanten konnten am Vormittag ihre Abendmahlsfeier durchführen, während die französische Gemeinde am Nachmittag ihren Gottesdienst abhielt.

---

[296] Zitiert aus Muret, Die Geschichte der französischen Kolonie in Brandenburg-Preußen, a.a.O., S. 272

Im Jahre 1716 gab es in Strasburg und Umgebung lediglich vier deutsche protestantische Familien, die aus der deutschen Schweiz eingewandert waren. Dennoch wurde die Stadt bald darauf Sitz eines deutschen protestantischen Pfarrers, zu dessen Aufgabengebiet die unweit von Strasburg gelegene Stadt Wolfshagen, dem damaligen Wohnsitz der Reichsgrafen von Schwerin, sowie die Gemeinden in Treptow, Demmin und Anklam gehörten.

Die Existenz einer deutschen protestantischen Gemeinde in Strasburg war für den Bestand der französischen Gemeinde nicht von Vorteil.[297] In zahlreichen Streitfällen mit dem Konsistorium oder dem Prediger traten Mitglieder der französischen Gemeinde zur deutschen protestantischen Gemeinde über, so dass die deutsche Schwestergemeinde auf Kosten der französischen wuchs. Diese Entwicklung setzte sich im Laufe der Zeit fort, so dass die deutsche protestantische Kirche in Strasburg der französischen Gemeinde in der Zahl der Mitglieder weit überlegen war.

Der schon beigelegt geglaubte Streit um die Benutzung des Gotteshauses brach auf diesem Hintergrund wieder aus, worin sich die Angst der französischen Gemeinde zeigte, ihren Glauben nicht mehr uneingeschränkt ausüben zu können. Der Streit der französischen und deutschen Gemeinde wurde erst am 27.02.1823 durch eine königliche Bestimmung beigelegt. Diese Bestimmung besagte, dass beide reformierten Gemeinden die Kirche gleichberechtigt nutzen durften und im Falle von Bauten und Reparaturarbeiten nach gemeinschaftlicher vorausgegangener Beratung die jeweiligen Kosten von jeder Fraktion zur Hälfte zu übernehmen sind. Weitere Konflikte zwischen den deutschen und französischen Protestanten sind ab dem Zeitpunkt der königlichen Bestimmung nicht bekannt.

Ab dem Jahre 1725 erbauten mehrere Mitglieder der französischen Gemeinde (Daniel Fouquet, Jean Squedein, Guillaume de la Barre, Abraham Bouchon, Guillaume Perrein, Jean Rebour u.a.) Galerien in der reformierten Kirche.[298] Die Erbauer versuchten durch Verträge gegenseitig ihre Rechte für sich und ihre Nachkommen zu wahren, sie bestimmten sogar die Reihenfolge der Plätze. Welche Wichtigkeit die Galerien für die

[297] Ebd., S. 18

[298] Ebd., S. 19

Mitglieder der französischen Gemeinde zu der damaligen Zeit darstellten, zeigt das folgende Beispiel: Als Pierre Fouquet auf der seiner Familie mitgehörenden Galerie einen ihm nicht zugewiesenen Platz einnahm, wurde dieses Verhalten vom Konsistorium verurteilt und Fouquet während einer Versammlung attackiert.[299]

Bei der Erneuerung des Rathauses im Jahre 1824 wurde ebenfalls das protestantische Gotteshaus renoviert. Sowohl die französische als auch die deutsche reformierte Gemeinde musste zur Gesamtsumme von 500 Talern jeweils 42 Taler beitragen. Andere Neuanschaffungen, wie zum Beispiel der Kauf einer Orgel im Jahre 1847, wurden gemeinsam von den beiden protestantischen Gemeinden getätigt.

Der Boden der Kirche diente als Friedhof für verstorbene Mitglieder der französischen und deutschen Gemeinde. Der erste Prediger der französischen Gemeinde, Henri de Baudan, wurde dort ebenso beigesetzt wie die drei Kinder des Pfarrers Vernezobre und der Sohn des Pfarrers Poulet. Weiterhin fand die Tochter des ersten deutschen reformierten Pfarrers Marcus Aemilius Wagenfeld dort ihre letzte Ruhestätte. Für die Wahrscheinlichkeit, dass noch weitere Mitglieder der deutschen reformierten Gemeinde dort beerdigt wurden, spricht ein Beschluss des Konsistoriums, wonach bei Bestattungen in der Kirche abhängig vom Alter des Verstorbenen ein Obulus von 1–5 Talern an die französische Kirchenkasse gezahlt werden sollte.[300]

Im Laufe der Zeit wurden die Flüchtlinge in die deutsche Bevölkerung integriert, so dass die hugenottische Gemeinde Strasburg in der Uckermark im Jahre 1985 aufhörte zu existieren.

Es bleibt festzuhalten, dass die Hugenotten mit ihrem Wissen und ihrer Tatkraft nach ihrer Ansiedlung im Jahre 1691 einen wesentlichen Einfluss auf die wirtschaftliche und geistig-kulturelle Entwicklung ausgeübt und entscheidend dazu beigetragen haben, dass in Strasburg nach Jahrzehnten der Krise, die durch die Folgen des 30jährigen Krieges und die Stadt-

---

299 Ebd.

300 Ebd., S. 21

brände in den Jahren 1653 und 1681 ausgelöst wurde, eine rasche vor allem in wirtschaftlicher Hinsicht positive Entwicklung einsetzte.

Der 750. Geburtstag Strasburgs im Jahre 2000 bot den Anlaß, im Heimatmuseum der Stadt eine Ausstellung über die Hugenotten zu eröffnen.[301] Zum Gedenken an die französischen Glaubensflüchtlinge wurde anlässlich des 310. Jahrestages der Einwanderung der Hugenotten im Rathaus der Stadt Strasburg eine Gedenktafel mit folgender Inschrift angebracht:[302]

„Dank den 1691 nach Strasburg
eingewanderten etwa 250 Hugenotten!
Ihr Wirken und das ihrer
Nachkommen hat über Jahrhunderte
Die Entwicklung unserer Stadt geprägt."

Um die religiöse Bedeutung der Hugenotten für die Stadt Strasburg zu würdigen, wurde eine weitere Gedenktafel am Wohnhaus des letzten hugenottischen Pfarrers Johannes Hurtienne installiert:[303]

„Ehemaliges Pfarrhaus
der französisch-reformierten Gemeinde
zu Strasburg.
Wirkungsstätte des letzten Pfarrers
der Gemeinde Johannes Hurtienne
(1899–1974)"

4.5 Brandenburg an der Havel

Im Oktober 948 gründete Otto I. auf dem Magdeburger Fürstentag die Bistümer Brandenburg und Havelberg als Bollwerke zur Unterwerfung und Christianisierung der Slawen in den ostelbischen Gebieten. Im Laufe der Zeit stieg die Stadt Brandenburg an der Havel zum politischen, wirt-

301 Gahrig, Unterwegs zu den Hugenotten im Land Brandenburg, a.a.O., S. 197

302 Vortrag von Frau Gerhard ,Museumsleiterin Strasburg i.d.U., gehalten am 8.6.2003 anlässlich des Loyal-Familientreffens, Strasburg 2003, S. 5

303 Ebd.

schaftlichen und religiösen Zentrum in der Region auf.[304] Der Dreißigjährige Krieg bedeutete für die Entwicklung der Stadt einen tiefen Einschnitt:[305] „Vor allem die Altstadt, also auf dem rechten Havelufer, ist infolge der Kriegsverwüstungen (...) nicht mehr als ein Trümmerhaufen gewesen. Nach einer Besichtigung der Altstadt durch den kurfürstlichen Kommissar waren schon 1633 165 Häuser völlig verfallen und 65 ohne jede Spur verschwunden. (...) Erst am Anfang des 19. Jahrhunderts, also 150 Jahre danach, erreichte (...) Brandenburg die Zahl der Einwohner wieder, die sie vor dem 30jährigen Krieg gehabt hat."

Die großen Verwüstungen während des Dreißigjährigen Krieges resultierten aus der Tatsache, dass die Lage Brandenburgs an der Havel von großer strategischer Bedeutung für den Verlauf des Krieges war.[306] Die Stadt bot damals den einzigen Übergang über die Havel im weiten Umfeld; alle anderen Gegenden kamen als Durchgangsstationen der unterschiedlichen Heere nicht in Betracht, da dort Sumpfgebiete vorherrschten.

Als sich nach dem Edikt von Potsdam die ersten hugenottischen Glaubensflüchtlinge in Brandenburg an der Havel anzusiedeln begannen, legte der Kurfürst Friedrich Wilhelm in einem Antwortschreiben an den Magistraten der Stadt folgende Bestimmungen fest:[307] „Friedrich Wilhelm pp. Euch ist zur genüge bekannt, welcher gestalt Wir gnädigst entschlossen die vertriebenen aus Frankreich in Unserm Lande auf und anzunehmen, welche Wir in den Städten Brandenburg und Ratheno, deren eine ziemliche Anzahl hinzusetzen gnädigst verordnet, Wenn nun nötig seyn will, dass diese Leute nicht allein so viel wie möglich wohl verpfleget, sondern ihnen auch ein ort zur verrichtung ihres gottesdienstes angewiesen werde; Als befehlen Wir Euch hiermit gnädigst die vor dem Plau-

---

304 Gahrig, Unterwegs zu den Hugenotten im Land Brandenburg, a.a.O., S. 106

305 Hanitzsch,H.-J.: Die Hugenotten in der Stadt Brandenburg, in: Historischer Verein Brandenburg/Havel e.V.: 5.–6.Jahresbericht.1995–1997, Brandenburg an der Havel 1998, S. 16 f

306 Tschirch, O.: Geschichte der Chur- und Hauptstadt Brandenburg/Havel, Brandenburg an der Have 1941, S. 53

307 Zitiert nach Muret, Geschichte der französischen Kolonie in Brandenburg-Preußen, a.a.O., S. 200

schen Thore belegene Kirche ihnen einzuräumen, jedoch dersgestalt, wenn Leichenbegängnüßen darin fortfallen mögten, dass sich die Stadt auch nach wie vor auch mitbedienen könne, und dann wollen Wir gnädigst, dass alles Korn und Maltz, so für ihnen gemahlen werden mögte, von allen aufflagen als Zinse, Kriegsmetze, Scheffelgroschen und dergleichen befreyet seyn sollen, den 16. Dez.1685."

Damit stand der Kurfürst Friedrich Wilhelm den sich in Brandenburg an der Havel angesiedelten Hugenotten weitgehende Rechte zu.

Die ersten hugenottischen Einwanderer waren vor allem Handwerker, Färber, Tuch- und Wollmacher, die zahlreiche Spinnereien, Färbereien, Tuchfabriken und Walkmühlen gründeten und damit wesentlich zum wirtschaftlichen Aufschwung der Stadt nach den Zerstörungen im Dreißigjährigen Krieg beitrugen. Einige Gründungen erfuhren von Kurfürst Friedrich Wilhelm eine besondere Unterstützung in finanzieller Hinsicht; dies war die von Charles Le Cointe im Jahre 1686 eingerichtete Tuchfabrik, die Tuch- und Tapetenfabrik von Nicolas von Francois, die Tuchfabriken von Gonhard und Henri de Riviere, die Wollwarenfabrik von Jean Le Cointe sowie die Färberei von Daniel Le Corun.[308]

Ab dem Jahre 1730 traten neben den oben genannten Berufszweigen vermehrt hugenottische Tabakfabrikanten wie Jean Noe, Abraham Devrient, Pierre Magnan oder Samuel Friot in Erscheinung.

Der hugenottische Flüchtling August Spitta, der im Jahre 1730 nach einem Aufenthalt in Magdeburg nach Brandenburg übersiedelte, gründete kurz nach seiner Ankunft eine Lederfabrik, die im Laufe der Zeit aufgrund ihres ertragreichen Umsatzes überregionale Bedeutung besaß.

In den Jahren 1656 bis 1660 wurden in der Alt- und Neustadt Brandenburgs an der Havel Offiziere und Soldaten des Regiments „Graf Waldeck" angesiedelt. Als im Jahre 1685 viele hugenottische Adelige und Kadetten nach Brandenburg-Preußen einwanderten, unterstellte der Kurfürst dieses Regiment dem Oberst de Corneaud, unter dessen Aufsicht

[308] Gahrig, Unterwegs zu den Hugenotten im Land Brandenburg, a.a.O., S. 107

ein Kadettenkorps formiert wurde.[309] Die Mitglieder des Kadettenkorps wurden in zwei Kasernen untergebracht, darunter auch einige hugenottische Glaubensflüchtlinge. In Brandenburg existierte außerdem ein Leibregiment des Kurfürsten mit den „Langen Kerls", in denen zahlreiche Hugenotten vertreten waren.

Zur Ausübung ihres Glaubens stellte der Kurfürst Friedrich Wilhelm den hugenottischen Exulanten die St. Nicolaikirche zur Verfügung, die sie allerdings mit der protestantischen Gemeinde Brandenburgs teilen mussten. Weihnachten 1685 fand dort der erste Gottesdienst der französischen Gemeinde statt. In der St. Nicolaikirche wurden am 17.8.1687 die ersten Mitglieder des Konsistoriums der französischen Gemeinde gewählt: dies waren der Richter der französischen Gemeinde, Jean Jacques Rozel de Beaumont, der Kaufmann und Fabrikant Charles Le Cointe, der Kaufmann Henri Bar de la Reviere, der Weber Gabriel Charrie, der Tucmacher Etienne Du Titre sowie der Kaufmann Pierre Allard.[310]

Da für die in der Neustadt wohnenden Hugenotten der Weg zur St. Nicolaikirche aufgrund der weiten Entfernung mit zahlreichen Mühen verbunden war, erließ der Kurfürst im Jahre 1687 die Anordnung, den Glaubensflüchtlingen die St. Johanniskirche, wo bislang lediglich lutherische Gottesdienste stattfanden, zur Nutzung zu überlassen. Kurfürst Friedrich Wilhelm stellte in seinem Dekret an den Magistrat von Brandenburg fest:[311] „Es hat uns die Christliche Kirche der in Unserer Stadt Brandenburg etablirter frantzösischen geflüchteten unterthänigst vorstellen lassen, was gestalt Ihnen sehr beschwerlich fallen wollte, absonderlich bei welchem und herannahenden Winter zur verrichtung ihres Gottesdiens-

---

[309] Folgende Hugenotten sind als Mitglieder dieses Korps bekannt: die Kapitäne Sieur de Loches de Blozet, Frederic de Castilhone, de Chambaus de la Charriere, Henri de Durant, Durfort d'Anthemy, Etienne Forestier, Alexandre Lanau, Abraham Lollier, Artus de Marteauville, Jean Martineau, der Lieutnant de la Luzerne, die Kadetten Durant de la Chatre, Claude Forestier, Sieur de Charet de Masse und der Regimentschirurg Pierre Richeville. Vgl. Emilius, A. : Chronik der Französischen Colonie in Brandenburg 1685–1835, Brandenburg 1918, S. 62

[310] Hanitzsch, Die Hugenotten in der Stadt Brandenburg, in: Historischer Verein Brandenburg/Havel e.V.: 5.-6.Jahresbericht.1995–1997, a.a.O., S. 19

[311] Zitiert nach Muret, Geschichte der französischen Kolonie in Brandenburg-Preußen, a.a.O., S. 200

tes nach der, vor der Stadt ihnen voritzo angewiesenen ziemlich abgelegenen Kirchen, sich zu begeben, nebst unterthänigster Bitte, wir wollten gnädigst geruhen ihnen in der Stadt Brandenburg etwa einen bequemen ort zu obigem behuff einräumen zu lassen, Wann Wir dann nun ihr demüthigtes Bitten in gnaden vor billig erkennen, danebst aber in der Stadt außer der Altstaändischen Kloster Kirche keine zugängliche gelegenheit finden, oder bedenken können; Als haben Wir Unser gnädigstes Absehen, und zwar dergestalt auf besagte Kloster Kirche gerichtet, dass obgedachte Frantzösische Gemeinde in derselben nebst den Evangelischen Luherischen das Alternativum Exercitium Religionis hinführo haben sollen. Wie dann nun solches der Christlichen Liebe und Tolerance gantz gemäß ist, Also befehlen Wir Euch hiermit in gnaden, vorermelter Frantzösischen Gemeinde, wann sie sich solcher wegen bey Euch anmelden werden, daein zu willfahren, und Ihnen unweigerlich zu verstatten, damit sie hinkünfftig zu Gottes Ehren in obbemelter Altstädter Kloster Kirchen nebst denen Lutherischen ihre Andacht und Gottesdienst verrichten mögen. Den 3.Okt. 1687."

Der erste Gottesdienst der französischen Gemeinde von Brandenburg fand am 11.12.1687 in der St. Johanneskirche statt. Bei dieser Gelegenheit wurde der Pfarrer der französischen Gemeinde, Pastor Valentin, in sein Amt eingeführt. Durch die Ankunft weiterer Hugenotten nach Brandenburg wuchs die Anzahl der Mitglieder der französischen Gemeinde derart an, so dass der Kurfürst im Jahre 1688 zwei Geistliche mit der Betreuung der Gemeinde beauftragte. Neben Pastor Valentin kümmerte sich ab dem Jahre 1689 Alphons des Vignoles[312], der vorher das Amt des Pastors

312 Neben seiner Aufgabe als Pastor widmete sich Alphons des Vignoles der Erforschung der Geschichte Brandenburgs an der Havel. Im Jahre 1720 gab er zusammen mit den Theologen Louis Isaac de Beuasobre und Jacques Lenfant die „Bibliotheque Germanique" heraus, eine Rezensionsschrift in französischer Sprache für die in Mittel-, Nord- und Osteuropa erscheinende wissenschaftliche und belletristische Literatur. Im Jahre 1727 wurde er Direktor der mathematischen Abteilung der Berliner Akademie der Wissenschaften. Neben seinen Forschungen bekleidete er noch das Amt des Pastors der französischen Gemeinde in Berlin-Köpenick. Vgl. Gahrig, Unterwegs zu den Hugenotten in Berlin, a.a.O., S. 147 oder Hanitzsch, Die Hugenotten in der Stadt Brandenburg, in: Historischer Verein Brandenburg/Havel e.V.: 5.-6.Jahresbericht.1995-1997, a.a.O., S. 21

in Schwedt und Halle innehatte, um die französische Gemeinde in Brandenburg.

Im Laufe der Zeit kam es bei der Nutzung der St. Johanniskirche zu Differenzen zwischen Lutheranern und der französischen Gemeinde.[313] Im Jahre 1715 startete die hugenottische Gemeinde den Versuch, eine eigene Kirche zu errichten, was jedoch an den fehlenden finanziellen Mitteln scheiterte. Ein weiterer Versuch im Jahre 1735 blieb ebenfalls erfolglos: somit blieb die St. Johanniskirche weiterhin ihr religiöser Anlaufpunkt.

Zu den Privilegien der französischen Gemeinde in Brandenburg gehörte auch die Ernennung eines eigenen Richters. Gahrig geht von insgesamt acht Personen aus, die dieses Amt ausübten.[314] Ab dem Jahre 1760 übernahmen die Richter der französischen Gemeinde in Potsdam diese Aufgabe.

Im Wohnhaus des Küsters der französischen Gemeinde wurde eine Schule für die Kinder der hugenottischen Glaubensflüchtlinge eingerichtet. Dort arbeiteten zahlreiche Glaubensflüchtlinge als Lehrer oder Erzieher:[315] „An ihr gab es Sprachlehrer wie Louis Chretien oder Philipp Francois Bock, Erzieher wie Jean Galafrez und Josef Neyron, Tanzlehrer wie Jean Frederic Reinel, Jacques Pierre Bourgeois, Guillaume Charles Ruhbaum und Charles Bourgeois.“

An der Schule nahm der Unterricht in ihrer französischen Muttersprache einen besonderen Stellenwert ein. Im Jahre 1810 verfügte das in Berlin ansässige Oberkonsistorium aufgrund mangelnder Zahl an Schülern die Aufhebung der in Brandenburg existierenden französischen Schule. Die wenigen verbliebenen Schüler nahmen am Unterricht der deutschen reformierten Gemeinde in Brandenburg teil.

Als im Jahre 1806 die französischen Truppen unter Napoleon in Brandenburg an der Havel einmarschierten, bewahrte der damalige Pfarrer der französischen Gemeinde, Philippe Francois Bock, die Stadt vor größe-

313 Gahrig, Unterwegs zu den Hugenotten im Land Brandenburg, a.a.O., S. 114

314 Ebd. S. 121

315 Zitiert nach: Ebd. S. 120

rem Schaden:[316] „Der zu der Zeit in der französischen Gemeinde amtierende Pastor Bock hatte sich im Unglücksjahr 1806 sehr um die Stadt verdient gemacht, indem er die Verhandlungen zwischen dem Magistrat und dem Marschall Bernadotte als Dolmetscher leitete. Er veranlasste den General zu humanem Vorgehen gegen die Stadt. Im Jahre 1813 übernahm Pastor Bock das nach der Schlacht von Hagelberg in der Ritterakademie eingerichtete Militärlazarett, in welchem 837 Verwundete in der Zeit vom September 1813 bis zum April 1814 Aufnahme fanden."

Da die französische Gemeinde im Laufe der Zeit immer weniger Mitglieder zählte und im Jahre 1812 lediglich aus 30 Personen bestand, fanden Überlegungen bei den preußischen Behörden statt, die französische Gemeinde mit der deutschen reformierten Gemeinde in Brandenburg zu vereinigen. Dieses Anliegen wurde jedoch von den hugenottischen Mitgliedern der Gemeinde entschieden abgelehnt. Als der Pfarrer Bock im Jahre 1830 verstarb, bestand die französische Gemeinde nur noch aus acht Personen. Aus dieser Not heraus stimmten die verbliebenen Mitglieder der Gemeinde am 30.12.1830 der Vereinigung mit der deutschen reformierten Gemeinde von Brandenburg zu. Diese Vereinigung wurde nach einer Anordnung der preußischen Behörden am 01.02.1835 in der St. Pauli-Kirche vollzogen.[317]

4.6 Bernau

Bernau wurde von den askanischen Markgrafen Johann I. und Otto II. ungefähr im Jahre 1230 gegründet:[318] „Sie erschlossen den an der alten Berlin-Stettiner Heerstraße gelegenen Barnim-Flecken um 1230 und ließen ihn dank seiner strategisch bedeutsamen Lage rasch zur Immediatstadt (1292 als Barnow bekundet) ausbauen." Die Stadt entwickelte sich im 14. Jahrhundert zu einer der bedeutensten Handelszentren in der Mark Brandenburg. Neben der Landwirtschaft waren die Bierbrauerei,

[316] Zitiert aus Hanitzsch, H.-J.: 1685–1985. 300 Jahre Evangelisch-Reformierte Kirchengemeinde in Brandenburg, Brandenburg an der Havel 1985, S. 9

[317] Gahrig, Unterwegs zu den Hugenotten im Land Brandenburg, a.a.O., S. 126

[318] Sternheim, C.: Bernau - das märkische Rotenburg, in: Der Nord-Berliner vom 04.08.1994, S. 24

die Wollweberei und Gewandschneiderei die wichtigsten Erwerbszweige in Bernau.

Der Dreißigjährige Krieg bedeutete sowohl in bevölkerungspolitischer als auch ökonomischer Hinsicht einen tiefen Einschnitt für die Entwicklung Bernaus. Vor dem Beginn des Dreißigjährigen Krieges betrug die Einwohnerzahl der Stadt 2500–3000 Personen, nach der Unterzeichnung des Westfälischen Friedens im Jahre 1648 lebten in Bernau nur noch 700 Menschen. Die wichtigsten Erwerbszweige der Stadt litten an den Folgen des Krieges; in ihrer wirtschaftlichen Entwicklung wurde Bernau um Jahrzehnte zurückgeworfen.[319]

Die sich um das Jahr 1699 in Bernau angesiedelten Hugenotten trugen wesentlich zum wirtschaftlichen und kulturellen Wiederaufstieg Bernaus nach dem Dreißigjährigen Krieg bei.[320] Ein Großteil der hugenottischen Emigranten kam über die Schweiz nach Bernau, über die regionalen Ursprünge der einzelnen Glaubensflüchtlinge liegen keine Informationen vor.

Karl Manoury gab als Gründungsdatum der hugenottischen Ansiedlung in Bernau den 13.3.1699 an.[321] Wenige Monate nach ihrer Ankunft zogen einige Hugenotten nach Französisch Buchholz weiter, wo sich ebenfalls eine hugenottische Ansiedlung befand.[322] Die Anzahl der ersten hugenottischen Ansiedler in Bernau betrug laut der Kolonieliste für das Jahr 1699 19 Personen, die in acht Haushalten untergebracht wurden. Die Hugenotten siedelten sich sowohl in als auch außerhalb der Stadtbefestigung Bernaus an:[323] „An der südlichen Seite der Stadt, wo in alter Zeit ein ausgedehntes sumpfiges Terrain dieselbe schon theilweise gegen einen Ueerfall schützte, befanden sich außer der Verwaltung an der Stadtmauer nur ein Wallgraben und ein Wall. An der südlichen Seite des letzteren

---

[319] Gahrig, Unterwegs zu den Hugenotten im Land Brandenburg, a.a.O., S. 258 f

[320] Vgl. dazu auch Wirth von Weydenberg, J./Lerch, P.: Bernau bei Berlin in Wort und Bild. Ein Führer durch Bernau und Umgebung, Bernau 1911, S. 40 f

[321] Manoury, K.: Die Geschichte der französisch-reformierten Provinzgemeinden, Berlin 1961, S. 26

[322] Vgl. Gahrig, Unterwegs zu den Hugenotten in Berlin, a.a.O., S. 285

[323] Zitiert aus Gahrig, Unterwegs zu den Hugenotten im Land Brandenburg, a.a.O., S. 277 f

floß die aus der Stadt (...) nach hier verlegte, damals noch breite Pranke, und an diese grenzten die fruchtbaren, durch Gärtner der französischen Colonie mit allerlei schönen Obstbäumen cultivierten Ankergärten. (...) Der dem Stadthof gegenüber (...) belegenen Walltheil (...) scheint an eingewanderte französische Colonisten zu Gärtnereianlagen überwiesen worden zu sein."

Der erste Prediger der Neuansiedler wurde Isaak Le Clerc, der dieses Amt bis zu Jahre 1706 ausübte. Aus der Kolonieliste für das Jahr 1699 geht hervor, dass unter den Exulanten der Beruf des Tabakpflanzers, des Kaufmanns sowie des Bauerns überrepräsentiert waren.[324]

Am 16.3.1699 legte der Kurfürst Friedrich Wilhelm in einem Brief an den Magistrat der Stadt für die in Bernau angesiedelten Hugenotten folgende Bestimmungen fest:[325] „Friedrich der Dritte, Churfürst pp., die von uns geführte Regierung hat allezeit Aufmerksamkeit auf die Verbesserung und Aufnahme von Flüchtlingen durch unsere Länder und Städte gerichtet, also haben wir auch zur repeuplirung derselben beschlossen, aufs neue einer guten Anzahl sich in der Schweiz befindlichen Refugierten (Hugenotten) bei uns aufzunehmen. Die Flüchtlinge können aus erheblichen Ursachen in der Schweiz nicht länger verbleiben. Die Flüchtlinge werden sich in unsere Lande begeben und wir haben ihnen gestattet, sich in Gnaden bei uns zu stablieren. Wir wollen solchen Leuten aus landesväterlicher Vorsorge und zur Wiederaufhelfung der Stadt in derselben gnädigst gestatten, eine Kolonie anzulegen. Also haben wir Euch hiermit in Gnaden eröffnet, wir ermahnen Euch fortan Leuten bei ihrer Ankunft willig und gern zu empfangen, zu ihrem Unterkommen, wie auch in allem, wo sie Eures Beistandes benötigen, hilfreich Hand zu bieten und wir werden deshalb gnädigst geneigt sein, die Bürgschaft dortselbst eine Zeitlang mit der Einquartierung zu übersehen. Unsere Kommissare sind beauftragt, das die ankommenden Leute mit Ländereien und Häusern versehen werden sollen. Wenn alles geschieht wie angeordnet, werden auch die versprochenen Gelder ankommen. Ihr habt Euch demnach gehorsamst hiernach zu richten. Cölln an der Spree, den 16. März 1699."

---

[324] Ebd. S. 258

[325] Zitiert aus Ebd.

Nach dieser Anordnung versah der Kurfürst die Hugenotten mit dem Privileg der freien Religionsausübung. Zu diesem Zweck gestattete er ihnen die Benutzung der Hospitalkapelle in Bernau zur Durchführung der Gottesdienste:[326] „(...) solchen guten Leuten, die einzig und allein die Liebe zur göttlichen Wahrheit ihr Vaterland verlassen und die freye Übung ihres Gottesdienstes auswärtig zu suchen angetrieben, eine Kirche einzuräumen, worin sie ungehindert ihren Gottesdienst halten können."

Der erste Gottesdienst der französischen Gemeinde in Bernau wurde von Pfarrer Le Clerk am 03.12.1699 abgehalten. Da die Hospitalkapelle am Rande der Stadt lag und somit für viele Gläubige schwer zu erreichen war, bevorzugte die französische Gemeinde in späterer Zeit einen Betsaal in der Altstadt Bernaus. Die Frage, wie lange die hugenottische Gemeinde die Hospitalkapelle für Gottesdienstfeiern nutzte, kann aufgrund fehlender Quellen nicht beantwortet werden.

Zur Bestattung ihrer Gemeindemitglieder wurde den Hugenotten vom Bernauer Magistrat der Alte Friedhof in Prenzlau zugewiesen. Ortsbekannte Hugenottenfamilien wie de Martincourt, Possier, Devrient, Villiant und Sourell fanden dort ihre letzte Ruhestätte.

Trotz der Abwanderung eines Teils der hugenottischen Gemeinde nach Französisch Buchholz vergrößerte sich die Zahl der Gemeindemitglieder in Bernau sehr schnell. Im Jahre 1700 lebten bereits 87 Personen in 25 Haushalten.[327] Die zu dieser Zeit in der Gemeinde lebenden Hugenotten übten die unterschiedlichsten Berufe aus:[328] „(...) Sieben Landleute, zwei Strumpffabrikanten, einen Woll-Kämmer-Spinner, drei Wollweber, einen Tischler, einen Pelzhändler, einen Krämer, einen Gärtner, einen Bäcker."

Die französische Gemeinde wählte aus ihren Mitgliedern einen Richter, dessen Aufgabe unter anderem darin bestand, zusammen mit dem Pfarrer Le Clerc für ein einvernehmliches Zusammenleben der Gemeindemitglieder mit der autochthonen Bevölkerung zu sorgen. Der erste Richter Michel vertrat die Angelegenheiten der französischen Gemeinde im Ber-

---

326 Zitiert aus Ebd. S. 259

327 Ebd.

328 Zitiert aus Ebd.

nauer Rathaus. Am 01.08.1700 wurde ein Konsistorium gebildet, das aus fünf Mitgliedern der Gemeinde bestand.

Im Versammlungshaus der französischen Gemeinde wurde kurz nach der Ansiedlung eine Schule eingerichtet, wo die hugenottischen Kinder und Jugendlichen hauptsächlich in deutscher und französischer Sprache sowie in Religion unterrichtet wurden.[329] Im Jahre 1705 wurden die Lehrer dazu angehalten, das Fach „christliche Civilisation" zu unterrichen. Karl Manoury weist auf die Besonderheit dieses Schulfaches hin, indem er bemerkt:[330] Dies hab ich in andern Gemeinden noch nie gefunden, die Bernauer wollten also offenbar, dass ihre Kinder nicht nur etwas lernen, sondern sich auch anständig benehmen sollten."

Im 19. Jahrhundert entwickelte sich Bernau zu einem bedeutenden Textilzentrum in der Mark Brandenburg.[331] Die Mitglieder der französischen Gemeinde gründeten zahlreiche Textilmanufakturen in und um Bernau, was zu einem weiteren wirtschaftlichen Aufschwung der Stadt führte.

Als im Oktober 1806 die napoleonischen Truppen in Bernau einmarschierten, spielte die französische Gemeinde eine wichtige Rolle bei den Verhandlungen mit den Besatzern:[332] „Als Dolmetscher und Translateurs bediente sich der Magistrat vorzugsweise Mitglieder der hiesigen französischen Colonie, als des französischen Cantors Dupain, des französischen Predigers Reuscher, des Kaufmanns Rouvel. (...) Im Einquartierungsbureau, in welchem auch ein Dolmetscher anwesend sein musste, wurden die ankommenden französischen Fourier-Officiere von der Stadt öfters mit Wein bewirtet. Das Bureau befand sich bis zum 5. Dezember 1807 mit kurzer Unterbrechung im Rathhause, dann bis zum 15. Juli 1808 in dem eigenen Wohnhause des französischen Predigers Reuscher, Berlinerstraße Nr. 133, dann wieder auf dem Rathause, von welcher Zeit ab der frühere Feldwebel Kübling auch die Geschäfte eines Billeteurs übernahm."

---

[329] Vgl. dazu auch Wernicke, A.: Bernauer Stadt-Chronik, Bernau 1894, S. 30 ff

[330] Manoury, Die Geschichte der französisch-reformierten Provinzgemeinden, a.a.O., S. 27

[331] Sternheim, Bernau – das märkische Rothenburg, in: Der Nord-Berliner, a.a.O., S. 24

[332] Wernicke, A.: Bernauer Stadt-Chronik, a.a.O., S. 74

Einige Monate nach ihrem 125jährigen Bestehen erfolgte am 19.9.1825 aufgrund rückläufiger Mitgliederzahlen die Vereinigung der französischen Gemeinde von Bernau mit der in Französisch Buchholz. Die zusammengelegte Gemeinde bestand im Dezember 1883 aus 75 Mitgliedern.[333]

4.7 Frankfurt (Oder)

Am südöstlichen Rand von Frankfurt/Oder errichteten die schlesischen-polnischen Piastenherzöge im 11. Jahrhundert einen Fürstensitz. Im Zuge der deutschen Ostkolonisation siedelten sich ab dem Jahre 1226 in der Nähe der Piastenburg niederrheinische und westfälische Kaufleute an. Sie fanden dort geeignete Voraussetzungen für Handelsbeziehungen mit polnischen und russischen Gewerbetreibenden vor, da die Oderfurt schon damals einen Kreuzungspunkt bedeutender Handelsstraßen darstellte.[334]

Im Jahre 1253 wurde Frankfurt/Oder als „Vrankenvorde" das Stadtrecht zugesprochen. Unter der askanischen Herrschaft erhielt Frankfurt/Oder zahlreiche Privilegien, vor allem das Stapel- und Niederlagsrecht.[335] Dies bedeutete, dass alle auswärtigen Kaufleute, die ihre Waren verkaufen wollten, verpflichtet waren, sie vorher drei Tage lang den Bewohnern von Frankfurt/Oder anzubieten. Zwischen 1368 und 1518 war Frankfurt/Oder Mitglied der Hanse, was zur wirtschaftlichen Entwicklung der Stadt in hohem Maße beitrug. Außerdem entwickelte sich Frankfurt/Oder zu einer in dieser Zeit bedeutenden Messestadt:[336] „Jahrmärkte wurden in Frankfurt zu Reminiscere (5 Wochen vor Ostern), Margarethen (im Juli) und Martini (im November) durchgeführt. Messen wurden erstmals 1635 erwähnt."

Der Dreißigjährige Krieg, Seuchen und Stadtbrände führten dazu, dass viele Einwohner Frankfurts umkamen oder die Stadt verließen. Während Anfang des 17.Jahrhunderts noch etwa 12.000 Menschen in Frankfurt/

---

333 Gahrig, Unterwegs zu den Hugenotten im Land Brandenburg, a.a.O., S. 260

334 Gahrig, Unterwegs zu den Hugenotten im Land Brandenburg, a.a.O., S. 342 f

335 Ebd.

336 Bader, J.: Frankfurt/Oder. Stadtbild im Wandel, Gudersberg/Gleichen 1993, S. 5

Oder lebten, wurden im Jahre 1686 lediglich ungefähr 7.000 Personen erwähnt.[337]

Im Edikt von Potsdam aus dem Jahre 1685 empfahl Kurfürst Friedrich Wilhelm den hugenottischen Glaubensflüchtlingen Frankfurt/Oder namentlich zur Ansiedlung. In der Stadt würde ihnen die Möglichkeit gegeben, „so wol umb einen wolfeilen Preiß (...) zu leben und sich zuerhalten/ als auch wegen der Gelegenheit anzurichten."[338]

Einige Flüchtlinge folgten der Empfehlung des Kurfürsten; Anfang des Jahres 1686 trafen die ersten hugenottischen Familien in der Stadt ein und gründeten eine französische Gemeinde. Bei dieser Gründung handelte es sich um eine der ältesten in Brandenburg-Preußen, lediglich die französischen Gemeinden in Berlin (1672), Magdeburg (1685) und Battin (1685) hatten ein früheres Entstehungsdatum vorzuweisen.

Die Zahl der Gründungsmitglieder der französischen Gemeinde kann nur geschätzt werden. Bei einer Versammlung der Gemeindemitglieder am 13.2.1686 waren 40–50 männliche Oberhäupter der Familien („pere de familie")

anwesend[339], so dass von ungefähr 100–150 Personen ausgegangen werden kann. Im Jahre 1696 waren nach Manoury ungefähr 150 Personen Mitglied der französischen Gemeinde.[340] Im Jahre 1733 erreichte die französische Gemeinde mit 275 Personen die höchste Mitgliederzahl ihres Bestehens.[341]

Kurfürst Friedrich Wilhelm gestattete der französischen Gemeinde zur Abhaltung ihrer Gottesdienste die Mitbenutzung der Frankfurter Friedenskirche.

---

337 Gahrig, Unterwegs zu den Hugenotten im Land Brandenburg, a.a.O., S. 344

338 Zitiert aus: Ebd.

339 Tollin, J.: Geschichte der Französischen Colonie in Frankfurt an der Oder, in: Mitteilungen des Historisch-Statistischen Vereins zu Frankfurt a.O., 8. Heft, Frankfurt a.O. 1868, S. 7

340 Manoury, Geschichte der französisch-reformierten Provinzgemeinden, a.a.O., S. 160

341 Ebd.

Der erste Pfarrer der französischen Gemeinde war Francois Bancelin aus Metz.[342] Am 31.1.1687 erhielt die Gemeinde einen Kolonierichter, der im Magistrat der Stadt für die Angelegenheiten der Gemeinde zuständig war und zwischen den Hugenotten und der alteingesessenen Bevölkerung in Streitfällen vermitteln sollte. Als Ratsmitglieder oder Stadtverordnete waren weitere Hugenotten im Magistrat der Stadt vertreten.

Ein nicht unerheblicher Teil der emigrierten Hugenotten bestand aus Wissenschaftlern, die von Kurfürst Friedrich Wilhelm durch die Einrichtung von Stipendien besonders gefördert wurden:[343] „Der erste frische Zug von Colonisten, der sich unsern lieblichen Oderufern näherte, bestand aus den Pionieren der Wisenschaft. Berlin keine Universität, Königsberg weit ab, Breslau mit seinen Stiftschulen nicht preußisch, Halle später gegründet. Die da kamen, waren einzelne Juristen, wenige Philosophen, Mediciner keine; aber in dichteren Massen Theologen. (...) Der große Kurfürst, des religiösen Muthes seiner neuen Unterthanen froh, weiß die akademische Märtyrer-Gemeinde an Frankfurt zu fesseln durch Stiftung von 12 für französische Theologen bestimmte Stipendien."

Kurfürst Friedrich Wilhelm war die Tatsache bewusst, dass die Anwesenheit von Pastoren, die in französischer Sprache Gottesdienste abhielten, eine wichtige Grundvoraussetzung für den Verbleib vieler Hugenotten in Frankfurt/Oder war. Um die französische Sprache zu erhalten und zu fördern, gründete er an der Hochschule in Frankfurt einen Lehrstuhl für französische Sprach- und Literaturwissenschaft und übertrug

342 Tollin, Geschichte der Französischen Colonie in Frankfurt an der Oder, in: Mitteilungen des Historisch-Statistischen Vereins zu Frankfurt a.O., a.a.O., S. 7

343 Zitiert aus: Gahrig, Unterwegs zu den Hugenotten im Land Brandenburg, a.a.O., S. 345. Der hugenottische Geschichtsschreiber Charles Ancillon stellte fest: „Frankfurt an der Oder, berühmt durch die dortige Universität und eine Anzahl hervorragender Männer, war seit Beginn der Verfolgungen für die jungen Leute bestimmt, die in Frankreich ihre Studien begonnen hatten, und sie hier fortsetzen konnten. Hier besteht ein Seminar für junge Leute, die auf Kosten seiner Kurfürstlichen Hoheit studieren. Die französischen Studenten hatten Anteil an dieser Vergünstigung, die ursprünglich nur ausgewählten Familien gewährt wurde." Vgl. Ancillon, Geschichte der Niederlassung der Refugies in den Staaten seiner Kurfürstlichen Hoheit von Brandenburg, a.a.O., S. 22

ausgewählten Hugenotten eine Lehrtätigkeit an der Viadrina.[344] Zur Förderung des wissenschaftlichen Nachwuchses förderte der Kurfürst durch Privilegien und finanzielle Zuwendungen das am 01.07.1694 eingeweihte Friedrichsgymnasium in Frankfurt/Oder, wo zahlreiche hugenottische Kinder und Jugendliche unterrichtet wurden.

Bedingt durch die Entwicklung Frankfurts zu einer Garnisonsstadt für preußische Truppen erhielt die französische Gemeinde im Laufe der Zeit einen raschen Mitgliederzuwachs durch hugenottische Offiziere.[345] Kurfürst Friedrich Wilhelm war von der Loyalität der Hugenotten zum preußischen Staat derart überzeugt, dass er Jean Rimbert d'Estresse die militärische Verantwortung für Frankfurt/Oder übertrug. Dies war kein Einzelfall; im 18. und 19. Jahrhundert bekleideten regelmäßig Hugenotten Schlüsselpositionen in Garnisonsstadt Frankfurt/Oder: Oberst Cesar le Duc de Justet, Oberst Paul-Henri Tilio de Camas, Oberst Frederic Guillaume de Forcade, Obrist-Lieutnant Jean Francois de St. Julien-Baudau sowie Oberst Louis de Beville.[346]

Die Hugenotten übten nicht nur im militärischen Sektor Einfluss auf die Entwicklung der Stadt aus. Die französischen Handwerker- und Fabrikantenfamilien gründeten zahlreiche Manufakturen und führten für die damalige Zeit fortschrittliche Produktionsmethoden ein.

Besonders die Tuchmacherei entwickelte sich dank der Hugenotten zu einem florierenden Gewerbe in Frankfurt/Oder. Die vom Glaubensflüchtling Nicolas le Francois gegründeten Manufakturen stellten ein Musterbeispiel für die fortschreitende Entwicklung der Tuchmacherei in Frankfurt/Oder dar.[347] Zum Kauf der nötigen Fabrikgebäude erhielt le Francois vom Kurfürsten eine Summe von 2.500 Talern. Zwischen 1686

---

344 Ebd. S. 346. Vgl. dazu auch Grau, C.: „Savans refugies" - „Französische Gelehrte". Über den Beitrag der Hugenotten zur Wissenschaftsentwicklung in Brandenburg-Preußen am Ende des 17. und im 18. Jahrhundert, in: Mittenzwei, I.(Hrsg.): Hugenotten in Brandenburg-Preußen, Berlin 1987, S. 228–240, hier: S. 230 ff

345 Tollin, Geschichte der Französischen Colonie in Frankfurt an der Oder, in: Mitteilungen des Historisch-Statistischen Vereins zu Frankfurt a.O., a.a.O., S. 7

346 Ebd. S. 32

347 Mittenzwei, Hugenotten und Manufakturkapitalismus, in: Dies., Hugenotten in Brandenburg-Preußen, a.a.O., S. 119

und 1688 gewährte ihm der Kurfürst weiterhin einen zinslosen Kredit in Höhe von 5.400 Talern. Einige Jahre später entwickelten sich die Manufakturen zu einem ertragreichen Gewerbe und erlangten überregionale Bedeutung:[348] „Der erste und beste unter ihnen ist Nicolas le Francois, dessen Tuchfabrik schon 1686 durch die brandenburgischen Staaten berühmt wurde. Er hatte auch eine Kommandite in Brandenburg a.H. Seine Manufaktur lieferte vorzügliches Muniers-Tuch, elegante Tapisserieen, ungar'sche Spitzen, feine seidene und wollene Strümpfe und dergleichen. Beim Färben der Scharlachtücher erfreute er sich der Unterstützung seines Landsmanns, des Gobelin-Färbers Luc Cossart."

Die hugenottischen Kaufleute Grimaudet und Montelimar richteten bereits im Jahre 1686 zwei Hutmanufakturen in Berlin und Frankfurt/Oder ein, deren Erzeugnisse in fast alle benachbarten Staaten exportiert wurden:[349] „Die Hüte Grimaudet's und Montelimar's wanderten von Berlin nach Sachsen, ins Rheinland und Holland, und von dem Frankfurter Muttergeschäft nach Polen, Schlesien, Russland und Schweden."

Die Perückenmacherei entwickelte sich ebenfalls zu einem bedeutenden Erwerbszweig in Frankfurt/Oder. Die hugenottischen Perückenmacher bildeten in der Stadt eine eigene Zunft. Aufgrund des im Jahre 1698 formulierten „Luxus-Ediktes" sanken die erwirtschafteten Erträge beträchtlich, was zum Niedergang des Gewerbes in Frankfurt/Oder führte. Nach der Aufhebung des Ediktes im Jahre 1718 versuchten hugenottische Kaufleute vergeblich, dieses traditionelle Gewerbe wieder neu zu beleben.

Seit dem Beginn der Ansiedlung in Frankfurt/Oder konzentrierten sich zahlreiche Hugenotten auf das Tabakgewerbe. Eine Übersicht aus dem Jahre 1700 enthielt die Namen von 13 hugenottischen Tabakpflanzern und -spinnern. Targiel schätzt die Bedeutung des Gewerbes für die Mitglieder der französischen Gemeinde hoch ein:[350] „Die alten Weinberge an

348 Zitiert aus: Gahrig, Unterwegs zu den Hugenotten im Land Brandenburg, a.a.O., S. 347

349 Zitiert aus: Ebd.

350 Targiel, R.-R.: „ … zu leben und sich zu erhalten.", in: Neuer Tag, 15. November 1985, S. 2

der Halben Stadt wurden mit dem vordem nur importierten Tabak bepflanzt. Dieses Handwerk muß recht erträglich gewesen sein, da es von vielen Frankfurtern aufgegriffen wurde."

Tollins Aussagen gehen in dieselbe Richtung:[351] „In den zahlreichen Weinbergen der Refugies haben wir also um 1710 nichts als Tabak zu suchen. Die Tabakspflanzer beherrschen jetzt die Gemeinde. Außer den drei Pastoren gab es kaum einen Ancien, der nicht Tabak baute, wenigstens des Jahres eigenen Bedarf. Lehrer, Geschichtsschreiber, Richter, Hofrath, Kämmerer, Bürgermeister, sie trieben alle unter der Hand einen kleinen Tabakhandel. (...) Der Tabakshandel lieferte die Mittel, sich den erst gepachteten Garten und dann das dazu gehörige Haus anzukaufen. Und so finden wir um 1770 die größere Mehrzahl der hiesigen Franzosen als Grundbesitzer. (...) Die Tabakspinnerei galt jetzt als die ehrenvollste Beschäftigung; und erbte sich (...) weiter auf Kind und Kindeskind. So bei den Honore, Cuni, Robert, Colmann, Philippon, Matthieu, Matton."

Als die preußische „Administration royale du tabac" die Tabakherstellung unter das königliche Monopol stellte, wurde das Tabaksgewerbe in Frankfurt/Oder reguliert und hoch besteuert, was zur Verschuldung und Armut vieler hugenottischer Familien führte. Der Tabakanbau wurde ab dem Jahre 1765 durch den Maulbeeranbau ersetzt.[352]

Das Tee- und Kaffeegewerbe entwickelte sich im 18. Jahrhundert ebenfalls in Frankfurt/Oder unter der Führung hugenottischer Kaufleute. Der Tabakhändler Pierre Robert eröffnete das erste öffentliche Kaffeehaus in Frankfurt/Oder:[353] „Dort wurden auch Thee und Tabak verabreicht. Die gelehrten Herren von der Universität, fremder Sitten kundig, erschienen zuerst. Bald meldeten sich auch die Generale und die gut gesonnenen Räthe an. Die Betheiligung galt als ein Werk des Patriotismus. Denn durch die hohen Steuern füllte der Kaffee- und Thee-Verbrauch die kö-

351 Tollin, Geschichte der Französischen Colonie in Frankfurt an der Oder, in: Mitteilungen des Historisch-Statistischen Vereins zu Frankfurt a.O., a.a.O., S. 17

352 Gahrig, Unterwegs zu den Hugenotten im Land Brandenburg, a.a.O., S. 348. Zu den bekanntesten hugenottischen Maulbeerpflanzern gehörten Major du Clos und Baron von Dobrezensky.

353 Tollin, Geschichte der Französischen Colonie in Frankfurt an der Oder, in: Mitteilungen des Historisch-Statistischen Vereins zu Frankfurt a.O., a.a.O., S. 50

niglichen Kassen. Endlich kamen auch der Bürgermeister, Syndici und Raths-Verwandte, und alles stand nunmehr in bester Ordnung."

Die ersten hugenottischen Flüchtlinge siedelten sich in der Altstadt Frankfurts an. Ab der Mitte des 18. Jahrhunderts waren die Randgebiete der Stadt (Gubener und Lebuser Vorstadt) ihre bevorzugten Ansiedlungsgebiete.[354] Viele hugenottische Kaufleute und Beamte ließen dort Landhäuser und Villen erbauen.

Die Hugenotten ließen sich ebenfalls auf der anderen Seite der Oder im polnischen Slubice nieder. Dort richteten Kalvinisten im Jahre 1766 eine Seidenfabrik ein, die die wirtschaftliche Entwicklung Slubices entscheidend voranbrachte. Bei der Gründung der Seidenfabrik unterstützte Friedrich II. die Bemühungen der Hugenotten mit finanziellen Mitteln:[355] „Merkwürdig ist nun wieder, dass es nicht Deutsche sind, sondern französische Colonisten, welchen der König durch das Patent vom 3. Dezember 1765 und am 9.Mai 1766 die alten Lazareth-Gebäude jenseits der Oder einräumt, zum Umbau derselben alle mögliche assistance versprechend."

Angesichts der allmählichen Assimilation von Hugenotten in die autochthone Stadtbevölkerung Frankfurts ging die Zahl der Gemeindemitglieder zurück. Im Jahre 1782 waren nur noch 138 Personen Mitglied der französischen Gemeinde. Da die meisten Hugenotten nicht mehr den Gottesdiensten in französischer Sprache folgen konnten, wurde ab dem Jahre 1798 ein Teil der Messen in deutscher Sprache abgehalten.

Im Jahre 1817 wurde die französische Gemeinde nach langen internen Auseinandersetzungen mit der deutschen reformierten Gemeinde vereinigt.[356]

Festzuhalten ist, dass die hugenottische Gemeinde ab dem 17. Jahrhundert wesentlich die Geschicke der Stadt Frankfurt/Oder mitgeprägt haben. Sie waren mitverantwortlich für den wirtschaftlichen Aufschwung der Oderstadt nach dem Dreißigjährigen Krieg. Am Aufbau der Universität in Frankfurt/Oder waren sie maßgeblich beteiligt. Die seit dem Jahre

---

354 Gahrig, Unterwegs zu den Hugenotten im Land Brandenburg, a.a.O., S. 348

355 Ebd. S. 19

356 Ebd. S. 345

1506 existierende Universität spielte bis zur Ansiedelung der Hugenotten keine wichtige Rolle im europäischen Geistesleben. Erst durch das Zusammenwirken deutscher und hugenottischer Gelehrter gewann die Viadrina internationale Beachtung.

4.8 Angermünde

Im Jahre 1292 wurde Angermünde das erste Mal urkundlich erwähnt; damit zählt die Stadt zu den ältesten Ansiedlungen der Mark Brandenburg.[357] Dabei handelte es sich um einen Vertrag mit dem Zisterzienserkloster Chorin über die Nutzung von zwei Erbstellen durch das Kloster. Dadurch bot sich die Möglichkeit, Getreide und andere Produkte über die Angermünder Kaufleute zollfrei über die Oder nach Stralsund zu transportieren, wo die Erzeugnisse in andere Länder der Ost- und Nordsee weiterverkauft wurden.

Nach dem Aussterben des askanischen Markgrafengeschlechts übernahm der Pommernherzog Barnim III. nach jahrelangen Kämpfen mit Mecklenburg Angermünde in Besitz. Ab dem Jahre 1479 wurde Angermünde in das brandenburgische Herrschaftsgebiet eingegliedert.

Angermünde stellte bereits im 13. Jahrhundert einen bedeutenden Verkehrsknotenpunkt dar, wichtige Handelsstraßen führten aus dem Süden und Südwesten weiter zu den Ostseehäfen Stettin und Stralsund. Neben Ackerbau und Viehzucht war der zunehmende Handels- und Personenverkehr ein entscheidender Faktor für die wirtschaftliche Aufwärtsentwicklung Angermündes.[358]

Wie auch in anderen Städten und Dörfern in der Uckermark wurde Angermünde im Verlaufe des Dreißigjährigen Krieges durch durchziehende Truppen zerstört und in ihrer wirtschaftlichen Entwicklung entscheidend zurückgeworfen. Die meisten Häuser und Bauwerke in der Stadt lagen in Trümmern, die Anzahl der Bevölkerung Angermündes sank auf ein Zehntel der Vorkriegszeit.[359]

---

[357] Gahrig, Unterwegs zu den Hugenotten im Land Brandenburg, a.a.O., S. 206

[358] Ebd.

[359] Ebd.

Aufgrund der geographisch wichtigen Lage Angermündes zu den Ostseehäfen Stettin und Stralsund war Kurfürst Friedrich Wilhelm daran interessiert, die Stadt militärisch abzusichern und ihre ökonomische Entwicklung voranzutreiben. Zwei Jahre nach dem Edikt von Nantes siedelten sich die ersten hugenottischen Glaubensflüchtlinge in Angermünde an. Ihre Zahl ist im Vergleich zu anderen Ansiedlungen als gering einzuschätzen, es waren lediglich sieben oder neun Familien, die Angermünde als Zufluchtsort wählten. Die Anzahl der nach Angermünde emigrierenden Hugenotten wuchs zwischen den Jahren 1698 und 1700 um ein Beträchtliches an. Während im Jahre 1698 noch 20 Familien in der Stadt wohnten, steigerte sich ihre Zahl im Jahr 1700 auf 31 Familien.[360] Über die Gründe für diesen Ansiedlungsschub kann aufgrund der mangelhaften Quellenlage lediglich spekuliert werden. Entweder könnten verwandtschaftliche Motive oder ein erneutes Werben des Kurfürsten bei den hugenottischen Flüchtlingen, die in Berlin eintrafen, für die Ansiedlung in Angermünde eine Rolle gespielt haben.

Die meisten hugenottischen Familien siedelten sich im Zentrum Angermündes an, bevorzugte Orte waren der Marktplatz sowie die Berliner Straße.[361] Das im Dreißigjährigen Krieg weitgehend zerstörte Franziskanerkloster[362] diente den übrigen Flüchtlingen als Zufluchtsstätte. In der Kirche des Klosters fanden in den ersten Jahren der Ansiedlung die Gottesdienste der hugenottischen Gemeinde statt:[363] „Erst mit dem Einzug der ersten Hugenottenfamilien 1687 in die übriggebliebenen Klostergebäude wurde die Kirche für den Gottesdienst wieder genutzt."

Im Jahre 1698 überließ der Kurfürst Friedrich Wilhelm der französischen Gemeinde die im Hospital der Stadt gelegene Heiliggeist-Kapelle, die nach ihrer Restaurierung seit dem Jahre 1701 den Mittelpunkt des religiö-

---

360 Presbyterium der französisch-deutsch-reformierten Gemeinde zu Angermünde (Hrsg.): Festschrift zur Feier der 250jährigen Wiederkehr der Aufnahme der Hugenotten durch den Großen Kurfürsten, Angermünde 1935, S. 6

361 Gahrig, Unterwegs zu den Hugenotten im Land Brandenburg, a.a.O., S. 210

362 Vgl. dazu auch Otto, K.-H.: Angermünde am Mündesee – Beispiel für Vitalisierung des historischen Stadtkerns, in: Der Nord-Berliner, 16.04.1998, S. 24

363 Blaschke, W.: 700 Jahre Franziskanerkloster zu Angermünde, Angermünde 1999, S. 20

sen Lebens der Gemeinde bildete. Die Aufwendungen für die im Dreißigjährigen Krieg teilweise zerstörte Kapelle musste die französische Gemeinde aus eigenen Mitteln bezahlen, da der Kurfürst mit der Überlassung der Kapelle keine weiteren finanziellen oder materiellen Zuwendungen verband. Eine von der französischen Gemeinde formulierte Bitte an den Kurfürsten, zumindest einen Baukostenzuschuss zu erhalten, wurde abgelehnt. Nachdem König Friedrich II. die finanziellen Mittel bereitgestellt hatte, kam es im Jahre 1775 zur Errichtung eines Kirchturms. Im Jahre 1841 erhielt die Heiliggeist-Kapelle eine Orgel, die von der französischen Gemeinde aus eigenen Mitteln finanziert wurde.[364]

Die ersten Hugenotten, die sich in Angermünde niederließen, kamen aus den verschiedensten Regionen Frankreichs und übten unterschiedliche Berufe aus. Dies wird bestätigt durch die Auflistung Gahrigs:[365] „Zu den Erstansiedlern in Angermünde gehörten die Familien Buffe, Tabakpflanzer aus Angrogne in Piemont; Jacques Cambart, Weber aus St. Sulpice bei Rouen, de Chambaud, Kavallerieleutnant aus St.Algan; Chenin, Mauermeister aus Sedan; Crepin, Chirurg aus Thionville; Guyard, Holzschuhmacher aus dem Elsaß; Laurent aus Boams bei Mons; Tabakplanteur Pierre Roger, Gazearbeiter und Weber aus St.Quentin; Salen, Schullehrer aus Balboute."

Der Kurfürst gewährte den ersten hugenottischen Siedlern in Angermünde zur Gründung einer eigenen Existenz einen Betrag von 50 Talern, von dem sie sich zwei Pferde, ein Kuh, einen Wagen, einen Pflug und andere Utensilien zum Lebensunterhalt besorgen konnten.[366] Weiterhin sicherte der Kurfürst ihnen 15 Jahre Steuerfreiheit zu.

Den Hugenotten wurden ebenfalls Feldstücke außerhalb der Stadtmauer zur Nutzung zugesprochen. Muret berichtete, dass den ersten Ansiedlern „für sich und ihre Nachkommen 12 bis 15 Hufen Acker und Kämpen aus

364 Presbyterium der französisch-deutsch-reformierten Gemeinde zu Angermünde, Festschrift zur Feier der 250jährigen Wiederkehr der Aufnahme der Hugenotten durch den Großen Kurfürsten, a.a.O., S. 7

365 Gahrig, Unterwegs zu den Hugenotten im Land Brandenburg, a.a.O., S. 207

366 Ebd.

dem Kirchen und Hospitallande“ zugewiesen wurden.[367] Manoury fand jedoch heraus, dass die hugenottischen Flüchtlinge in keinem Fall mehr als zehn Hufen und drei Kämpen zur eigenen Nutzung erhielten.[368] Daraus lässt sich ableiten, dass die Exulanten durchgängig weniger Land als versprochen erhielten. Über die Ursachen, die zu dieser Benachteiligung führten, liegen in den Quellen keine Aussagen vor. Es ist zu vermuten, dass einflussreichen Angermünder Bürger oder dem Magistrat der Stadt die Privilegien der Neuankömmlinge zu weit gingen und daher den Hugenotten weniger Land als versprochen zugeteilt wurde. In den Quellen finden sich auch keine Ansatzpunkte von scharfen Protesten der hugenottischen Gemeinde oder Auseinandersetzungen über dieses Phänomen im Angermünder Magistrat.

Ein weiteres Privileg des Kurfürsten bestand darin, den französischen Flüchtlingen eine eigene Kirche zu überlassen, in der sie ihren Gottesdienst feiern konnten. Des Weiteren empfahl der Kurfürst ihnen verschiedene Plätze zur Einrichtung eines Kirchhofes. Nach langen Verhandlungen einigten sich die hugenottischen Exulanten schließlich auf einen Park in der Nähe des Pulverturms im Zentrum von Angermünde, wo im Jahre 1739 ein dreiviertel Morgen Land für die Anlage eines eigenen Kirchhofes vom Magistrat der Stadt bereitgestellt wurde.

Die steigende Zahl der in Angermünde angesiedelten Hugenotten machte die Gründung einer französischen Schule notwendig. Dort wurde Wert darauf gelegt, dass die Kinder der Einwanderer sowohl die französische als auch die deutsche Sprache lernten. Von den dort angestellten Lehrern erlangte Ernest Edouard Theodore Loesener durch die Abfassung der Angermünder Stadtchronik im Jahre 1846 eine besondere Bedeutung.[369]

Die Hugenotten verfügten in der Anfangszeit ihrer Ansiedlung über keinen eigenen Prediger, was dazu führte, dass sie keine in sich geschlossene

[367] Muret, Geschichte der französischen Kolonie in Brandenburg-Preußen, a.a.O., S. 186

[368] Manoury, Die Geschichte der französisch-reformierten Provinzgemeinden, a.a.O., S. 159

[369] Beringuier, R.: Die Stammbäume der Französischen Colonie in Berlin, 2. Auflage, a.a.O., S. 28

Gemeinde bilden konnten. Sie waren darauf angewiesen, dass zweimal im Monat der französische Prediger Regnier aus der hugenottischen Nachbargemeinde Groß-Ziethen[370] nach Angermünde kam, um mit den dortigen Gläubigen den Gottesdienst zu zelebrieren. Erst im Jahre 1691 erhielten sie einen eigenen Prediger, den aus Modelent bei Grenoble geflüchteten Pierre Pelorce, so dass man zu diesem Zeitpunkt von der Gründung einer französischen Gemeinde in Angermünde sprechen kann.

Die im drei Kilometer entfernten Schmargendorf lebenden hugenottischen Flüchtlinge erhielten einen untergeordneten Status als Tochtergemeinde von Angermünde.

Um die wirtschaftlichen Folgen des Dreißigjährigen Krieges zu kompensieren wurden in Schmargendorf hugenottische Einwanderer angesiedelt:[371] „Darum wurden von 1686 bis 1703 insgesamt 18 Familien kalvinistischer Refugies (...) angesiedelt. Die französischen Bauern brachten den Tabakanbau ins Dorf."

Im Unterschied zu den hugenottischen Bewohnern aus Angermünde, die direkt aus Frankreich emigrierten, waren die ersten Glaubensflüchtlinge in Schmargendorf wallonische Pfälzer:[372] „Die ersten französischen bzw. wallonischen Siedler in Schmargendorf waren: Pierre Bettac, ein Vorfahre des Kirchenältesten Jacob Bettac, der aus Friesenheim i. d. Pfalz geflüchtet war. Abraham Bailleu aus Steinville i. d. Pfalz ist der Stammvater der heutigen Familie Bailleu in Schmargendorf. Die anderen Wallonen hießen: Jean Matton, Francois Herpen, Jacob de Pierres, Jean Crampe, Michel Canel, Etienne Lanselles. »

---

370 In der Umgebung von Angermünde gab es außer Groß-Ziethen und Schmargendorf weitere Ortschaften, in denen sich Hugenotten angesiedelt haben: Klein-Ziethen, Serwest, Brodowin, Parstein, Neukünkendorf und Herzsprung. Zu der Hugenottenansiedlung in Groß Ziethen vgl. das Werk von Brocke, D. u.a.: Aus der Geschichte und Gegenwart der Dörfer Groß und Klein Ziethen, Groß Ziethen 1986

371 Um Eberswalde, Chorin und den Werbellinsee: Ergebnisse der heimatgeschichtlichen Bestandsaufnahme in den Gebieten Joachimsthal, Groß-Ziethen, Eberswalde und Hohenfinow, in: Werte unserer Heimat, Nr. 34, 1981, S. 76

372 Zitiert aus: Gahrig, Unterwegs zu den Hugenotten im Land Brandenburg, a.a.O., S. 214

Im Laufe der Zeit kamen weitere Exulanten aus verschiedenen Teilen Frankreichs nach Schmargendorf. Sie erhielten direkt nach ihrer Ansiedelung die Erlaubnis, in der Dorfkirche von Schmargendorf ihre Gottesdienste abzuhalten.

Durch die Ansiedlung von Protestanten aus der Pfalz nach Schmargendorf bildete sich Anfang des 18. Jahrhunderts eine deutsche reformierte Gemeinde. Mit dieser wurde die französische Gemeinde im Jahre 1857 vereinigt:[373] „Die Schmargendorfer Bevölkerung erhielt einen nochmaligen Zuwachs an Einwohnern unter Friedrich dem Großen und zwar deutsche Pfälzer reformierten Glaubens. (...) Diese bildeten in bis 1857 die deutsch-reformierte Gemeinde in Schmargendorf. In diesem Jahr vereinigten sie sich mit den Franzosen zu der französisch-deutsch-reformierten Gemeinde zu Schmargendorf."

Die einzelnen Punkte der Zusammenarbeit zwischen den französischen Gemeinden in Angermünde und Schmargendorf werden aus einem Brief der kurfürstlichen Verwaltung an den Hauptmann von Chorin, von Strantz, ersichtlich:[374] „Wir haben die frantzösische Gemeinde zu Schmargendorff unterm Ambt Angermünde, zu der Angermündischen frantzösischen Gemeinde zu ziehen gnädigst verordnet, dieweill dann nun solchem zu folge, der Angermündische frantzösische Prediger auch zu Schmargendorff zu gehöhriger Zeiht zu predigen und andere acta ministerii zu verrichten haben wirdt, So will sich gebühren, das jedesmahl demselben, die dortige lutersche Kirche zu solchem Behuff geöffnet werden möge, weshalb ihr dann dem luterschen Prediger zu Schmargendorff also anzudeuten, und anbey dahin es zu richten haben werdet, damit derselbe mit dem frantzösischen Prediger zu Angermünde, sich darüber und beyderseihts gelegener stunden vergleichen möge. Cölln an der Spree, den 21. Juli 1991."

---

373 Presbyterium der französisch-deutsch-reformierten Gemeinde zu Angermünde, Festschrift zur Feier der 250jährigen Wiederkehr der Aufnahme der Hugenotten durch den Großen Kurfürsten, a.a.O., S. 9

374 Zitiert aus Ebd. S. 24

Die aus unterschiedlichen Berufssparten stammenden hugenottischen Einwanderer übten einen erheblichen Einfluss auf die wirtschaftliche und kulturelle Entwicklung der Stadt aus.

Hugenottische Exulanten gründeten in Angermünde und der näheren Umgebung mehrere Tuchmanufakturen. Einige Neuansiedler wie der erste Prediger der Gemeinde, Pierre Pelorce, nutzten den Tuchhandel als ertragreichen Nebenverdienst:[375] „Sein Einkommen als Pastor soll so gering gewesen sein, dass er sich nebenbei dem Tuchhandel gewidmet habe, was ihm andere Tuchhändler der Stadt verübelten. Letztlich entschied der König. Pelorce durfte den Handel weiter betreiben, aber nur solange, bis er ein auskömmliches Einkommen habe."

Ein weiterer Erwerbszweig, den die Hugenotten betrieben, war der Tabakanbau. Gahrig spricht davon, dass im Jahre 1801 48 Hugenotten in Angermünde Tabakanbau betrieben.[376]

Weiterhin waren Hugenotten für die Errichtung einiger Wollwebereien und Strumpfwirkereien verantwortlich. Der Unternehmer Pierre Lagrange etablierte in Angermünde im Jahre 1768 eine Fabrik zur Herstellung von Wolle, die im Jahre 1771 von einem anderen Mitglied der französischen Gemeinde, Laue, übernommen wurde.[377]

Seit dem Jahre 1720 waren hugenottische Glaubensflüchtlinge im Angermünder Magistrat vertreten; besonders Villemain und Catteau übten einen wesentlichen Einfluss auf die Entwicklung Angermündes und der französischen Gemeinde aus.

Die französische Gemeinde Angermündes besteht bis zum heutigen Tag - wenn auch mit wesentlich kleinerer Mitgliederzahl als zur Zeit der Gründung - fort.

---

375 Zitiert aus: Gahrig, Unterwegs zu den Hugenotten im Land Brandenburg, a.a.O., S. 208. Vgl. dazu auch Presbyterium der französisch-deutsch-reformierten Gemeinde zu Angermünde, Festschrift zur Feier der 250jährigen Wiederkehr der Aufnahme der Hugenotten durch den Großen Kurfürsten, a.a.O., S. 6

376 Gahrig, Unterwegs zu den Hugenotten im Land Brandenburg, a.a.O., S. 208

377 Ebd. S. 211

5. Markgrafschaft Brandenburg-Bayreuth

5.1 Erlangen

Bei der Aufnahme von Glaubensflüchtlingen in Erlangen spielten sowohl konfessionelle Motive als auch wirtschaftliche Überlegungen eine entscheidende Rolle. Der Markgraf Christian Ernst von Brandenburg-Bayreuth, der ein Neffe des Kurfürsten Friedrich Wilhelm von Brandenburg-Preußen war, erklärte sich einerseits solidarisch mit seinen verfolgten Glaubensbrüdern andererseits verband er die Ansiedlung der Protestanten mit der Hoffnung auf ökonomischen Fortschritt in der Markgrafschaft Brandenburg-Bayreuth.

Ein Indiz für die ökonomischen Hintergründe der protestantischen Einwanderung war die Bevorzugung von Unternehmern, Kaufleuten und Handwerkern bei der Auswahl der Flüchtlinge.[378] Weiterhin wurde die Ansiedlung von denjenigen Personen unterstützt, die für den Aufbau des städtischen und kirchlichen Lebens der Glaubensflüchtlinge in der Markgrafschaft Brandenburg-Bayreuth von großer Bedeutung waren.

Neben den französischen Flüchtlingen, die nach dem Revokationsedikt von Fontainebleau aus dem Jahre 1685 dazu gezwungen wurden, ihr Land zu verlassen, kamen weitere Einwanderer aus der Pfalz und der Schweiz nach Erlangen.[379] Bei den Emigranten aus der Pfalz handelte es sich um Waldenser aus dem Tal von Pragelas, die aus ihrem Land infolge der französischen Besetzung unter Ludwig XIV. im Jahre 1689 flüchten mussten. Die zweite Gruppe der Einwanderer bestand aus in die Schweiz geflüchteten französischen Protestanten, die jedoch im Jahre 1699 die evangelischen Kantone der Schweiz aufgrund von fehlenden Eingliederungsmöglichkeiten verließen.

Die Einwanderung der protestantischen Glaubensflüchtlinge in die Markgrafschaft Brandenburg-Bayreuth leitete Christian Ernst durch eine

---

378 Yardeni, M.: Refuge und Integration. Der Fall Erlangen, in: von Thadden/Magdelaine, Die Hugenotten 1685–1985, a.a.O., S. 146–159, hier: S. 147

379 Ebd.

am 7.12.1685 verfasste Deklaration ein, in der er die Privilegien verkündete, die er den in seine Markgrafschaft einwandernden Flüchtlingen zu geben bereit war. Mit dieser Deklaration im Gepäck reisten mehrere Vertreter des Markgrafen nach Frankfurt am Main, Den Haag und Genf, wo sich die Durchgangszentren der protestantischen Emigration befanden. Dort warben die markgraflichen Emissäre bevorzugt ausgebildete Handwerker und Manufakturisten unter den französischen Glaubensflüchtlingen an. Die ersten Flüchtlinge, die am 17.5.1686 in Erlangen eintrafen, waren dementsprechend fünf Kaufmannsfamilien, die alle aus Vitry-le-Francois stammten und nach ihrer Emigration aus Frankreich in Genf Zuflucht suchten.[380]

Das Privileg des Markgrafen Christian Ernst sicherte den Ankömmlingen die freie Ausübung ihres Glaubens sowie die gleichen Rechte wie die anderen Untertanen der Markgrafschaft zu.[381] Außerdem stellte der Markgraf die Finanzierung des Unterhaltes eines Pfarrers und Lehrers in Aussicht und versprach denjenigen Glaubensflüchtlingen großzügige Darlehen, die in Erlangen Manufakturen gründen wollten.

Ebenso legte er in dem Privileg fest, dass bedürftigen Flüchtlingen Wohnmöglichkeiten zur Verfügung gestellt wurden. Protestanten, die den Bau eines eigenen Hauses im Sinne hatten, versprach er Hilfeleistungen in Form von Baumaterial, Transportmittel und Darlehen. Das Privileg enthielt ferner die Befreiung von Steuern und Abgaben für einen Zeitraum bis zu zehn Jahren für die Glaubensflüchtlinge. Diese Privilegien präzisierte und erweiterte der Markgraf Christian Ernst in einem zweiten Erlass vom 11.8.1687.

Christian Ernst siedelte die Flüchtlinge in der dafür extra neu geschaffenen Erlanger Neustadt, die auf dem Gelände eines ehemaligen Waldes

380 Ebrard, A.: Christian Ernst v. Brandenburg-Baireuth. Die Aufnahme reformierter Flüchtlingsgemeinden in ein lutherisches Land 1686–1712, Gütersloh 1906, S. 145–168, hier: S. 146 f

381 Yardeni, Refuge und Integration, in: von Thadden/Magdelaine, Die Hugenotten 1685–1985, a.a.O., S. 148

bei Nürnberg erbaut wurde, an. Zu Ehren ihres Gründers erhielt die Erlanger Neustadt den Namen Christian-Erlang.[382]

Aus ökonomischer Sicht gesehen war die Lage der Erlanger Neustadt äußerst günstig. Der Pfarrer der protestantischen Flüchtlinge, Esprit Tholozan, stellte im Jahre 1699 fest:[383] „Die Lage dieser Stadt ist äußerst angenehm; sie liegt nur drei Wegstunden von der berühmten Stadt Nürnberg entfernt und an einer für den Handel so vorteilhaften Stelle, dass nur wenige sie darin übertreffen dürften. Auch haben unsere Kaufleute ihre Verbindungen schon über beinahe das gesamte deutsche Land ausgedehnt und darüber hinaus nach Holland und England."

In der Phase des Baues der Erlanger Neustadt wurden die Glaubensflüchtlinge in den benachbarten Dörfern untergebracht, da die lutherische Bevölkerung in der Erlanger Altstadt ihnen gegenüber zu einem großen Teil feindselig eingestellt war.

Markgraf Christian Ernst half den Flüchtlingen wie im Privileg von 1685 zugesichert bei der Beschaffung von Baumaterialien nach Erlangen und den notwendigen Transportmitteln. Gleichzeitig traten Schwierigkeiten finanzieller Art auf, da sich die Darlehen des Markgrafen als unzureichend erwiesen und die Flüchtlinge nicht über die notwendigen Geldmittel verfügten, um die eigenständige Finanzierung ihrer Häuser selbst übernehmen zu können. Mit der Zeit entstanden jedoch gleichzeitig mit der Fertigstellung der ersten Häuser die ersten Manufakturen für die Herstellung von Wolle, Bändern, Kleidung und Handschuhen. Die Handschuhmacherei war ein Beispiel für den wirtschaftlichen Erfolg, den die Hugenotten etwa zwei Jahrzehnte nach ihrer Ansiedelung in Erlangen erzielen konnten. Zu dieser Zeit wurden Handschuhe vor allem von der Adelschicht getragen. Dies sollte symbolisieren, dass sie zu den privilegierten Personen gehörten, die sich nicht die Finger schmutzig machen mussten. Das Gewerbe der Handschuhmacherei hielt sich noch bis ins 20. Jahrhundert mit großem Erfolg in Erlangen. Weitere ökonomische Be-

---

382 Ebd., S. 146

383 Im Stadtarchiv Erlangen befindet sich eine Broschüre von vier Seiten über die Anwerbung von schweizerischen Geistlichen unterzeichnet von den Pfarrern Tholozan und Michel.

reiche, die durch die Ansiedlung der Hugenotten in Erlangen vorangetrieben wurden, waren das Hutmacher- und Gerbergewerbe.

Ein Beispiel für den ökonomischen Erfolg der französischen Glaubensflüchtlinge ging aus dem Tagebuch des Abraham Marchand hervor.[384] Marchands Handelsbeziehungen schlossen außer Erlangen Städte wie München, Frankfurt am Main, Leipzig, Passau, wie auch alle wichtigen Zentren in Österreich und Böhmen ein. Abraham Marchand betrieb Handel mit Strümpfen, Handschuhen, Hauben, Galanteriewaren, Parfums, Leinen und Weinprodukten. Er stand in zahlreichen Geschäftsbeziehungen mit Lieferanten und Unternehmern sowohl aus den benachbarten Städten als auch dem Ausland.

Die französische Gemeinde nahm nicht nur auf dem ökonomischen Sektor sondern auch im geistigen Bereich Einfluss auf das Leben der Stadt. Im Jahre 1743 wurde der Hugenotte Daniel de Superville zum ersten Kanzler der neu gegründeten Universität von Erlangen berufen.

Als der Bau der Erlanger Neustadt erfolgreich abgeschlossen wurde, brach dort eine Epidemie aus, die Hunderte von Todesopfern forderte. Der französische Pfarrer, Esprit Tholozan, suchte in einem Brief an Emigranten aus der Schweiz, die Schuld für die Ausbreitung der Epidemie bei den pfälzischen Glaubensflüchtlingen aus dem Pregalas:[385] „Man schreibt dem ungünstigen Einfluß des hiesigen Klimas ein Unglück zu, das ausschließlich aus dem schlechten Verhalten dieser unserer zahlreichen armen Brüder aus dem Prajela herzuleiten ist. (…) Jeder weiß, wie haushälterisch und sparsam die Menschen aus diesen Gegenden sind, mannchmal viel zu sehr. Sie haben unterwegs nur von den Früchten gelebt, die sie reichlich auf den Feldern fanden, dazu ein wenig Wasser und Brot zu sich genommen. Kurze Zeit nach ihrer Ankunft hat sich diese schlechte Ernährung und vielleicht auch die Luftveränderung den Ausbruch einer fiebrigen Dysenterie bewirkt. Diese Krankheit aber verlangt vor allen Dingen Reinlichkeit, und da sie diese vernachlässigen, stecken sie sich untereinander an, und diese Infektion brachte vier oder fünf Mo-

384 Yardeni, Refuge und Integration, in: von Thadden/Magdelaine, Die Hugenotten 1685–1985, a.a.O., S. 157

385 Zitiert aus Ebd. S. 151

nate lang mehrere von ihnen ins Grab. Als das vorbei war, haben wir dergleichen nicht wieder erlebt."

Die sich schnell verbreitende Nachricht von der Epidemie in der Erlanger Neustadt behinderte die Bemühungen des Markgrafen Christian Ernst, der durch seine Emissäre neue Flüchtlinge zur Ansiedlung in Erlangen anwerben wollte.

In den ersten Jahren nach der Gründung war in der Erlanger Neustadt ein ständiges Kommen und Gehen der Einwohner zu verzeichnen.[386] Neue Flüchtlinge trafen auf der Suche nach besseren Lebensbedingungen als in ihren bisherigen Zufluchtsorten ein, während einige Gründungsmitglieder der Erlanger Neustadt in der Hoffnung auf eine bessere wirtschaftliche Zukunft die Stadt verließen. In der Zeit zwischen 1690–1700 machte die Erlanger Neustadt eine wirtschaftliche Krise durch, so dass 60 Handwerker und Unternehmer der Stadt den Rücken kehrten und ins benachbarte Wilhelmsdorf übersiedelten.

Ein entscheidender Entwicklungsschritt für das Leben der französischen Glaubensflüchtlinge in der Erlanger Neustadt war die Gründung einer Schule. Der Bau der Schule wurde vor dem Jahre 1700 beendet. In einem Gesuch, das der Schulleiter, Sieur Boucoiran, dem Konsistorium vorlegte, hieß es:[387] „(...) dass es die Frauen daran hindern möge, den Kindern das Lesen und Schreiben selbst beizubringen - jedenfalls soweit das den Erwerb seines Lebensunterhaltes schmälerte, da er nur sehr wenige Schüler habe und sich zudem mit denjenigen belastet sehe, die das Konsistorium ihm gratis zuschickt."

Einige Zeit nach der Gründung der Schule richtete die französische Gemeinde auch ein Krankenhaus sowie ein Heim für Waisenkinder ein.

Nach der erfolgreichen Beendigung der Bautätigkeit wurde die Verwaltung der Erlanger Neustadt eingerichtet.[388] Der von den Behörden benannte Vorsitzende der städtischen Verwaltung wurde von drei Direktoren, von denen zwei Hugenotten waren, unterstützt. Weiterhin wurde ein

---

[386] Ebd., S. 152

[387] Zitiert aus: Ebd. S. 153

[388] Ebd., S. 149

Handelskomitee, das Conseil du Commerce, gegründet, das ausschließlich aus französischen Glaubensflüchtlingen bestand. In der Justizverwaltung wurde ein Platz für einen protestantischen Richter reserviert.

Im Jahre 1690 kamen Einwanderer aus der Pfalz nach Erlangen, die ungefähr ein Drittel der Bevölkerung der Erlanger Neustadt ausmachten. Diese Veränderung im Verhältnis der verschiedenen Gruppen der Stadtbevölkerung bewirkte eine Neuordnung der Verwaltung im Jahre 1692. In den folgenden Jahren entwickelte sich eine Konkurrenz der pfälzischen und der französischen Bevölkerung in der Erlanger Neustadt, was die Vorrangstellung in den Stadtgeschäften betraf.

Im Jahre 1686 gab Markgraf Christian Ernst seine Zustimmung zum Bau eines Gotteshauses in der Erlanger Neustadt. Der Markgraf übernahm die Finanzierung der Kirche, die von Johann Moritz Richter geplant und errichtet wurde. Der erste Bau, der im Jahre 1693 eingeweiht wurde, wurde nach dem Vorbild des „Temple Neuf" zu Montauban, einer Stadt im Tarntal im Südwesten Frankreichs, woher viele der in der Erlanger Neustadt lebenden Hugenotten stammten, angefertigt. Das Innere der Kirche folgte dem Ablauf des Gottesdienstes, dessen Mittelpunkt die Predigt bildete. Das Gebäude wurde jedoch erst im Jahre 1736 mit der Errichtung eines Turmes endgültig fertig gestellt. Der Kaufmann Abraham Marchand finanzierte aus seinem Vermögen der französischen Gemeinde den Bau des Turmes.

Im Jahre 1708 bekam die Erlanger Neustadt den Rang der sechsten „Hauptstadt" der Markgrafschaft Brandenburg-Bayreuth und erhielt aus diesem Grunde eine neue Verwaltung, die sich um die Angelegenheiten der vereinigten Städte Alt-Erlangen und die Erlanger Neustadt bzw. Christian-Erlang kümmerte. Als oberster Entscheidungsträger der Verwaltung stand ein Präsident, der von einem Vizepräsidenten, der für die Bereiche Justiz und Handel zuständig war, unterstützt wurde. Weiterhin gehörten sowohl ein deutscher als auch ein französischer Sekretär sowie ein Kanzleischreiber zum Personalbestand der neu gegründeten Verwaltung.[389]

---

[389] Ebd. S. 151

Der Einfluss der französischen Glaubensflüchtlinge innerhalb der Verwaltungsstruktur der Stadt Erlangen nahm im Laufe der Zeit ab. Dies lässt sich einerseits durch die Machtkonzentration der Fürsten auf Kosten der führenden Einwandererfamilien als auch den demographischen Veränderungen - der Prozentsatz der französischen Glaubensflüchtlinge unter den Bewohnern von Erlangen sank im Laufe des 18. Jahrhunderts - erklären.

In den ersten Jahren nach der Ansiedlung spielte das kirchliche Leben innerhalb der hugenottischen Gemeinde eine große Rolle. Jedoch vermochte es die Gemeinde nicht, selbst einen Priester oder Lehrer zu stellen; aus Basel oder anderen Orten mussten geeignete Personen angeworben werden.

Der Pfarrer Tholozan, der diesen Posten als erster Hugenotte nach der Ankunft der Glaubensflüchtlinge bekleidete, verfasste die Abhandlung „Livre du Senat Ecclesiastique de ceux de la Religion Reformee de France refugies dans les Etats de Son Altesse Serenissme Monseigneur le Margraff de Brandenbourg-Bareuth et etablis dans la nouvelle ville d'Erlang", in der er die Geschichte des Protestantismus in Frankreich und der Verfolgung der Hugenotten für die Nachfahren der französischen Gemeinde in Erlangen nachzeichnete.

Innerhalb der kirchlichen Gemeinschaft der hugenottischen Glaubensflüchtlinge kam es zu ständigen Konflikten zwischen den Ältesten der Gemeinde und den Pfarrern.[390] Die Pfarrer wurden durchgängig schlecht bezahlt[391] und erhielten ihre Direktiven von den Gemeindeältesten, ohne selbst über wichtige Themen mitentscheiden zu können. Dies führte dazu, dass die Kluft zwischen den beiden Parteien immer tiefer wurde, was das kirchliche Leben der französischen Gemeinde stark belastete.

---

390 Im Jahre 1718 wurde der Pfarrer Rochemeont von seinem Amt entbunden. Die gespannte Atmosphäre setzte sich in den Amtszeiten von de Colombier (1718–1734) und Henri Hollard (1743–1753) fort.

391 Yardeni nennt in diesem Zusammenhang das Beispiel des Pfarrers Ruynat, der das Konsistorium um seine Entlassung bat, da er von seinem Gehalt den Lebensunterhalt für seine Frau und seine beiden Kinder nicht bezahlen konnte. Vgl. Ebd. S. 152

Das Konsistorium der französischen Gemeinde in Erlangen betrachtete misstrauisch die Ankunft von Exulanten aus Frankreich, die dort gezwungen wurden, zum Katholizismus zu konvertieren. Sie mussten unverzüglich dem Katholizismus abschwören und durften laut den Vereinbarungen des Konsistoriums erst nach zwei Jahren eine Ehe eingehen.

Seit der Mitte des 18. Jahrhunderts besaß das religiöse Leben innerhalb der französischen Gemeinde nicht mehr die Bedeutung der Gründerjahre. Es ließ sich ein stetiges Nachlassen sowohl des sonntäglichen Gottesdienstbesuches als auch der Teilnahme am Abendmahl beobachten.[392]

Die protestantische Kirche verlor mehr und mehr ihre frühere Ausstrahlungskraft; sie wurde lediglich von einem kleinen Personenkreis künstlich am Leben gehalten.[393]

Nach der Ansiedlung der protestantischen Glaubensflüchtlinge in der Erlanger Neustadt kam es alle zwei Jahre zu einer Synode der reformierten Kirchen der Markgrafschaften Brandenburg-Bayreuth und Brandenburg-Ansbach, an der unter anderem die Gemeinden aus Erlangen, Schwabach, Wilhelmsdorf und Bayreuth teilnahmen. Die Gemeinde aus Erlangen spielte bei diesen regelmäßigen Treffen eine wichtige Rolle. Bedingt durch die schwindende Bedeutung der anderen Kirchen trat seit dem Jahre 1732 die Synode nicht mehr zusammen, was einen weiteren Autoritätsverlust der französischen Kirche in Erlangen zur Folge hatte.[394]

Zu Beginn des 18. Jahrhunderts pflegte die Gemeinde in Erlangen enge Kontakte zu anderen französischsprachigen Kirchen. Als in Genf die Psalmenübersetzungen von Beza und Marot modernisiert und vereinheitlicht werden sollten, wandte sich die Genfer Kirche in dieser Angelegenheit an Erlangen und andere französische Kirchen. In einem Brief vom 14.3.1700, in dem ihre Verbundenheit mit der Genfer Gemeinde zum Ausdruck kam, begrüßte die Kirche von Erlangen diese Initiative:[395] „Wir wünschen, wir wären in der Lage, Euch nachzueifern und uns in dieser

---

[392] Ebd., S. 153

[393] Ebd.

[394] Ebd. S. 155

[395] Ebrard, Christian Ernst von Brandenburg-Baireuth, a.a.O., S. 164

wie in allen anderen Angelegenheiten nach Eurer Kirche zu richten. Aber abgesehen davon, dass Psalmenbücher für uns nicht leicht zu erwerben sind und wir zudem unsere Gemeindemitglieder auf eine solche Äußerung erst vorbereiten müssten, meinen wir auch, dass wir diese Sache erst unserer Synode vorlegen müssen. Jedoch sind wir Euch zu Dank für das verpflichtet, was Ihr uns freundlicherweise mitgeteilt habt, und dafür, dass Ihr uns an den Geschehnissen in Eurer Kirche habt teilhaben lassen, der wir uns bereitwillig zuordnen und mit der wir gerne jene enge Verbindung halten, die die Freude unserer Gemeindemitglieder und unserer Kirche ist und bleiben wird."

Im Laufe der Zeit brach diese bedeutende Verbindung zur Genfer Gemeinde und zu den anderen französischsprachigen Kirchen ab. Als im Jahre 1792 die Markgrafschaft Brandenburg-Bayreuth teil des preußischen Herrschaftsgebietes wurde, kam es zur Annäherung an die Kirche von Berlin. Am 1.3.1792 berichtete der damalige Pfarrer der hugenottischen Gemeinde, Holland, dem Kirchenkonvent in Erlangen, „daß er einen Brief aus Berlin von Herrn Pfarrer Hochecorne aus Berlin erhalten habe, in dem dieser ihm sehr freundliche Vorschläge unterbreitet habe, wie eine Verbindung und Vereinigung unserer Kirche mit den übrigen französischen Kirchen in den Staaten seiner Majestät des Königs von Preußen hergestellt werden könne."[396]

Bedingt durch gemeinsame ökonomische Interessen entwickelten sich Kontakte zwischen den Einwohnern der Erlanger Neustadt und der deutschen Bevölkerung. Neben abgeschlossenen Ausbildungsverträgen, die deutsche Lehrlinge in Berührung mit französischen Familien brachten, kamen auch in vielen Fällen geschäftliche Partnerschaften zwischen Franzosen und Deutschen zustande. Diese zwangsläufigen Begegnungen förderten mit der Zeit einen wechselseitigen ethischen und sprachlichen Austausch.

Einige Jahre nach der Ansiedlung der pfälzischen Glaubensflüchtlinge in der Erlanger Neustadt im Jahre 1690 kam es zu ersten Konflikten zwischen ihnen und den hugenottischen Emigranten. Als der Markgraf

[396] Zitiert aus Yardeni, Refuge und Integration, in: von Thadden/Magdelaine, Die Hugenotten 1685-1985, a.a.O., S. 156

Christian Ernst den Pfälzern die Erlaubnis erteilte, die französische Kirche zur Ausübung ihrer Religion mitzubenutzen, verschärften sich die Antagonismen zwischen den beiden Fraktionen. Die Auseinadersetzungen dauerten bis zum Jahre 1737 an, bis schließlich die pfälzischen Protestanten nach einer Annahme einer Summe von 500 Gulden, die von der französischen Gemeinde gestiftet wurde, auf ihr Recht der Mitbenutzung der französischen Kirche verzichteten.

Im Laufe der Zeit wurden die französischen Glaubensflüchtlinge zu einer Minderheit in Erlangen. Im Jahre 1723 lebten in Erlangen 2154 deutsche Einwohner, dagegen betrug die Zahl der französischen Gemeinde 1028 Personen.[397]

Seit Beginn des 18. Jahrhunderts ist eine Verdrängung der Hugenotten aus den Manufakturen und Handwerksbetrieben der Stadt zu beobachten, die ökonomische Entwicklung in Erlangen wurde in zunehmendem Maße von deutschen Protestanten beherrscht.[398]

Die Zahl der Eheschließungen zwischen Deutschen und Hugenotten nahm in den ersten Jahrzehnten des 18. Jahrhunderts stetig zu. Von den 39 Ehen, die in den Jahren 1741–1750 in der französischen Kirche geschlossen wurden, entfielen 13 auf Beziehungen zwischen französischen und deutschen Personen.[399]

Die kulturelle Assimilation der französischen Gemeinde in Erlangen wurde besonders an der sprachlichen Entwicklung deutlich; in den Beratungen des Konsistoriums der hugenottischen Gemeinde glichen sich verschiedene französische Wörter immer mehr der deutschen Schreibweise an.

Die Schule der französischen Gemeinde musste im Jahre 1703 aufgrund mangelnder Schülerzahlen geschlossen werden. Das Konsistorium beschloss, dass man dem Lehrer der deutschen reformierten Kirche „die französischen Kinder schicken will, die die deutsche Sprache lernen wol-

397 Ebd., S. 157

398 Schanz, G.: Zur Geschichte der Colonisation und Industrie in Franken, 2 Bde., Erlangen 1884, B.I., S. 96 ff

399 Yardeni, Refuge und Integration, in: von Thadden/Magdelaine, Die Hugenotten 1685–1985, a.a.O., S. 158

len, und zwar zu einem Preis, über den man sich mit ihm einigen will, sobald er eingetroffen ist."[400]

Die hugenottischen Glaubensflüchtlinge verloren auf dem politischen und gesellschaftlichen Sektor immer mehr an Einfluss. Im Jahre 1781 konnte das französische Konsistorium gerade noch verhindern, dass das französische Sekretariat im Conseil de Justice abgeschafft wurde.

Als im Jahre 1792 die Markgrafschaft Brandenburg-Bayreuth in das preußische Staatsgebiet eingegliedert wurde, versuchte Hardenberg im Zuge seiner Reformbemühungen, die Privilegien der Hugenotten aufzuheben. Am 20.03. 1797 musste der Conseiller de Justice das Konsistorium um eine Stellungnahme zu seinen Gunsten bitten, nachdem er einen Brief von Hardenberg bekommen hatte, „in dem dieser ihm auf seine Anfrage mitteilt, dass man in der neuen Organisation keinen passenden Platz für ihn gefunden und ihm deshalb eine Pension von 200 Gulden zugebilligt hat."[401]

In den folgenden Jahren startete die französische Gemeinde den Versuch, ihre garantierten Privilegien gegenüber der Assimilierungspolitik Hardenbergs zu bewahren. Im Jahre 1798 setzten die Hugenotten mit der Unterstützung der deutschen reformierten Kirche ein Memorandum über die berechtigten Grundlagen ihrer Privilegien auf.

Als im Jahre 1810 Erlangen in den bayrischen Herrschaftsbereich integriert wurde, verlor die französische Gemeinde auch ihre letzten Privilegien, die ihnen Markgraf Christian Ernst im Jahre 1685 gewährt hatte.[402]

---

400 Zitiert aus: Ebd.

401 Zitiert aus: Ebd.

402 Ebd., S. 159

6. Hugenotten in Hessen

Für das erste Aufnahmeprivileg für Glaubensflüchtlinge in Hessen-Kassel aus dem Jahre 1604 war Landgraf Moritz, der nach der Hochzeit mit Juliane von Nassau-Dillenburg den protestantischen Glauben angenommen hatte, verantwortlich.[403] Er formulierte ein Einladungsschreiben an die aus den spanischen Niederlanden vertriebenen reformierten Flüchtlinge, in dem es vor allem um die Anwerbung von Handwerkern und Fabrikanten ging. Den Flüchtlingen wurde darin das Bürgerrecht gewährt und die Aufnahme in die Zünfte und Gilden in Aussicht gestellt. Religiöse Privilegien für die Glaubensflüchtlinge wurden in diesem Privileg nicht erwähnt.

Obwohl am 14.09.1615 das Privileg von Landgraf Moritz bestätigt wurde, ist lediglich von einer kleinen Anzahl von Flüchtlingen, die sich infolge dessen in Hessen-Kassel ansiedelten, auszugehen. In Kassel bildete sich für kurze Zeit eine französische Gemeinde mit eigenem Prediger.[404]

Als „Vorläufer des Ansiedlungsprogramms“[405] für Glaubensflüchtlinge in Hessen unter dem Landgraf Karl I. (1677–1730) ist das Gespräch am 12.06.1680 zwischen Jean Francois de Paule, Chavalier Seigneur de Sardan[406] und dem Landgrafen, wo es um die Aufnahme von Hugenotten in Hessen-Kassel ging, anzusehen.

---

403 Demandt, K.E.: Geschichte des Landes Hessen, 2. Auflage, Kassel/Basel 1972, S. 247

404 Von Rommel, C.: Zur Geschichte der französischen Colonien in Hessen-Kassel, Kassel 1857, S. 4

405 Mogk, W.: Voraussetzung für die Einwanderung von Hugenotten und Waldensern nach Hessen-Kassel, in: Desel,J./Mogk, W.: Hugenotten und Waldenser in Hessen-Kassel, Kassel 1978, S. 13–41, hier: S. 20

406 So lautete der selbst gewählte Name Sardans. Vgl. Malettke, K.: Opposition und Konspiration unter Ludwig XIV. Studien zu Kritik und Widerstand gegen System und Politik des französischen Königs während der ersten Hälfte seiner persönlichen Regierung, Göttingen 1976, S. 225. Biographische Eckdaten Sardans liefert Rainer, E.: Der Abenteurer Sardan, in: Mitteilungen des österreichischen Staatsarchivs, 1964/1965, Bd.17/18, S. 520–541

Sardan war einer der Rädelsführer von Aufständen in Frankreich unter Ludwig XIV., er organisierte während der Jahre 1674 bis 1678 finanziell unterstützt durch die Niederlande eine Erhebung in den Provinzen Guyenne, Languedoc, Dauphine und Provence.[407] Nach dem Scheitern dieses Aufstandsversuches musste Sardan Frankreich verlassen und flüchtete in die Niederlande.

Im Laufe der Unterredung mit dem Landgrafen schlug Sardan die Gründung reformierter Gemeinden in Hessen-Kassel bestehend aus Hugenotten, die im Begriff waren, Frankreich zu verlassen oder aus Flüchtlingen, die sich bereits in anderen Ländern aufhielten, vor.[408] Bis zur Errichtung der Gemeinden schwebte ihm Marburg als provisorischer Ansiedlungsort vor. Weiterhin forderte er die Anstellung sowohl eines Kantors als auch eines Predigers als wesentliche Voraussetzung für die Niederlassung von Hugenotten in Hessen-Kassel.[409]

Seine ursprünglich gegenüber Sardan geäußerte Zustimmung zog der Landgraf aus nicht näher bekannten Gründen[410] wieder zurück und vertröstete ihn auf einen späteren Zeitpunkt.

Landgraf Karl schuf noch vor dem Widerruf des Ediktes von Nantes die Grundlagen für die Einwanderung der Hugenotten durch die Veröffentlichung des Ediktes vom 18.4.1685. Die Behauptung Schmidmanns, dass Karl „der erste deutsche Fürst gewesen ist, der sich offen zur Aufnahme der Hugenotten bereit erklärte"[411], trifft nicht zu. Kurfürst Karl von der Pfalz gab bereits im Jahre 1682 eine Urkunde für die geplante Niederlassung von Hugenotten in Friedrichsfeld heraus.[412] Außerdem veröffent-

---

407 Ebd. S. 223 ff

408 Mogk, Voraussetzung für die Einwanderung von Hugenotten und Waldensern nach Hessen-Kassel, in: Desel/Mogk, Hugenotten und Waldenser in Hessen-Kassel, a.a.O., S. 21

409 Ebd.

410 Es existieren keine Quellen über die Gründe des Meinungswandels des Landgrafen.

411 Schmidmann, R.: Die Kolonien der Refugies in Hessen-Kassel und ihre wirtschaftliche Entwicklung im 17. und 18. Jahrhundert, Marburg 1929, S. 127

412 Mogk, W.: Voraussetzung für die Einwanderung von Hugenotten und Waldensern nach Hessen-Kassel, in: Desel/Mogk, Hugenotten und Waldenser in Hessen-Kassel, a.a.O., S. 23

lichte Herzog Georg Wilhelm von Braunschweig-Lüneburg-Celle im August 1684 ein Edikt zur Aufnahme hugenottischer Flüchtlinge.[413] In der „Freiheitskonzession und Begnadigung für die fremden Manufacturiers ect." gestattete der Landgraf den Flüchtlingen die Erbauung einer Kirche und die Berufung eigener Prediger und Schulmeister:[414]

„Dafern sie der deutschen Sprache nicht kundig sein, soll ihnen entweder, eine eigene Kirche auf ihren Kosten aufzubauen, und darin in ihrer Sprache, fromme gottesfürchtige Prediger und Schulmeister, doch mit Ihr. Hochfürstl. Durchl. Oder dero nachgesetzten consistorii Vorwissen, und auf vorher gegangenes Examen und Approbation, zu berufen, frei gelassen werden, welche aber doch Ihrer Hochfürstl. Durchl. Das homagium zu leisten schuldig sein sollen."

Nachdem die Flüchtlinge den Treueid auf den Landgrafen geschworen hatten, sollten sie den anderen Einwohnern rechtsmäßig gleichgestellt werden. Bei Streitfällen unter den Flüchtlingen übernahm die Regierung oder der jeweilige Beamte des Ortes die Zuständigkeit:[415] „Wann unter ihnen in geist- als weltlichen Sachen Streitigkeiten entstehen würden, sollen dieselbe(n) durch dero nachgesetzte Regierung oder Konsortium oder durch jedes Orts Beamte untersucht, beide Teile in Güte gehört und verglichen, oder bei derer Entstehung, nach den gemeinen Rechten, oder jedes Orts Gewohnheit dezidiert und entschieden werden."

Die Normen der Entscheidungen bildeten das Landesrecht oder das örtliche Gewohnheitsrecht. Mogk bemerkt mit Recht, dass dadurch die mögliche Anwendung von Gewohnheitsrechten aus ihren früheren Gemeinden ausgeklammert wurde.[416] Jedoch richtete Karl im Jahre 1686 eine

413 Vgl. Tollin, W. (Hrsg.): Urkunden zur Geschichte hugenottischer Gemeinden in Deutschland, Magdeburg 1900, S. 9–15

414 Zitiert aus: Mogk, W.: Voraussetzung für die Einwanderung von Hugenotten und Waldensern nach Hessen-Kassel, in: Desel/Mogk, Hugenotten und Waldenser in Hessen-Kassel, a.a.O., S. 44

415 Ebd.

416 Ebd. S. 22

Französische Kommission ein, die als Mittelbehörde für die Verwaltungs- und Gerichtsangelegenheiten der Flüchtlinge zuständig war.[417]

Den Hauptteil des Ediktes nahmen wirtschaftspolitische Bestimmungen des Landgrafen ein. Um möglichst viele Handwerker unter den Flüchtlingen zur Ansiedlung zu bewegen, genehmigte Karl die freie Einfuhr von Hausrat und Betriebseinrichtungen:[418] „Soll sowohl der Prinzipalen, als auch derjenigen Personen, welche sie zu Verrichtungen ihrer Manufakturen Handwerk und Partierung, als Meister, Gesellen, Handlanger, Färber und dergleichen, zu beschreiben haben, ihre Hausgeräte, Mobilien, und andere instrumenta, welche sie zu ihrem Haushalt, oder Treib, und Verfertigung der Manufakturen oder Handwerke nötig haben und mit sich führen, sobald solche in hiesiges Fürstentum Hessen und zugehörigen Graf- und Herrschaften gebracht werden, von allen Zöllen befreit sein."

Zur Ankurbelung der Handwerksproduktion wurde die Gewerbeausübung in der gesamten Landgrafschaft für die Flüchtlinge erlaubt. Weiterhin wurden die hugenottischen Einwanderer zehn Jahre lang von allen öffentlichen Abgaben befreit:[419] „Und damit sie desto besser und mit mehrerem Nutzen ihre Handwerke und Manufakturen treiben können, wollen vor höchstermelte Ihro Hochfürstl. Durchl. Ihnen von allen oneribus, Schatzung, Steuern, Kontributionen, Einquartierungen, Diensten, Wachten und dergleichen, auf die nacheinander folgenden zehn Jahre die Freiheit erteilen, (...)."

Den Fabrikanten unter den Ansiedlern wurden abhängig vom Ermessen des Landgrafen weitere Privilegien und eine Verlängerung der allgemeinen Befreiung in Aussicht gestellt.

Die religiösen Zugeständnisse des Landgrafen gingen dagegen nicht so weit. Das französisch-reformierte Glaubensbekenntnis (confession de foi),

---

417 Schmidmann, Die Kolonien der Refugies in Hessen-Kassel und ihre wirtschaftliche Entwicklung im 17. und 18. Jahrhundert, a.a.O., S. 139 ff

418 Mogk, W.: Voraussetzung für die Einwanderung von Hugenotten und Waldensern nach Hessen-Kassel, in: Desel/Mogk, Hugenotten und Waldenser in Hessen-Kassel, a.a.O, S. 46

419 Ebd. S. 45

die Kirchenordnung (discipline ecclesiastique), der Kirchenvorstand (consistoire) und die Synoden fanden keine Erwähnung in diesem Edikt.

Neben der Residenzstadt Kassel wurden mit Homberg/Efze, Gudensberg, Felsberg, Hofgeismar, Gerbenstein und Melsungen kleinere Städte als Ansiedlungsorte vorgeschlagen, dessen Bevölkerungszahl durch den Dreißigjährigen Krieg stark abgenommen hatte.

Es lässt sich feststellen, dass das Edikt hauptsächlich von wirtschaftspolitischen Erwägungen bestimmt wurde. Mogk bemerkt richtigerweise:[420] „Die auffällige Bevorzugung des Handwerks und vor allem der Manufakturen samt den dafür bewilligten Sondervergünstigungen lassen den Charakter dieses Privilegs eindeutig erkennen: Es handelt sich keineswegs um ein sogenanntes Religionsedikt, sondern ausschließlich um eine wirtschaftspolitische Steuerungsmaßnahme im Sinn des Merkantilismus."

Mit dem Edikt vom 01.08.1685 erweiterte der Landgraf die schon existierenden Vergünstigungen für die Glaubensflüchtlinge.[421] Karl erklärte sich darin bereit, die Bezahlung des Predigers und des Schulmeisters zu übernehmen. Die ökonomischen Vergünstigungen wurden nochmals erweitert. Die Zahl der Freijahre stieg auf zwölf, wobei dieser Zeitraum auch auf die Kinder übertragen werden konnte. Für den Bau neuer Häuser erhielten die Flüchtlinge kostenlose Grundstücke und unendgeldliche Lieferungen von Holz, Steinen, Sand und anderen notwendigen Materialien. Weiterhin billigte der Landgraf den Einwanderern den Erwerb adeliger Ländereien mitsamt den damit verbundenen Privilegien an. Im Gegensatz zum Edikt vom 18.04. wurde Kassel als einziger Ansiedlungsort genannt.

Das dritte Edikt vom 12.12.1685, das ausschließlich in französischer Sprache verfasst wurde, enthielt eine Zusammenfassung aller bisherigen Privilegien, wobei einige punktuelle Erweiterungen durchgeführt wurden.[422] Die Anzahl der Freijahre wurde gegenüber den beiden früheren

---

420 Ebd. S. 23

421 Ebd.

422 Ebd. S. 25

Edikten erhöht. Als Regel galten zehn bis zwölf Jahre, der Wohnungsbau wurde jedoch mit fünfzehn Freijahren belohnt. Außerdem wurden denjenigen Personen, die ihr Vermögen in Hessen-Kassel verzinslich anlegten, eine Abgabenfreiheit von sechs Jahren zugesichert.

6.1 Daubhausen/Greifenthal

Graf Wilhelm Moritz zu Solms-Greifenstein nahm ungefähr 200–250 nach dem Edikt von Fontainebleau vom 18.10.1685 aus Frankreich geflüchtete Protestanten in seinem Territorium auf:[423] „Wir, Wilhelm Moritz Graf zu Solms Braunfels Greyffenstein und Hoingen, auch zu Tecklenburg, Crichingen und Lingen, Herr zu Müntzenberg, Rheda, Püttingen, Dorfweyler und Beaucourt. Des Königlich Preußischen Schwartzen Adler Ordens Ritter. Unkunden und Bekennen hiermit Vor Unß Unßere Erben und Sucessores, dass nachdem durch göttliche Verhängnis bey der in Anno 1685 vorgegangenen schweren Persecution gegen die Reformierten in Frankreich. Wir auß christlichen Mitleiden dahin bewogen worden, dass Wir einige refugierte Familien in unsern Landen in Schutz und Schirm aufgenommen, (...)".

In der Chronik tauchte das Dorf Daubhausen zum ersten Male im Jahr 1284 auf, wo aufgeführt wurde, dass der dortige Zehnte solmisch sei.[424] Die Kirche von Daubhausen, die unter der Verwaltung von Dillheim stand, wurde im Jahre 1370 erbaut. Daubhausen blieb von Verwüstungen und Plünderungen im Verlaufe des 30-jährigen Krieges nicht verschont. In der näheren Umgebung von Daubhausen kam es zu Gefechten zwischen holländischen Truppen unter der Führung des Baron de Genth mit kaiserlichen Soldaten. Weiterhin wurde das Dorf mehrmals von Banden überfallen, die für zahlreiche Plünderungen in der Umgebung von Wetzlar verantwortlich waren. Eine Verbindung zwischen diesen Banden und den holländischen Truppen wurde von Baron von Genth abgestritten.

---

423 Kohlhauer, N. (Hrsg.): Text des Freiheitsbriefes vom 26. August 1722, Greifenstein/Ulm o.J., S. 1

424 Himmelreich, R./Arabin, W.: Kirche und Heimat. Beilage zum Kasseler Sonntagsblatt für den Kreis Wetzlar, Folge 12 (1935), S. 1 ff

Im Jahre 1649 entbrannte ein Streit zwischen dem Grafen Wilhelm II. von Solms-Greifenstein und dem Schultheiß der Gemeinde Daubhausen, bei dem es um die Verteilung von Wald und Wiesen in der Umgebung des Dorfes ging. In einem Verzeichnis der Einwohner und des Zugviehs in Daubhausen aus dem Jahre 1677 lebten in der Stadt 14 Familien, wobei die Bewohner des gräflichen Keldenhofes nicht mitgerechnet wurden.[425] Die Einwohnerzahl stieg bis zum Jahre 1685 stetig an, es existieren jedoch keine Quellen, aus denen sich genauere Angaben über die Bevölkerungszahl ableiten lassen.

Aufgrund der Unterdrückung ihres protestantischen Glaubens wanderten ungefähr 150 Wallonen aus den spanischen Niederlanden in die Kurpfalz. Dort ließen sie sich in Otterberg und der näheren Umgebung nieder.[426] Als dort seit dem Jahre 1685 ein katholischer Kurfürst die freie Ausübung ihres Glaubens unmöglich machte, suchten sie eine neue Möglichkeit der Ansiedlung. Durch die Vermittlung der protestantischen Gemeinde in Frankfurt am Main erklärte sich Graf Wilhelm Moritz zu Solms-Greifenstein bereit, die wallonischen Glaubensflüchtlinge in seinem Territorium aufzunehmen. Der Graf gewährte ihnen am 12.08.1685 weitreichende wirtschaftliche und religiöse Privilegien.[427] Außerdem kaufte er die Grundstücke und die anderen Besitztümer der Einwohner von Daubenhausen auf und siedelte sie an anderen Orten in seinem Territorium an. Mit dieser Maßnahme ermöglichte Graf Wilhelm Moritz zu Solms-Greifenstein die Besiedelung des Dorfes Daubhausen für die emigrierten Wallonen:[428] „(…) dieselbe theils nach Daubhaußen hingesetzet, und denen daselbst wohnhafft geweßenen unßeren Teutschen Unterthanen ihre güther abgekauft und in andere örther nicht ohne unßere große Beschwehrde transportiret (…)".

Die Besiedelung Daubenhausens durch die Wallonen erfolgte zwischen Mitte August und Mitte Oktober des Jahres 1685. Die wallonischen Flüchtlinge bevorzugten es jedoch, innerhalb kürzester Zeit Daubhausen

[425] Ebd., S. 5

[426] Klefner, T.: Geschichte Greifenthals, Greifenstein/Ulm 1988, S. 1

[427] Ebd.

[428] Kohlhauer, Text des Freiheitsbriefes vom 26. August 1722, a.a.O., S. 1

wieder zu verlassen; Mitte Juli des Jahres 1686 wohnten von den angesiedelten 36 wallonischen Familien lediglich 14 noch im Dorf. Spätestens im Februar 1687 verließen auch die letzten wallonischen Familien mit ihrem Pfarrer Jean Faucher Daubhausen.

Im Februar 1686 wanderten 200–250 aus Frankreich geflohene Hugenotten in das Territorium des Grafen Wilhelm Moritz ein.[429] Der Graf unterstützte ihren Wunsch einer dauerhaften Ansiedlung und gewährte den Glaubensflüchtlingen am 05.03.1686 zahlreiche Privilegien. Die Hugenotten ließen sich zunächst in Niedergirmes nieder; als sich jedoch bedingt durch den Abzug der Wallonen Daubhausen als Wohnort anbot,

---

429 In der Legende wird die Ankunft der hugenottischen Flüchtlinge in das von Graf Wilhelm Moritz verwaltete Territorium folgendermaßen geschildert: „Auf einmal hörten sie (die Flüchtlinge, M.L.) ein anhaltendes Hundegebell, bald darauf springt ein Edelmann in Begleitung zweier Ritter auf ihren Platz. Schreck und Erstaunen lag auf allen ihren Gesichtern, die vorher von freudiger Hoffnung geleuchtet hatten. Unsere Flüchtlinge bleiben vor Überstürzung gelähmt auf ihrem Moos sitzen. Der erste Ritter, der sich durch seine ehrfurchtsgebietende Gestalt und Haltung wie auch durch seine prächtige Kleidung als den vornehmsten kenntlich machte, hielt verwundert sein Pferd an und fragte, was das alles zu bedeuten hätte. Ormond entblößte sein weißes Haupt, trat herbei und berichtete, wer sie seien, wohin sie wollten und woher sie kämen. Zuletzt bat er den Unbekannten, sie in Frieden zu lassen, und wenn es sein könnte, den Hunger dieser Unglücklichen zu stillen, die drei Tage lang nichts gegessen hätten. Diese einfachen unbeweglichen Worte des ehrwürdigen Greises gingen dem Herrn sehr zu Herzen, tiefe Rührung zeigte sich auf seinem Angesicht und seine Augen füllten sich mit Tränen. Mit bewegter Stimme sagte er ihnen in französischer Sprache:'Danket dem Herrn, der Euch so wunderbar errettet hat. Ich bin der Landesherr Graf Moritz zu Solms-Braunfels, man hat mir angezeigt, eine Zigeunerbande habe sich im Wald verborgen und gefährde die umliegenden Dörfer. Ich bin selbst gekommen, um zu sehen, wie es sich damit verhält. Stattdessen finde ich Glaubensbrüder und verfolgte Christen. Der Herr spricht: Selig sind, die um meinetwillen verfolgt werden. (...) seid getrost Ihr armen Flüchtlinge, Eure Not hat nun ein Ende. Die Häuser und Äcker, die ihr um des Glaubens willen verlassen habt, sollen Euch von mir ersetzt werden. Wartet nur ein wenig, Eure Leiber sollen erquickt, Eure Seelen getröstet werden.' (...) So sprach der gottselige Graf, schwenkte sein Pferd um und sprengte im Galopp davon. Wer beschrieb die Wirkung, die diese tröstenden Worte in ihrer Sprache gesprochen auf diese Leute ausübte? Die Tränen entstürzten Ihren Augen, sie fielen einander in die Arme und schluchzten laut in unaussprechlicher Bewegung ihrer Herzen. (...) Ormond stand da mit zum Himmel gerichteten Augen, seine Lippen bewegten sich lautlos, er betete stille zum Herrn. Brunet stimmte begeistert ein Lob- und Dankeslied an und alle sangen mit erhobenem Herzen. Zitiert aus N.N.: Leiden und Abenteuer einer kleinen Hugenottengemeinde bei ihrer Flucht nach Deutschland im Jahre 1685, Leipzig 1866, S. 9 f

siedelten sie sich dort an. Nur eine geringe Zahl der französischen Flüchtlinge zog es vor, in Niedergirmes und im benachbarten Aßlar zu leben.[430]

Am 12.08.1686 übergab Graf Wilhelm Moritz zu Solms-Greifenstein den Hugenotten die Kirche Daubhausens, um die freie Ausübung ihrer Religion zu gewährleisten. Ferner gewährte er ihnen die Führung eines Kirchensiegels mit der Inschrift „L'Eglise francoise de Daubhauss" (Die französische Kirche von Daubhausen). Ende des Jahres 1686 wurde Francois Durand aus Montpollier im Languedoc der erste Pfarrer der hugenottischen Gemeinde in Daubhausen.[431] Aufgrund der Tatsache, dass die Bevölkerung Daubhausens in den folgenden Jahren stark anstieg, gründete der Graf auf seinen Besitz zwischen Daubhausen und Greifenstein die Siedlung Greifenthal für die hugenottischen Glaubensflüchtlinge. Da die ersten Einträge in den Kirchenregistern vom 07.01.1691 stammten, ist davon auszugehen, dass im Jahre 1690 die Erbauung von Greifenstein abgeschlossen wurde.[432]

Am 01.09.1706 gewährte Graf Wilhelm Moritz Greifenthal einen Freiheitsbrief; als jährliche Abgabe wurde der Gemeinde 365 Gulden, 13 Kreuzer und 2 Deniers auferlegt, die sie in zwei Raten an St.Martin und acht Tage vor Ostern zahlen musste.

Im Jahre 1693 besaß Greifenthal 71 Einwohner, von denen allein 59 aus der Dauphine und der näheren Umgebung stammten. Eine Liste aus dem Jahre 1698 umfasste die Einwohnerzahl von Greifenthal und Daubhausen. Zu diesem Zeitpunkt wohnten 136 Hugenotten und 6 Deutsche in Daubhausen, während Greifenthal 80 französische Bewohner zählte. Ein weiterer Bevölkerungsanstieg in den beiden französischen Gemeinden

430 Arabin, W.: Hugenottensiedlung Daubhausen-Greifenthal seit 1685. Ursprung und Entwicklung, Festschrift zum 300jährigen Bestehen der Siedlung, Wetzlar-Hermannstein , o. J. S. 15

431 Klefner, Geschichte Greifenthals, a.a.O., S. 2

432 Ebd.

bewirkte im Jahre 1720 die Übersiedlung von zehn hugenottischen Familien nach Hessen-Kassel.[433]

Nach der ersten Aufbauphase der beiden französischen Gemeinden wurde das Verhältnis des Grafen mit den Bewohnern von Daubhausen und Greifenthal neu geregelt. Der Graf setzte eine Privilegiertenkomission ein, der die beiden Orte am 01.09.1721 ihre inhaltlichen Vorstellungen vortrugen. Nachdem die Kommission ein Gutachten erstellt hatte, kam es nochmals zu einer Zusammenkunft mit den Vertretern beider Gemeinden.[434] Am 26.08.1722 wurde der Freiheitsbrief des Grafen veröffentlicht, in denen die Privilegien der beiden Gemeinden dargelegt wurden.

Der Freiheitsbrief begann mit der Forderung des Grafen an die Hugenotten, ihm und seinen Nachfolgern als Untertanen immer in Treue zu dienen:[435] „Erstlich dass Sie Zuförerigt Unß, Unßern Gräflichen Erben und Sucessoren wie bishero also auch fürters vor sich, Ihre Erben und Nachkommen alß rechte Landes Erb Unterthanen eignet und gebühret, treu hold und gewärthig seyn sollen, und dass ein Jedermann der jetzo in Daubhaußeb wohnet, oder Künftighin wohnen wird, den Erbhuldigungs Eydt Unß und Unßern Erben abschwöhren und leisten solle."

Graf Wilhelm Moritz zu Solms-Greifenstein verfolgte die Absicht, die französischen Gemeinden Daubhausen und Greifenthal in ihrer Ursprünglichkeit zu erhalten:[436] „(...) haben Wir in Gnaden verwilliget, und Ihnen Bürgern zu Daubhaußen zugestanden, Sie vor jetzo und künftighin Frantzoßen seyn und Bleiben, und sich dahin äußerst befleißen sollen, dass die frantzösische Sprach sauber und rein bey Ihnen in ihrer Gemeinde gesprochen und unterhalten werde, damit Unßere Landeskinder, die etwa Lust haben, dieße Sprache wohl sprechen und Lernen mögen, zu

433 Beuleke, W.: Die Gründer und Mitglieder der Hugenottengemeinde Daubhausen-Greifenthal, in: Archiv für Sippenforschung, 41 Jg. August 1975, Heft 59, S. 215–265, hier: S. 232

434 Himmelreich, F.: Greifensteiner Chronik – Ein Beitrag zur Geschichte des Solmser Landes, 2. Auflage, Wetzlar 1903, S. 46

435 Kohlhauer, Text des Freiheitsbriefes vom 26.August 1722, a.a.O., S. 3

436 Ebd.

welchem Ende Wir, Unßere Erben und Sucessores dann keine andere alß der eine frantzose ist, (...)".

Weiterhin wurden die beiden Gemeinden dazu angehalten, den Kontakt mit anderen französischen Gemeinden wie Genf oder Berlin zu suchen und einen wechselseitigen Austausch voranzutreiben.[437]

Das Privileg enthielt weiterhin die Regelung, dass ausschließlich französische Pfarrer und Lehrer in Daubhausen und Greifenthal zu beschäftigen seien, wobei die Bewohner des Ortes bevorzugt werden sollten:[438] „(...) wenn ein Sohn aus Daubhausen oder Greiffenthal der Unser angebohrener Untertan ist, das studium theologicum ergriffen, sich darin qualificiret, der frantzösischen Sprache derneben vollkommen mächtig, und zum Pfarramt tüchtig befunden wird, so wollen Wir alß Landesherr und Bischof auf der Gemeinde unterthänigs Supplicieren dießem Unßere Gnadt erweißen und die Pfarr conferieren."

In dem Privileg wurden die Bezüge für die Pfarrer und die Lehrer der beiden Orte geregelt:[439] (...) Und nachdem Wir bishero den Pfarrer und Schulmeister zu Daubhaußen, aus Unßeren dasigen Renthen und Gefällen biß auf 60 fl., so die Gemeidne dem Pfarrer gegeben, erhalten, (...)."

Außerdem enthielt das Privileg die Bestimmung, dass ein Hugenotte aus dem jeweiligen Ort das Amt des Schultheiß bekleiden sollte:[440] „(...) Wir concediren und contituiren Ihnen Vorjtzo und da die Gemeinde nur 32 Mann ist, einen herrschaftlichen Schultheißen, welcher so Lange es Unß und Unßeren Erben belieben, und er sich wohl verhalten wird, am Ampte bleibet, dieser soll ein Frantzoß und in Daubhaßen wohnhaft seyn."

Die für Daubhausen und Greifenthal zuständigen Verwaltungsbeamten sollten aus den beiden hugenottischen Gemeinden stammen:[441] „(...) haben Wir ebenfalls in Gnaden Ihnen zugestanden, Einen oder nach Anwachs des Orths mehrere Preaceptores (c) die Frantzosen sein müssen, zu

437 Ebd.

438 Ebd., S. 4

439 Ebd., S. 5

440 Ebd., S. 11

441 Ebd., S. 4

halten, und wenn Sie etwa Ihre Söhne Einen oder Jemandt andres dazu tüchtig haben, so sollen Sie sich deßhalb bey Unß selbsten oder Unßerm Consistorio melden, damit er angeschrieben, eraminiret und Confimiret werden möge."

Weiterhin wurde in dem Privilegium festgelegt, dass im Falle des Todes eines deutschen Mitglieds der Daubhausener Gemeinde ein deutscher Pfarrer aus der umliegenden Umgebung die Grabrede halten sollte; die Leichenpredigt war den Hugenotten unbekannt. Die Bräuche der Hugenotten bei der Beisetzung ihrer verstorbenen Glaubensbrüder wurden ebenfalls berücksichtigt:[442] „(...) die Frantzosen aber genißen Unßerer ersten Gratification nach, nehmlich, dass sie über die Straß nicht singen mögen, wenn sie Ihre Toten begraben, gleich auch bey Keines Bekenntnis nicht gesungen wirdt, ihre Freyheit."

Gegen eine jährliche Zahlung von 1000 Gulden in Frankfurter Währung waren sie von sonstigen Abgaben befreit. Graf Wilhelm Moritz zu Solms-Greifenstein ordnete ebenfalls an, dass die Hugenotten nicht der Leibeigenschaft unterworfen waren. Im Gegensatz zu den anderen Untertanen seines Territoriums waren die beiden Gemeinden nicht dazu verpflichtet, Soldaten zu stellen. Sie wurden lediglich dazu verpflichtet, vier Personen als Miliz zur Landesverteidigung („defensione patriae") abzustellen:[443] „(...) Werden Sie als ein privat Eigenthumb wie bißhero also 1 inskünftige, mit anwerbung einiger Mannschaft und Recroutierung in gnaden befreyet, was aber die Land Miliz betrifft, weil diese pro defensione patriae gerichtet, dazu müssen Sie Ihr Contigent, nehmlich vier mann, jederzeit stellen, es sey dann, dass Sie Künftighin bey anwachs der Bürgerschaft ihren Erbiethen nach sich selbst montiren, alßdann wollen Wir Ihnen gleich andern Unßere Stätten aus Ihren Mitteln Officirs geben und in eine Compagnie stellen."

Graf Wilhelm Moritz gewährte den Hugenotten außerdem die Gründung einer eigenen Zunft:[444] „(...) Wir verstatten Ihnen aus Gnaden, dass Sie nach dem Inhalt Unßerer in Unßeren Grafschaften eingeführten

[442] Ebd., S. 10

[443] Ebd., S. 15

[444] Ebd., S. 19 f

ZunftArtikuln Ihre Zünfte ebenmäßig unter sich aufrichten. Jedoch müssen alle Zünfte von Unß als Landes Herr confirmiret und bestätiget werden und weil der Orth vor. Jetzo Klein und wenig Handwerker und Zunftgenossen unter Ihnen wohnen, so sollen Sie nichts desto weniger vor jetzo alles unter die Cramer Zunft in Ordnung bringen, welche Zunft dann Kraft dieses confirmiret seyn, und nach denen in Unßern landen eingeführten Crammer-Zunfts-Articuln leben und darnach sich halten sollen."

Überdies gestattete der Graf ihnen die Verwendung eines eigenen Gerichtssiegels, das eine fliegende Taube mit einem Ölzweig im Mund darstellte:[445] „(…) Wir ertheilen Ihnen auch die Gnade und die Freyheit, dass sie ins Künftige ein gerichts Siegel führen, und solches in grünen Wachs oder ablaten unter ihren Uhrkunden ausdrücken mögen, Und weil Sie alß refugirte unter Gottesgnade und unter Unßerer regierrung in Unßern landen Schutz und Schirm gefunden, und aller Sicherheit zu erfreuen gehabt, der Orth auch Daubhausen heißet, so sollen Sie zum andenken dessen, in Ihrem Siegel führen eine fliegende Taube mit einem ohlzweig im Munde mit diesem über der Taube stehenden Symbol: in Lauterkeit u.nd Frieden, und im umkreiß Daubhäußer Stadtgerichts-Siegel."

Das Privileg räumte den Bewohnern von Greifenthal weitreichende ökonomische Begünstigungen ein:[446] „(…) Zu besseren Aufkommen dieses Orths (Greifenthal M.L.) und Beförderung der Commercien, concedieren Wir Ihnen jährlich drey bis vier Jahrmärkte zu halten, und sollen dießelben drey Jahre gantz freye Märkte seyn, also dass keiner etwas an Zoll oder sonsten geben soll, das gericht mag aber etwas standtgeld davon nehmen. Wenn aber die drey Jahre vorbei und die Märkte in aufbejmen sindt, so gebühret Unß der Zoll von allem Vieh und Wahren, das standtgeld aber bleibt der Gemeinheit zu gutem und muß verrechnet werden."

Der Bevölkerung von Daubhausen wurden ebenfalls wirtschaftliche Vorteile bewilligt:[447] „(…) Wir cocediren der Gemeinde von Daubhaußen, gleich es alle Unßen Unterthanen haben und genießen, dass Sie mit aller-

[445] Ebd., S. 20

[446] Ebd., S. 13 f

[447] Ebd., S. 14

hand Kaufmannswahren, jetzigen und künftigen Manufacturen, Viehe, Victualien in all Unßeren Grafschaften und Landen frey, und ohngehindert handeln und wandeln, und alle Beneficia, welche sonsten Somlsische Unterthanen sich zu erfreuen haben, auch genießen sollen, (...)".

Das Privileg des Grafen Wilhelm Moritz zu Solms-Greifenstein wurde sowohl von der Daubhausener als auch von der Greifenthaler Gemeinde weitestgehend akzeptiert. Die einzigen Punkte, in denen die Gemeinden Einwände vorlegten, waren die Befreiung von der Wolfsjagd und die Eigentumsfrage des Windbruches im Wald. Die von den hugenottischen Gemeinden erhobenen Einsprüche blieben jedoch unberücksichtigt.

Diese festgelegten Privilegien mussten unter jedem neuen Grafen erneut bestätigt werden. Nach dem Tod des Grafen Wilhelm Moritz im Jahre 1724 wurden die Privilegien der Dörfer Daubhausen und Greifenthal durch seinen Nachfolger Grafen Friedrich Wilhelm erneuert. Somit wurden die Rechte der beiden Orte konsolidiert, die französischen Gemeinden konnten weiterhin ungehindert nach ihren eigenen Vorstellungen ihr Leben bestimmen.

Während des 18. Jahrhunderts entwickelten sich die beiden Orte zu ökonomischen Zentren innerhalb des gräflichen Hoheitsgebietes. Die Leinenweberei und der Seidenhandel verschafften den Bewohnern Daubhausens und Greifenthals einen gewissen Wohlstand.

Bis ins 19. Jahrhundert hinein blieben französische Sitten und Bräuche in den hugenottischen Gemeinden erhalten; in der Kirche von Daubhausen wurde noch zu Beginn des 19. Jahrhunderts in französischer Sprache gepredigt. Der zunehmende Kontakt mit den deutschen Nachbargemeinden bewirkte den langsam eintretenden Verlust der ursprünglichen Lebensform und schließlich die kulturelle Assimilation der Hugenotten.

Als Erinnerung an die hugenottische Ansiedlung wurde im Jahre 1999 der erste Hugenottenwanderweg in der Bundesrepublik Deutschland, der sich von Greifenthal über Daubhausen bis nach Ulm erstreckt, unter der

Mitwirkung des französischen Generalkonsuls Pierre-Antoine Berniard eingeweiht.[448]

6.2 Todenhausen

Die im Hessischen Staatsarchiv befindlichen Akten über die Gründung der hugenottischen Kolonie Todenhausen im Jahre 1720 beinhalten weder Hinweise über die Herkunftsorte der Flüchtlinge noch das Datum der Flucht aus Frankreich sowie den Fluchtweg.[449] Kiefner geht davon aus, dass ein großer Teil der Flüchtlinge aus dem Val Cluson emigrierte.[450] Die vierzig Flüchtlingsfamilien, die sich in Todenhausen angesiedelt hatten, kamen über die Zwischenstationen Baden-Württemberg und Durlach nach Hessen.

Am 05.02.1720 erhielten die vierzig Flüchtlingsfamilien im Falle der Einigung mit der deutschen Gemeinde die Ansiedlungsgenehmigung in Todenhausen.[451] Als Bauplätze für die Ansiedlung waren nördlich der Mühle und der kleinen Gehöftgruppe von der deutschen Gemeinde in Todenhausen ungefähr neun Äcker Land entlang der Landstraße vorgesehen.

Die Nachbargemeinden Amönau und Wetter waren mit der Ansiedlung der hugenottischen Flüchtlinge in Todenhausen nicht einverstanden und versuchten, diese mit allen Mitteln zu verhindern. Sie argumentierten, dass die vorgesehenen Flurstücke nicht herrschaftlich waren und keine Äcker brach lagen. Als Alternative empfohlen sie die Ansiedlung der Glaubensflüchtlinge in der Wüstung Thalhausen im Amt Rosenthal. Diese Wüstung war schon im Jahre 1700 als Ansiedlungsort für eingetroffene

448 Zeitungsgruppe Lahn-Dill, 14.09.1999, S. 2

449 Schäfer, K.: Todenhausen, in: Desel,/Mogk, Hugenotten und Waldenser in Hessen-Kassel, a.a.O., S. 366–375, hier: S. 366

450 Kiefner, T.: Todenhausen und Wiesenfeld. Zum 250. Geburtstag der beiden Orte, in: Der deutsche Waldenser. Zeitschrift für die Mitglieder der Deutschen Waldenservereinigung. Mühlacker, August 1970, Neue Folge 109, S. 3–4, hier: S. 3

451 Schäfer, K.: Waldenserkolonie Todenhausen 1720–1970. Ein Überblick über die Geschichte von Colonie und Deutsch Todenhausen. Festschrift zum 250jährigen Bestehen der Kolonie, Todenhausen 1970, S. 19

Flüchtlinge im Gespräch gewesen; dieser Gedanke wurde jedoch wieder verworfen.

Nachdem sich die hugenottischen Flüchtlingsfamilien am 28. 02. 1720 in Todenhausen niedergelassen hatten, zogen zahlreiche Mitglieder der Gemeinde Amönau mit Äxten und Beilen bewaffnet zum Lagerplatz der Flüchtlinge und versuchten, die Ankömmlinge durch Drohungen und Beschimpfungen zu vertreiben. Dieser Gewaltakt der Amönauer konnte jedoch die Ansiedlung der hugenottischen Flüchtlinge nicht verhindern und zog die Bestrafung der Rädelsführer nach sich.

Bis in das Jahr 1721 hinein gab es Konflikte mit der Stadt Wetter.[452] Wetteraner Gemeindemitglieder rodeten zahlreiche Flächen für sich selbst, obwohl sie wussten, dass diese für die hugenottischen Flüchtlinge bestimmt waren. Sie stellten einen Grenzgang her, setzten dabei Grenzsteine mit dem Anfangsbuchstaben ihrer Stadt darauf und zogen die Todenhäuser Gemarkung mit den angrenzenden Huteländern in ihr Gebiet ein. Als die Wetteraner ihr Vieh über die bereits gerodeten und ausgesäten Felder der Flüchtlinge trieben, jagten diese die Hirten aus Wetter mit der Androhung von Gewaltanwendung davon.

Im August 1720 baten zehn hugenottische Familien den Marburger Rat Johannes Scheffler darum, Todenhausen wieder verlassen zu dürfen, da die zugeteilten Äcker und Wiesen nicht für alle Familien zum Lebensunterhalt ausreichen würden. Als kurz darauf tatsächlich neun Familien Todenhausen verließen, sah sich die Kasseler Regierung gezwungen, den Landmangel durch die Zuteilung weiterer Wiesen an die Flüchtlinge zu beheben.

Die durch den Abzug der neun Familien frei gewordenen Wohnungen wurden durch andere hugenottische Einwanderer besetzt. Die Zahl der Bewohner der französischen Kolonie in Todenhausen stieg im Laufe der Zeit an, die Inspektionsprotokolle aus dem Jahre 1724 sprechen von 42 Familien in Todenhausen.[453] In der „Specification der Colonisten und

---

[452] Schäfer, Todenhausen, in: Desel./Mogk, Hugenotten und Waldenser in Hessen-Kassel, a.a.O., S. 367

[453] Ebd.

Beysitzer" aus dem Jahre 1734 waren insgesamt 161 Bewohner von Todenhausen aufgeführt: 45 Männer, 31 Frauen und 85 Kinder.[454]

Am 08.07.1720 wurde dem Marburger Bauverwalter Ignatius Lucan die Ausarbeitung einer Überschlagsrechnung über die Baukosten für vierzig gleich große Äcker und Häuser in Todenhausen sowie die Bauleitung übertragen. Die Regierung in Kassel betrachtete jedoch seinen Kostenvoranschlag von 208 Talern pro Wohnhaus und 81 Talern für eine Scheune als zu hoch. Ein vom Major Leopold angefertigtes Modell, das die Kosten pro Haus auf 120 Taler ohne Bauholz und Baufuhren festlegte, wurde dagegen in Kassel akzeptiert. Die zweistöckigen Häuser sollten laut Planung aus zwei Schlafzimmern, zwei Aufenthaltszimmern, Küche, Keller und Stallung bestehen.[455]

Für die Bauplätze der hugenottischen Flüchtlinge kaufte die Regierung in Kassel den Einwohner der deutschen Gemeinde von Todenhausen sowie Simthausens 8 Acker und 34 Ruten Land für die Summe von 117 Talern ab. Auf beiden Seiten der Landstraße waren je 15 Grundstücke mit einer Breite von 25 Metern und einer durchschnittlichen Länge von 100 Metern als Bauplatz und Hausgarten vorgesehen. Weiterhin wurden bestimmte Flächen für den Bau der Kirche und des Friedhofes vorgeplant. Nach verschiedenen Verzögerungen wurden die letzten Häuser Ende des Jahres 1723 fertig gestellt.

Die Kasseler Regierung sah zum Beginn der Ansiedlung 297 Hektar an Ländereien für die hugenottischen Flüchtlinge vor. Da aber die Nachbargemeinden aus Simtshausen, Wetter und Mellnau in diesen Wüstungen rodeten, reduzierte sich das den Bewohnern der französischen Kolonie zur Verfügung stehende Land. Die vom Landmesser Stengel im Jahre 1731 vorgenommene Messung ergab lediglich 573 Acker Ackerland, 61 Acker Wiesen und 30 Acker Gartenland, d.h. insgesamt ca. 159 Hektar.[456] Die Durchschnittsgröße der zugeteilten Ländereien lag somit unter 4

[454] Schäfer, Waldenserkolonie Todenhausen 1720-1970, a.a.O., S. 34 ff

[455] Ebd. S. 22

[456] Ebd. S. 31

Hektar, was für Mensch und Vieh[457] keine ausreichende Existenzgrundlage bot.

Als im Nachbardorf Wiesenfeld im Jahre 1755 die verpachtete landgräfliche Meierei frei wurde, siedelten sich 13 Familien aus Todenhausen auf den Ländereien der Meierei an. Die dadurch freigewordenen 13 Portionen Land fielen anteilig an die in Todenhausen verbliebenen Koloniemitglieder. Nach dem Weggang der Familien nach Wiesenfeld existierten in Todenhausen lediglich 27 Wohnhäuser, ein Brau- und ein Hirtenhaus.[458]

Die wirtschaftliche Entwicklung Todenhausens schritt wenige Jahre nach der Gründung der französischen Kolonie weiter voran. Im Jahre 1734 gab es vier Strumpfwirker, zwei Wattemacher, einen Leinweber, einen Sockenstricker, einen Branntweinbrenner, einen Tabakspinner und zwei Goldschmiede in Todenhausen.[459]

Bei der Gründung der hugenottischen Kolonie in Todenhausen war nicht der Bau eines eigenen Pfarrhauses vorgesehen. Schäfer vermutete, dass in den ersten Jahrzehnten nach der Ansiedlung das Haus des ersten Gemeindepfarrers, Laurence Berger, als Pfarrhaus diente.[460]

Die Kinder und Jugendlichen der französischen Gemeinde wurden im Wohnhaus des jeweiligen Schulmeisters unterrichtet. Dabei standen die Erhaltung der französischen Sprache und der Religionsunterricht im Mittelpunkt. Die Entlohnung des Schulmeisters übernahm die kurfürstliche Regierung in Kassel; der erste Schulmeister, Pierre Bulte, erhielt die Summe von 30 Taler und drei Viertel Korn.[461] Bis zum Jahre 1841 wurde der Schulunterricht in französischer Sprache erteilt. Danach wurden die Kinder aus der deutschen Gemeinde von Todenhausen, die bisher die

---

457 Um das Jahr 1735 herum besaß die hugenottische Kolonie in Todenhausen einen Viehbestand von fünf Pferden, 33 Ochsen, 29 Kühen, 140 Schafen und 38 Schweinen. Vgl. dazu Schäfer, Waldenserkolonie Todenhausen 1720–1970, in: Desel/Mogk, Hugenotten und Waldenser in Hessen-Kassel, a.a.O., S. 369

458 Schäfer, Waldenserkolonie Todenhausen 1720–1970, a.a.O.,. S. 51 ff

459 Schäfer, Todenhausen, in: Desel/Mogk, Hugenotten und Waldenser in Hessen-Kassel, a.a.O., S. 369

460 Schäfer, Waldenserkolonie Todenhausen 1720–1970, a.a.O.,. S. 166

461 Schäfer, Todenhausen, in: Desel/Mogk, Hugenotten und Waldenser in Hessen-Kassel, a.a.O., S. 370

Schule in Wetter besucht hatten, zusammen mit den Kindern der französischen Kolonie eingeschult. Somit gewann die deutsche Sprache als Unterrichtssprache immer mehr an Bedeutung, so dass das Französische im Laufe der Zeit verschwand.

In der hugenottischen Kolonie von Todenhausen lebten auch einige deutsche Bewohner:[462] „Schon 1720 gelangte ein Deutscher gleichsam als Kolonist zu Haus und Portion. Ein junger Mann aus dem nahen Niederasphe, Johann Heinrich Schmitt, von Beruf Schmied, erhielt durch die Fürsprache von Rat Scheffler die Erlaubnis, die Tochter einer französischen Witwe zu heiraten. Ausschlaggebend für die Genehmigung war offenbar der Umstand, dass der junge Schmied mit seiner Arbeit den Kolonisten beim Bau der Häuser gut zur Hand gehen konnte." Im Jahre 1734 kam ein weiterer Deutscher, Johann Damm, in die hugenottische Kolonie. Es scheint aber noch zwei weitere deutsche Mitglieder gegeben zu haben, da Schäfer von vier Deutschen spricht, die dort als Schmied, Kleinschmied, Schuster und Förster arbeiteten.[463]

Da die französische Kolonie die Zahl der deutschen Bevölkerung nicht größer werden lassen wollte, erhielt sie die Zusage aus Kassel, dass kein Deutscher ohne besondere Genehmigung des Landgrafen in der Kolonie Besitz erwerben durfte. Zu Beginn des 19. Jahrhunderts ließ sich die relative Isolierung der Kolonie von den deutschen Nachbargemeinden nicht mehr aufrechterhalten. Es kam vermehrt zu Trauungen zwischen Mitgliedern der französischen Kolonie und der deutschen Bevölkerung.[464]

Am 21.09.1755 wurde das vom hessischen Kurfürsten Wilhelm VIII. finanzierte Gotteshaus der hugenottischen Gemeinde von Todenhausen offiziell eingeweiht.[465] Bis zum Jahre 1818 wurde der Gottesdienst in

---

462 Zitiert aus: Ebd., S. 370

463 Schäfer, Waldenserkolonie Todenhausen 1720–1970, a.a.O., S. 34 ff

464 Das Register des Jahres 1811 nannte in 28 Häusern sieben deutsche Familiennamen. Im Jahre 1872 trugen in 36 Haushalten 19 Männer französische Familiennamen, in elf Familien die Frauen deutsche Geburtsnamen. Vgl. Ebd. S. 110

465 Die Inschrift im Inneren der Kirche von Todenhausen lautet: „Auf Anordnung Wilhelms VIII., von Gottes Gnaden Landgraf von Hessen, des besten Vaters des Vaterlandes, wurde dieses Christus geweihte Gotteshaus von den um des Glaubens willen geflüchteten Gläubigen eingeweiht am 21. Tag des Septembers im Jah-

französischer Sprache abgehalten. Nach dem Tod des Pfarrers Jean Pierre de Beauclair wurde der Gottesdienst abwechselnd in deutscher und in französischer Sprache gehalten, da viele Mitglieder der Kolonie gar nicht oder lediglich teilweise der französischen Sprache folgen konnten. Ab dem Jahre 1820 wurde der Gottesdienst dann nur noch in deutscher Sprache abgehalten.[466]

Nach der Aufhebung der Französischen Kanzlei in Kassel im Jahre 1800 und der Unterstellung der französischen Kolonie unter die allgemeine Verwaltung wurde zwar formal in der Amtssprache noch zwischen „Französisch Todenhausen" und „Deutsch Todenhausen" unterschieden, aber beide Gemeinden besaßen mit Jean Allie einen gemeinsamen Bürgermeister.

Als im Jahre 1923 die Gehaltszahlungen aufgrund finanzieller Schwierigkeiten an den Bürgermeister von Todenhausen eingestellt wurden, wurde als einziger Ausweg aus diesem Dilemma die Vereinigung beider Gemeindeteile beschlossen. Am 22.01.1931 gab die Gemeindevertretung die Bezeichnung „Französisch Todenhausen" auf und führte ab diesem Zeitpunkt den Namen „Gemeinde Todenhausen".[467] Seit dem 01.01.1974 verlor Todenhausen seine Eigenständigkeit und wurde Ortsteil der Stadt Wetter.

Im Jahre 1920 erinnerte sich die Gemeinde des 200jährigen Bestehens der Kolonie und errichtete einen Gedenkstein mit dem Mahnruf „Resistez". Im Verlaufe der 250jährigen Gedenkfeier im Jahre 1970 wurde von Vertretern der Gemeinde eine kleine Metalltafel in diesen Stein eingelassen.[468]

---

re 1755 des christlichen Zeitalters." Vgl. dazu Schäfer, Todenhausen, in: Desel/ Mogk, Hugenotten und Waldenser in Hessen-Kassel, a.a.O., S. 372

466 Ebd. S. 371

467 Schäfer, Waldenserkolonie Todenhausen 1720–1970, a.a.O., S. 138

468 Grefe, A.: Die Jubiläumsfeier in Todenhausen, in: Der deutsche Waldenser. Zeitschrift für die Mitglieder der Deutschen Waldenservereinigung. Mühlacker, August 1970, Neue Folge 109, S. 2–3, hier: S. 2

6.3 Neu-Isenburg

Graf Wolfgang Ernst I. zu Ysenburg führte mit seinem Regierungsantritt im Jahre 1596 das reformierte Bekenntnis in Offenbach am Main ein. Als Ende des 16. Jahrhunderts Glaubensflüchtlinge aus den Niederlanden und Frankreich um Aufnahme baten, gestattete er ihnen die Ansiedlung auf seinem Territorium.[469]

Zu Beginn des 17. Jahrhunderts zogen allerdings viele der Flüchtlinge weiter nach Hanau, wo sich eine große wallonische und niederländische Gemeinde befand. Nach dem Tod Wolfgang Ernst I. wurde die Grafschaft in die Offenbach-Birsteiner und die Büdinger Linie aufgeteilt, am reformierten Bekenntnis innerhalb der Grafschaft änderte sich nichts.

Der Urenkel des Grafen Wolfgang Ernst I., Johann Philipp Graf zu Ysenburg und Büdingen (1655–1718) hatte die Absicht, in dem damals noch ländlichen Offenbach hugenottische Kaufleute und Handwerker zur Steigerung der wirtschaftlichen Entwicklung der Stadt anzusiedeln. Im Jahre 1698 wandte sich eine Gruppe hugenottischer Flüchtlinge, die sich vorübergehend in der Schweiz aufgehalten hatte, an Johann Philipp, um sich in seiner Grafschaft ansiedeln zu dürfen. Die Verhandlungen über deren Aufnahme führte Johann Philipp mit dem Vertreter der Flüchtlinge, Capitaine David de Calmelz. Am 10.7.1698 kam es zur Veröffentlichung des aus 14 Artikeln bestehenden Privilegs des Grafen, das die Bedingungen für die Ansiedlung der Flüchtlinge formulierte. Die meisten Flüchtlinge trafen erst im Jahre 1699 ein und umfassten neben den von Johann Philipp bevorzugten hugenottischen Kaufleuten und Handwerkern zahlreiche Waldenser, deren Ansiedlung durch den Gesandten der niederländischen Generalstaaten, Pieter Valkenier, organisiert wurde.

Als die Tatsache bekannt wurde, dass die englischen und niederländischen Hilfsgelder hauptsächlich an die in Offenbach ansässigen Waldenser verteilt werden sollten, führte dies zu einer Separierung.[470] Ein Teil der Flüchtlinge plante daraufhin, Offenbach zu verlassen. Ihnen wies Johann Philipp ein eigenes Gelände zur Anlegung einer neuen Siedlung

[469] Dölemeyer, Hier finde ich meine Zuflucht, a.a.O., S. 12

[470] Ebd., S. 46

zwischen Frankfurt/Main und Sprendlingen zu, woraus im Jahre 1699 das heutige Neu-Isenburg entstand.

Der Beginn der Landverteilung an die Flüchtlinge begann am 01.07.1699. Neu-Isenburg wurde planmäßig geometrisch angelegt, die Bauplätze waren gleich groß und ähnlich ausgerichtet. Am 20.09.1699 wurde das Privileg Johann Philipps für die „Colonie francoise d'Offenbach etablie a Philippsdorf" veröffentlicht.[471] Die Ansiedlung wurde zunächst angelehnt an den Grafen Philippsdorf genannt, später wurde der Name des Dorfes in Neu-Isenburg umgewandelt.

In dem Privileg wurde den Glaubensflüchtlingen die freie Ausübung ihrer Religion gestattet. Am 20.05.1700 hielt der hugenottische Pfarrer Isaac de Bermond den ersten Gottesdienst unter freiem Himmel ab, eine Kirche existierte zu diesem Zeitpunkt noch nicht. Die Grundsteinlegung der ersten Holzkirche in Neu-Isenburg erfolgte im Mai 1702, im Jahre 1706 wurde sie feierlich eingeweiht. Diese Holzkirche war jedoch nur von provisorischer Natur, als Ersatz dafür wurde die französisch-reformierte Kirche in Neu-Isenburg im Jahre 1775 fertig gestellt.

Die Bewohner Neu-Isenburgs waren in der Mehrzahl Handwerker.[472] In den ersten Jahren der Ansiedlung bedeutete die Strumpfwirkerei den Haupterwerbszweig der Flüchtlinge. Im 19. Jahrhundert schritt die wirtschaftliche Entwicklung Neu-Isenburgs weiter voran; die Hasenhaarschneiderei sowie die Huterzeugung wurden zu wichtigen Einnahmequellen des Dorfes. Durch die räumliche Nähe Neu-Isenburgs zur Lederwarenstadt Offenbach gewann auch das Ledergewerbe eine große Bedeutung für den ökonomischen Aufschwung des Dorfes.

Die Glaubensflüchtlinge hatten in den ersten Jahrzehnten mit Schwierigkeiten innerhalb und außerhalb der neu gegründeten Gemeinde zu kämpfen. Es kam sowohl zu Grenzkonflikten mit den Nachbargemeinden Neu Isenburgs als auch zu Prozessen über Waldnutzungs- und Weiderechte mit der Stadt Frankfurt/Main.

---

471 Ebd., S. 43

472 Ebd., S. 44

Die Zuwanderung deutscher Calvinisten nach Neu-Isenburg sorgte für Streitigkeiten innerhalb der französischen Gemeinde. Ab dem Jahre 1740 war die Zahl der deutschen Reformierten derart angestiegen, dass sie die Einführung deutscher Predigten während des Gottesdienstes forderten. Im Jahre 1755 schlichtete der Graf mit einem Dekret diesen lange andauernden Zwist, indem er die alleinige Verwendung der französischen Sprache in Gottesdienst und Schule anordnete. Weiterhin hatten sich die deutschen Bewohner Neu-Isenburgs sich der französischen Kirchendisziplin zu unterwerfen.

Gegen Ende des 18. Jahrhunderts schritt die Bedeutung der deutschen Sprache in Neu-Isenburg immer weiter voran.[473] Im Jahre 1781 kam es zur Gründung der ersten deutschen Schule. Ab dem Jahre 1829 wurden Predigten in deutscher Sprache erlaubt. Als Reaktion auf den Vormarsch der deutschen Sprache löste 5 Jahre später diese die französische Sprache innerhalb des Schulunterrichtes ab. Da die Zahl der hugenottischen Gläubigen stark zurückging, kam es im Jahre 1872 zum Zusammenschluss der französisch-reformierten und der lutheranischen Gemeinde in Neu-Isenburg. Sie verständigten sich darauf, dass die Gottesdienste in deutscher Sprache abgehalten wurden.

Die Erinnerung an die Ansiedlung der hugenottischen Glaubensflüchtlinge wird in vielfacher Form wach gehalten. Einerseits zeigt das Heimatmuseum der Stadt eine Dauerausstellung zur Hugenottengeschichte, andererseits sind hugenottische Originalschriften in der alten Schule aufbewahrt.

Anlässlich des 300-jährigen Stadtjubiläums gab Neu-Isenburg eine Festschrift heraus, in der die Geschichte der Ansiedlung der Hugenotten ausführlich dargestellt wurde.

6.4 Carlsdorf

Die ersten Bewohner Carlsdorfs lebten vor ihrer Ankunft in Hessen-Kassel vorübergehend in Hofgeismar, Grabenstein und Hombressen. Zahlreiche der Carlsdorfer Neuansiedler stammten aus dem französi-

[473] Ebd. S. 44 f

schen Abries und flüchteten nach dem Revokationsedikt von Fontainebleau über den Col de Turres nach Pragelas.[474] Von dort aus führte ihre Flucht über Genf, Schaffhausen, Frankfurt/Main und Kassel nach Hofgeismar. Nachdem die Abgesandten des hessischen Landgrafen die Flüchtlinge davon überzeugt hatten, sich in Hessen-Kassel anzusiedeln, gaben sie ihren ursprünglichen Plan, nach Brandenburg-Preußen zu emigrieren, auf.

Die unter der Führung des Pfarrers David Clement in Hofgeismar eintreffenden 95 Personen wurden am 28.02.1686 zum ersten Male offiziell unterstützt.[475] Da Hofgeismar auf Dauer die finanzielle Versorgung der Flüchtlinge nicht gewährleisten konnte, war es notwendig, sobald wie möglich Ansiedlungsmöglichkeiten für die Hugenotten außerhalb Hofgeismars zu finden. Auf Anfrage der Regierung in Kassel teilte der Rentmeister Kaspar Johann Rang aus Hofgeismar die Entdeckung eines Siedlungslandes mit:[476] „Zwischen dem Strauchberg und der Lichtenheyde hat ebenfalls ein Dorff, Gauze genannt, gestanden (...) und gehöret ebenfalls der Zehende gnädiger Herrschaft."

Noch im Jahre 1686 entstanden auf diesem Land zunächst 12 oder 15 Häuser, in denen 24 Familien mit insgesamt 105 Personen wohnten. Die Namen der ersten Hausbesitzer lauteten wie folgt:[477] Geoffroy Bellon, Jacob Martin, Blaise Martin, Jean Michel, Abraham Petitjean, Jacques de Rameaux, Francois de Latre, Jacob Broucher, Abraham Squedin, Jean und Guillaume Fouquet.

Obwohl keine weiteren Baumaßnahmen durchgeführt wurden, stieg die Zahl der in Carlsdorf lebenden Familien stark an. Zögner gibt für das Jahr

474 Gonnermann, E.: Das Tal von Queyras und Abries, die Heimatgemeinde von Karlsdorf in Hessen, in: Hessenland. Zeitschrift für hessische Geschichte und Literatur, Kassel, Mai 1927, 39 Jg., Heft 5, S. 97–99, hier: S. 98

475 Baas, F.-K.: Carlsdorf, in: Desel/Mogk, Hugenotten und Waldsenser in Hessen-Kassel, a.a.O., S. 162–177, hier: S. 162

476 Zitiert aus: Ebd.

477 Niemeyer, A.: Die älteste französische Kolonie in Hessen, in: Der deutsche Hugenott. Zeitschrift für die Mitglieder des Deutschen Hugenotten-Vereins, Braunschweig 1955, S. 15–18, hier: S. 15

1688 43 Familien an.[478] Aus nicht näher bekannten Gründen verließen einige Familien Carlsdorf, im Jahre 1691 betrug die Bewohnerzahl lediglich 27 Familien.[479] Trotz dieses Rückgangs der Bevölkerungszahl wurde im Jahre 1696 mit dem zweiten Bauabschnitt begonnen. Durch finanzielle Zuwendungen und die Ausgabe von Baumaterial unterstützte die Regierung in Kassel die Flüchtlinge beim Bau ihrer Häuser. Durch den Zuzug von fünf hugenottischen Familien (Delahaye, Durant, Martin, Meyer, Morell) im Jahre 1699 stieg die Zahl der Einwohner Carlsdorfs wieder leicht an.[480]

Anfang des 18. Jahrhunderts ließ die Fluktation unter den Flüchtlingen in Carlsdorf nach, der hugenottische Zuzug von auswärts sank spürbar, ebenso der Verlust an Gemeindemitgliedern.

Im Laufe der Zeit siedelten sich einige Deutsche aus den Nachbargemeinden in Carlsdorf an. Die Gründe dafür lagen einerseits in der Heirat zwischen Deutschen und Mitgliedern der französischen Kolonie und andererseits im Ankauf von Ländereien, obwohl im Jahre 1717 von der Verwaltung des Landgrafen festgelegt wurde, dass Häuser und Ländereien lediglich an Hugenotten verkauft werden sollten. Pfaff fand heraus, dass von den im Jahr 1799 in Carlsdorf lebenden 184 Personen 73 Deutsche waren.[481]

Die Bewohner der Kolonie waren in den ersten Jahren enormen Anstrengungen ausgesetzt.[482] Neben der Errichtung der Häuser mussten umfangreiche und zeitaufwendige Kultivierungsarbeiten durchgeführt werden. Die Erträge des Ackerbaus reichten trotz des verhältnismäßig guten Bodens nicht aus, die Ernährung der Familien sicher zu stellen. Der Tabakanbau, der durch die Genehmigung der Regierung in Kassel unversteuert

---

478 Zögner, L.: Hugenottendörfer in Nordhessen. Planung, Aufbau und Entwicklung von siebzehn französischen Emigrantenkolonien. Eine Studie zur historisch-geographischen Landeskunde, Marburg 1966, S. 46

479 Ebd.

480 Ebd. S. 48

481 Pfaff, F.: Karlsdorf. Die älteste französische Kolonie in Hessen in vorbildlicher Entwicklung zum deutschen Dorfe, Kassel 1916, S. 103

482 Vgl. auch dazu Niemeyer, A.: Heimatfest Karlsdorf, in: Heimatkalender für den Kreis Hofgeismar 1937, S. 33–34, hier: S. 34

betrieben werden durfte, brachte auch nicht den gewünschten Erfolg. Obwohl den Flüchtlingen insgesamt 380 Hektar als Weidefläche zugestanden wurde, entwickelte sich die Viehwirtschaft nur langsam voran.[483] Der einzige Gewerbezweig, der zu dieser Zeit eine überregionale Bedeutung gewann, war die Haltung von Truthühnern.

Diese weit verbreitete Armut unter den Bewohnern Carlsdorfs führte zu Bittgesuchen einzelner Flüchtlinge an die Regierung in Kassel:[484] „1696 war es zum Beispiel Jean de Rege, 1704 folgten Jacob Boucher und Niclas Fournier, 1705 war es Jean Archard, 1708 die Witwe des Jan de Rege, 1709 waren es dann Christoph Bergmann, Jacob Boucher, Daniel Gavel, Jean Rive und die Witwe Coulon und 1730 Jean Bouceau."

Die Bewohner von Carlsdorf übten verschiedene Handwerksberufe aus. Neben einem Müller wurden ein Weber, ein Schmied, ein Lohgerber sowie ein Handschuhmacher genannt.[485] Der Stofffabrikant Jean Lovie war einer der einflussreichsten Einwohner Carlsdorfs, seine Manufaktur besaß in der Umgebung von Kassel eine regionale Bedeutung.

Im Jahre 1699 wurde mit dem Bau einer Kirche in Carlsdorf begonnen.[486] Die Regierung in Kassel übernahm auf Bitten der französischen Gemeinde die gesamte Finanzierung. Am 01.11.1703 war der Kirchenbau so weit vorangeschritten, dass die hugenottische Gemeinde dem Landesherrn für seine wohlwollende finanzielle Unterstützung danken konnte. Bei der Finanzierung einer Kirchenglocke zeigte sich der Landesherr ebenfalls großzügig, er erteilte der französischen Gemeinde die Genehmigung, auf seine Kosten eine Glocke in der Veckerhagener Eisenhütte gießen zu lassen.[487]

---

483 Zögner, Hugenottendörfer in Nordhessen, a.a.O., S. 51

484 Zitiert aus: Baas, Carlsdorf, in: Desl/Mogk, Hugenotten und Waldenser in Hessen-Kassel, a.a.O., S. 165

485 Pfaff, Karlsdorf, a.a.O., S. 85

486 Baas, Carlsdorf, in: Desl/Mogk, Hugenotten und Waldenser in Hessen-Kassel, a.a.O., S. 165

487 Ebd. S. 166

Am 19.10.1704 feierte Pfarrer David Clement den ersten Gottesdienst in der neu erbauten Kirche.[488] In seiner Predigt dankte er dem Landesherrn für die Unterstützung des Flüchtlingsdorfes:[489] „Insbesondere aber haben wir in diesem Augenblick Anlaß, den Herrn dafür zu preisen, dass er uns in unserer Zerstreuung voll Trübsal gewürdigt hat, uns wieder zu sammeln unter dem Schutz eines Fürsten, der unter seinen Standesgenossen einen Ehrenplatz einnimmt und eine Zier des Reiches, ein Pfleger der Kirche und ein Verteidiger des Glaubens, der Vater seiner Untertanen und eine Zuflucht derer, die um der Gerechtigkeit willen verfolgt wurden. Er hat uns seine Lande, seinen Schatz und sein Herz geöffnet und gewährt uns nicht nur die Mittel, ein leidliches und ruhiges Leben zu führen, sondern auch den Trost, Gott öffentlich dienen zu können sonder Störung und Gefährde. Sorgt dafür, ihr Gläubigen, dass das Andenken an diese unschätzbaren Wohltaten niemals erlischt, erzählt davon euren Kindern, bewahrt ihm, um eure Dankbarkeit dafür zu erweisen, unverletzliche Treue, seid eifrig in seinem Dienst und zuverlässig im Gehorsam gegen ihn. Möge der Herr der Herren durch den heiligen Geist der Familie unseres Fürsten innewohnen, damit er die Genugtuung hat, in seinen Kindern, so wie man es an ihm sieht, wieder aufleben zu sehen jene Großmütigen, jene Weisen, jene Standhaften, jene Frommen unter den Ahnen ruhmreichen Andenkens. (...) Möge der Vater der Erleuchtung aufs Beste in euch wirken und euch Gunst und Ruhm verleihen."

Als Jacques Le Fevre im Jahre 1704 die Pfarrstelle in Carlsdorf übernahm, musste für den Theologen ein Pfarrhaus errichtet werden. Die Regierung in Kassel erklärte sich bereit, diesen Neubau finanziell zu unterstützen. Das Pfarrhaus wurde endgültig im Dezember 1705 fertig gestellt.

---

488 N.N.: Die älteste Hugenottensiedlung Hessens. Zum 250jährigen Jubiläum der Carlsdorfer Kirche, in: Der evangelische Sonntagsbote, Jg. 9, Nr.47, 17.10.1954, S. 2

489 Zitiert aus: Pfaff, Karlsdorf, a.a.O., S. 103. Eine für die Nachwelt erhaltene Würdigung des Landgrafen Carl von Hessen-Kassel findet sich am Portal der Kirche: Die Franzosen, die wegen ihres Bekenntnisses zum Evangelium vertrieben wurden, haben diese Kirche zur Ehre Gottes errichtet durch die mildtätige Unterstützung seiner Hoheit des Fürsten und Landgrafen Carl von Hessen-Kassel. Er sammelte sie voller Mitleid unter seinem Schirm und trug nicht weniger Sorge um das Heil ihrer Seelen, als um die Erhaltung ihres Leibes. Er verdient, dass die in diesem

Im Gegensatz zum späten Bau sowohl der Kirche als auch des Pfarrhauses existierte schon seit der Gründung Carlsdorfs eine Schule. Weiterhin gab es von Anfang an ein Brauhaus im Dorf; das Braurecht hatten die Hugenotten von Hofgeismar mit nach Carlsdorf genommen.

Die seit dem Jahre 1705 bestehende kirchliche Verbindung mit der Nachbargemeinde Schöneberg wurde im Jahre 1739 wieder aufgelöst, da der Pfarrer von Mariendorf für Carlsdorf zuständig wurde. Im Jahre 1840 wurde Carlsdorf Vikariat der nahe gelegenen Stadt Hombressen.[490]

Die französische Sprache wurde in Carlsdorf im Laufe der Zeit immer weiter zurückgedrängt. Sowohl im Schulunterricht als auch im Gottesdienst verdrängte gegen Ende des 18. Jahrhunderts die deutsche Sprache das Französische endgültig. Bis zum heutigen Tag existieren sieben in Carlsdorf lebende Familien mit französischem Namen: Bellon, Bonnet, Chailliol, Martin, Morell, Mulot und Vialon.[491]

6.5 Louisendorf (Hammonshausen)

Im Herbst 1687 erreichten 30–40 hugenottische Flüchtlingsfamilien Marburg, die auf ihrer Flucht aus Frankreich durch die Schweiz und Württemberg gezogen waren. Die meisten dieser Flüchtlinge stammten aus der Region Die im Dauphine. Neben Die wurden in den Kolonielisten von Marburg als Herkunftsorte Clavans-en-Oisans (Departement Isere, Arrondissement Grenoble), Metoulles-en-Pragelas (Departement Drome), St.Roman-en-Diois (Departement Drome), Mens-en-Trieves (Departement Isere, Arrondissement Grenoble), Montmaur-en-Diois (Departement Drome) und Personen aus dem Viverais aufgezählt.[492] Die Glaubensflüchtlinge wählten Marburg als ersten Ansiedlungsort, da ihr lang-

Hause beten und allerorten heiße Wünsche zum Himmel senden für sein Wohlergehen und für seinen Ruhm. Vgl. Ebd. S. 103 f

490 Pfaff, Karlsdorf, a.a.O., S. 104

491 Baas, Carlsdorf, in: Desl/Mogk, Hugenotten und Waldenser in Hessen-Kassel, a.a.O., S. 169

492 Schröter, K.: Louisendorf (Hammonshausen), in: Desel/Mogk, Hugenotten und Waldenser in Hessen-Kassel, a.a.O., S. 348-365, hier: S. 348

jähriger Heimatpfarrer Thomas Gaultier in Marburg eine Professur für Theologie innehatte.

Landgraf Karl I. von Hessen-Kassel schlug den Flüchtlingen die Wüstung Hammonshausen[493] zur Besiedelung vor. Der Oberschultheiß der nahe gelegenen Stadt Frankenberg, Johann Adam Christ, gab eine Beschreibung der Wüstung:[494] „(...) 300 bis 400 Acker groß, ohne nennenswerten Baumbestand, noch erkennbares einstmaliges Ackerland, gute Brunnquellen; in der Mitte ein Steinhaufen."

Am 11.12.1687 beantragten 45 hugenottische Familien bei der Kanzlei in Marburg, im Amt Frankenberg aufgenommen zu werden und sich in Hammonshausen ansiedeln zu dürfen. Wenig später erhielten sie die landgräfliche Erlaubnis zur Besiedelung von Hammonshausen.

Am 10.01.1688 verließen ungefähr 160 Personen Marburg und zogen ins Frankenberger Land. Vorübergehend wurden sie in der Stadt Frankenberg und in den Nachbargemeinden Röddenau, Haine, Birkenbringhausen, Bottendorf, Ernsthausen, Geismar, Ellershausen, Allendorf, Dainrode, Haubern und anderen Orten untergebracht. Im Frühjahr 1688 begannen die Rodungsarbeiten; der Landmesser Lorenz Schmerfeld unterteilte die Flächen und entwarf die spätere Siedlungsanlage.[495]

Es wurde schon bald deutlich, dass die in Hammonhausen zur Verfügung stehende Fläche nicht für alle hugenottischen Flüchtlinge ausreichen würde. Im Mai 1686 kam der landgräfliche Kommissar Buch nach Frankenberg und wählte zusammen mit dem Theologieprofessor Gaultier diejenigen Flüchtlinge aus, die sich in Hammonshausen ansiedeln durften.[496] Diejenigen Hugenotten, die bei der Wahl Buchs und Gaultiers nicht berücksichtigt wurden, verließen bis zum August 1688 die Frankenberger Gegend. Lediglich der Hutmacher Esaias Faure und der

493 Der Ort erhielt seinen Namen durch den Umstand, dass sich dort im 8. Jahrhundert ein Götzenbild des Jupiter Ammon befunden haben sollte.

494 Zitiert aus: Ebd.

495 Sprunkel, V.G.: Geschichte und Sprache der Hugenottenkolonie Louisendorf bei Frankenberg/Eder, Marburg 1964, S. 36

496 Schröter, K.: Louisendorf (Hammonshausen), in: Desel/Mogk, Hugenotten und Waldenser in Hessen-Kassel, a.a.O., S. 348-365, hier: S. 349

Strumpffabrikant Jean Gaultier blieben in Frankenberg und bauten dort ertragreiche Manufakturen auf.

Die 118 für die Ansiedlung in Hammonshausen ausgewählten Personen wurden in sechzehn Haushalte unterteilt.[497] Zum Teil kam es zur Bildung von Notgemeinschaften, erwachsene Personen ohne Familienanhang und jugendliche Waisen wurden in bestimmte Haushalte integriert.

Der Einzug der hugenottischen Flüchtlinge in Hammonshausen erfolgte am 04.06.1688. Der Landgraf ließ provisorisch Holzbaracken mit Strohdächern sowie zwei Scheunen bauen. Weiterhin wurden Grabscheite, Äxte, Brotgetreide, Saatgut, mehrere Kühe und Ochsen sowie zwei Viehwagen an die Flüchtlinge verteilt. Kurz nach der Neugründung wurde deutlich, dass die Fläche des Ortes eine angemessene Viehhaltung nicht zuließ. Daraufhin legte der Landgraf fest, die Siedlungsfläche Hammonshausen um 54 Hektar auf Kosten der Nachbargemeinde Ellershausen, die dafür finanziell entschädigt wurde, zu erweitern.

Die erste Entwicklungsphase nach der Gründung der französischen Kolonie verlief sehr schleppend, manche Flüchtlinge verloren den Glauben an den wirtschaftlichen Fortschritt Hammonshausen. Der erste Lehrer der Kolonie, Pierre Poirier, verließ im Jahre 1691 ohne Abschied die französische Gemeinde.

Der Pfarrer der hugenottischen Kolonie, Abraham Fontaine, zweifelte ebenfalls am Fortbestand der Gemeinde, was sich daran bemerkbar machte, dass er seine Amtshandlungen lediglich auf losen Blättern notierte.[498] Die Armut der Bewohner wurde besonders dadurch deutlich, dass die landgräfliche Regierung in Kassel in regelmäßigen Abständen Getreide nach Hammonshausen lieferte. Aufgrund der schlechten Lebenssituation kam es vermehrt zu Streitigkeiten innerhalb der Kolonie. In einem gemeinsamen Papier der Bewohner Hammonshausen wurde denjenigen, die nichts zum Aufbau der Kolonie beitragen würden, der Aus-

---

497 Ebd.

498 Vgl. dazu Giebel, A.: Abraham Fontaine, der erste Prediger der französischen Kolonie Louisendorf, in: Der deutsche Hugenott. Zeitschrift für die Mitglieder des Deutschen Hugenotten-Vereins, Braunschweig, März 1953, 17. Jg., Nr. 1, S. 11–15

schluss aus der Dorfgemeinschaft angedroht.[499] Erst ab dem Jahre 1694 verbesserte sich die Situation etwas, die Getreidelieferungen der Regierung in Kassel wurden auf bestimmte Notfälle beschränkt.

Nachdem Hammonshausen im Jahre 1693 vom Landgrafen eine Zuteilung an Bauholz erhielt, begann im folgenden Jahr der Bau der Wohnhäuser.

Der erste Pfarrer der französischen Gemeinde wurde Abraham Fontaine, der über Lausanne, Frankfurt/Main im September 1687 nach Marburg emigrierte.[500]

Der Landgraf stimmte dem Antrag zur Errichtung einer Pfarrstelle für die hugenottische Gemeinde um Frankenberg im April 1688 zu. Er beschloss weiterhin, dass die Entlohnung aus dem Etat der Universität Marburg bestritten werden sollte. Fontaine wurde im Mai 1688 vom Konsistorium in Kassel einer Prüfung unterzogen und kurz danach durch die hugenottischen Pfarrer Pierre de Beaumont, Paul Joly und Philippe de Lambremont unter Handauflegung ordiniert. Am 20.05.1688 wurde er durch Thomas Gaultier in der Kirche von Frankenberg in sein Amt eingeführt. Die Glaubensflüchtlinge, die zu dieser Zeit noch in Frankenberg und den Nachbargemeinden wohnten, wählten als Ort des Gottesdienstes die Kapelle des ehemaligen Klosters Georgenberg.[501]

Nachdem sich die Flüchtlinge in Hammonshausen angesiedelt hatten, fanden in der Georgenberger Kapelle in den Sommermonaten pro Woche zwei Gottesdienste, im Winter dagegen nur einer statt, da der Fußweg von Hammonshausen zum Kloster ungefähr 1 ½ Stunden betrug. Fontaine, der in Frankenberg wohnte, besuchte Hammonshausen zu festgelegten Gebets- und Katechismusstunden einmal in der Woche. An den

---

499 Schröter, K.: Louisendorf (Hammonshausen), in: Desel/Mogk, Hugenotten und Waldenser in Hessen-Kassel, a.a.O., S. 348–365, hier: S. 350

500 Beuleke, W.: Die Bastet – eine Refugiesfamilie in Hessen, in: Der deutsche Hugenott. Zeitschrift für die Mitglieder des Deutschen Hugenotten-Vereins, Braunschweig, September 1973, 37. Jg., Nr. 3, S. 79–89, hier: S. 80

501 Schröter, K.: Louisendorf (Hammonshausen), in: Desel/Mogk, Hugenotten und Waldenser in Hessen-Kassel, a.a.O., S. 353

Weihnachtstagen kam er zusätzlich zu den Abendmahlfeiern, um den Älteren und Kindern den langen Weg nach Frankenberg zu ersparen.[502]

Die ersten Anciens, die Ältesten der französischen Gemeinde, waren folgende Personen:[503] Barthelmi Chenebier, Pierre Armand, Pierre Brochet, Gaspar Michel, Abraham Jean, David Beaumier, Noe Vilang, Jean Bastet.

Als der Vizekanzler aus Kassel, Heinrich von Haxthausen, den Versuch unternahm, die französische Kolonie in Hammonshausen zusammen mit den anderen Kolonien in Nordhessen dem Konsistorium in Kassel zu unterstellen, sahen die Bewohner Hammonshausen darin den Versuch einer Bevormundung und widersetzten sich der Forderung. Aufgrund ihrer anhaltenden Proteste beim Landgrafen sicherte dieser ihnen erneut die eigenständige Entscheidungsgewalt in kirchlichen Fragen zu.

Jedoch scheiterten verschiedene Versuche, die französischen Gemeinden in Nordhessen in einer eigenen Synode zu vereinigen. Die Landeskirche in Kassel widersetzte sich aus Angst vor einem drohenden Machtverlust den Bemühungen der hugenottischen Kolonien, die französisch-reformierte Kirchenordnung in Nordhessen zu verwirklichen.[504] In besonderen Fällen, die innerhalb der französischen Gemeinde Hammonshausen nicht geregelt werden konnten, wurde der Marburger Vizekanzler und als weiterer Ansprechpartner Professor Gaultier hinzugezogen.

Die Kapelle des ehemaligen Klosters Georgenberg sollte lediglich eine Übergangslösung bis zum Bau eines eigenen Gotteshauses in Hammonshausen darstellen. In dem Bericht des Pfarrers Fontaine über die Zeit zwischen 1687 bis 1703 hieß es:[505] „Seine Hoheit der Landgraf hatte uns seit Beginn unserer Niederlassung versprochen, uns in Hammonshausen selbst ein Gotteshaus bauen zu lassen; wir hatten auch mehrere Male Bittschriften deshalb eingereicht. Aber der Krieg, der unmittelbar nach 1688

---

502 Ebd.

503 Seibert, W.: Die ersten Ansiedler der französischen Kolonie Louisendorf in Hessen, in: Der deutsche Hugenott. Zeitschrift für die Mitglieder des Deutschen Hugenotten-Vereins, Braunschweig, Juni 1974, 38. Jg., Nr. 2, S. 53–58, hier: S. 55

504 Schröter, K.: Louisendorf (Hammonshausen), in: Desel/Mogk, Hugenotten und Waldenser in Hessen-Kassel, a.a.O., S. 354

505 Zitiert aus: Ebd., S. 359

kam, ließ es nicht zu, an Bauen zu denken, und man sagte uns, wir möchten warten, bis die Zeit geeigneter und besser ist."

Nach der Prüfung eines Kostenvoranschlags erteilte der Landgraf am 08.07.1699 seine Zustimmung zum Bau einer Kirche in Hammonshausen. Nach dreijähriger Bauzeit wurde die Kirche am 15.10.1702 feierlich eingeweiht.[506] In einer Inschrift an der Kirche von Louisendorf wurde auf die Wohltaten des Landgrafs Karl I. hingewiesen:[507] „Dieses Gotteshaus ist Gott, dem Dreieinigen, Allgütigen und Allmächtigen, unserem Licht in der Finsternis, dem heilbringenden Lebensquell in der Trübsal, dem Führer auf dem Lebensweg, dem Tröster und der Zuflucht in der Not, dem gestreuesten Verbündeten in Ewigkeit durch Christus, unsern Herrn, und um Christi willen und dem gastfreundlichen Erhalter, wohltätigen Beschützer und Ernährer in dieser Zeit durch Carl I., den frommen und hochherzigen Fürsten, Landgrafen von Hessen, den Erbauer dieses gottgefälligen Hauses, wie es dem Herrn gebührt, geheiligt und geweiht worden von den französischen Flüchtlingen."

In einem Schriftstück vom 17.09.1700 bat Pfarrer Fontaine im Auftrag der französischen Gemeinde die Regierung in Kassel um die Genehmigung, den seiner Ansicht nach heidnischen Ortsnamen Hammonshausen in Sophienberg umzuändern. Die Behörde stimmte dem Änderungswunsch des Pfarrers zu, jedoch entschied sie sich für den Namen Louisendorf, der von der im Jahre 1688 geborenen Tochter des Landgrafen, Louise, abgeleitet wurde.[508]

Im Jahre 1707 wurden die Bewohner Louisendorfs auf den Landgrafen vereidigt. Eine Zählung ergab eine Einwohnerzahl von ungefähr 80 Personen, die in 19 Häusern untergebracht waren.[509] Die Stellung von Louisendorf wurde dadurch aufgewertet, dass im Jahre 1712 der Sitz des För-

---

[506] Giebel, A.: Aus der Geschichte der französischen Kolonie Louisendorf. Zum 250jährigen Bestehen der Kirche 1702–1952, in: Kasseler Sonntagsblatt vom 13.07.1952, 74.Jg., Nr. 28, S. 14–15, hier: S. 14

[507] Zitiert aus: Hochhuth, C.W.H.: Statistik der evangelischen Kirche im Regierungsbezirk Cassel, Kassel 1872, S. 663

[508] Schröter, K.: Louisendorf (Hammonshausen), in: Desel/Mogk, Hugenotten und Waldenser in Hessen-Kassel, a.a.O., S. 350

[509] Ebd.

sters von Geismar nach Louisendorf verlegt wurde. Im Jahre 1738 war ein leichter Anstieg der Bevölkerungszahl festzustellen, es lebten zu dieser Zeit 106 Personen in Louisendorf.[510]

Seit Beginn des 18. Jahrhunderts siedelten sich immer mehr Deutsche in Folge der Heirat mit einem Mitglied der französischen Gemeinde in Louisendorf an.[511] Der landgräfliche Inspektor de Rochemont bemerkte im Jahre 1752:[512] „Die Colonie Louisendorf ist arm; wenn sie, wie man mir es versichert, die Äcker und Wiesen erlangt habe, die sie erbäte, ist Grund vorhanden zu hoffen, dass sie blühen wird, weil die Colonisten bäuerlich und arbeitsam sind. Diese Colonie ist gemischt mit Deutschen, die gute Franzosen sind. Sie haben auch Grund dazu. Ihre Kinder lernen ohne Anstrengung Französisch, das richtungsgebend für ihr ganzes Leben ist."

Ab dem Jahre 1775 siedelten sich Adelige in Louisendorf an. Kapitän Freiherr von Ehrenklau, Leutnant Frederic von Drach und seine Frau Henriette von Berlepsch kauften mehrere Grundstücke im Dorf. Im Jahre 1780 hatte Louisendorf 123 Einwohner und 25 Häuser einschließlich Kirche, Schule und Hirtenhaus. Es wurden 451 Morgen Acker, 72 Morgen Wiese und 24 Morgen Driesch bewirtschaftet.[513]

Als nach dem Tod des Pfarrers Wilhelm Zimmermann im Jahre 1870 die Stelle neu besetzt werden sollte, fand sich niemand unter den vier Bewerbern, der die französische Sprache fließend beherrschte. Daraufhin beauftragte die Regierung in Kassel die hugenottische Gemeinde, einen geeigneten Kandidaten, der zur Übernahme der Stelle bereit wäre, zu präsentieren. Da die Louisendörfer keinen passenden Bewerber fanden, setzte die Regierung in Kassel durch ein am 08.06.1871 verabschiedetes Dekret fest, dass der Gottesdienst von nun an in deutscher Sprache abge-

---

510 Ebd. S. 351

511 Grandjot, J.: Der Kampf der Louisendörfer um die Reinerhaltung des französischen Charakters ihrer Gemeinde, in: Der deutsche Hugenott. Zeitschrift für die Mitglieder des Deutschen Hugenotten-Vereins, Braunschweig, März 1963, 27 Jg., Nr.1, S. 11–15, hier: S. 12

512 Zitiert aus: Schröter, K.: Louisendorf (Hammonshausen), in: Desel/Mogk, Hugenotten und Waldenser in Hessen-Kassel, a.a.O , S. 351

513 Ebd.

halten werden sollte. Mit diesem Beschluss entfiel ebenfalls die Begründung für den Französischunterricht in der Schule, Deutsch wurde die alleinige Unterrichtsprache.[514]

Die Erinnerung an die Gründung Louisendorfs durch hugenottische Flüchtlinge bleibt auch in der heutigen Zeit erhalten. Die Stadt Frankenberg als Rechtsnachfolgerin der Gemeinde Louisendorf schloß mit der französischen Stadt Die, aus der viele hugenottische Flüchtlinge stammten, einen Freundschaftsvertrag ab.[515] Es besteht ein wechselseitiger genealogischer Austausch zwischen den Hugenottennachkommen in Louisendorf und den Protestanten in Die.

6.6 Kassel

Bereits unter den Landgrafen Moritz existierte in Kassel eine wallonische Kirchengemeinde mit einem eigenen Prediger.[516] Am 01.11.1616 genehmigte der Landgraf dem hugenottischen Flüchtling Doucet, in der Residenzstadt Kassel eine Schule einzurichten, in der ausschließlich in französischer Sprache unterrichtet wurde. Im Laufe des 17. Jahrhundert stieg die Zahl der Flüchtlinge, die sich in Kassel und der näheren Umgebung ansiedelten, in stärkerem Maße an. Siebel nannte folgende hugenottische Flüchtlinge, die in Kassel einwanderten:[517] Kaufmann Thomas Bourdon aus Metz (1628), Schneider Jean Honore aus Paris (1630), Krämer Jacques Ferron aus Paris (1631) und Kaufmann George Dumont aus dem Languedoc (1641). Bei der hugenottischen Familie Grandidier, die über großen Einfluss innerhalb Kassels verfügte, fanden die Flüchtlinge eine erste Anlaufstelle.

Nach dem Revokationsedikt von Fontainebleau nahm die Zahl der Glaubensflüchtlinge, die in Kassel Aufnahme suchten, um ein Vielfaches zu. Die Flüchtlinge waren zum größten Teil über die Schweiz und Württem-

---

[514] Zögner, Hugenottendörfer in Nordhessen, a.a.O., S. 105

[515] Schröter, K.: Louisendorf (Hammonshausen), in: Desel/Mogk, Hugenotten und Waldenser in Hessen-Kassel, a.a.O., S. 355

[516] Siebel, A.: Refugies in der Residenzstadt Kassel, in: Desel/Mogk, Hugenotten und Waldenser in Hessen-Kassel, a.a.O., S. 47–103, hier: S. 47

[517] Ebd.

berg nach Hessen-Kassel eingewandert. Sie kamen aus verschiedenen Regionen in Frankreich; die meisten stammten aus der Champagne, aus Paris und Metz, aus dem Dauphine, Languedoc sowie dem Poitou. Um die Aufnahme der hugenottischen Flüchtlinge finanziell zu bewältigen, wurde am 01.12.1685 eine allgemeine Landeskollekte ausgeschrieben, die eine Summe von 3.900 Talern einbrachte. Durch die finanziellen Zuschüsse verschiedener Gruppen und Privatpersonen stieg der Betrag noch auf 9.000 Taler an. Da die Unterbringungsmöglichkeiten für die ankommenden Flüchtlinge nicht ausreichten, entschloss sich im Jahre 1687 der Landgraf, einen neuen Stadtteil in Kassel nach den Plänen des französischen Architekten Paul du Ry anzulegen. Auf diesem Wege entstand die hauptsächlich von Hugenotten bewohnte Oberneustadt.[518] Ab dem Jahre 1698 kam es zu einer erneuten Auswanderung von Hugenotten und Waldensern aus dem Herzogtum Savoyen-Piemont, dem Elsass und anderen Gegenden Frankreichs über Zwischenstationen in der Schweiz nach Kassel.

Die französische Gemeinde von Kassel wurde mit der Genehmigung des Landgrafen Karl I. am 28.10.1685 im Haus des hugenottischen Kaufmanns Jeremie Grandidier gegründet und die ersten Anciens der Gemeinde bestimmt:[519] „Im Jahre des Heils 1685, am Mittwoch, dem 28. Oktober, alten Stils um 7 Uhr morgens (…) mit der Erlaubnis seiner Durchlauchtigsten Hoheit des Herrn Landgrafen von Hessen- mit Namen Carl I.- haben die gläubigen Franzosen, die unter seinem Schutz geflüchtet sind, um hier öffentliches Bekenntnis abzulegen, von ihrer reformierten Religion, begonnen, sich im Saal des Herrn Jeremie Grandidier, Kaufmann in dieser Stadt Kassel zu versammeln. In dieser Versammlung waren zugegen Herr Pfarrer Paul l'Enfant, zuvor durch den Befehl seiner Durchlauchtigsten Hoheit berufen, um sein Amt in seinem Staat und besonders in dieser Stadt Kassel auszuüben, Herr Henri Grandidier und Herr Jeremie Grandidier, welche auf Vorschlag des Herrn l'Enfant die Funktion der Ältesten versehen, sowie Herr Bertin, der auf Anordnung

[518] Ebd. S. 49

[519] Zitiert aus: von Rommel, C.: Zur Geschichte der französischen Colonien in Hessen-Kassel, Kassel 1857, S. 146–147

der Beamten seiner Durchlauchtigsten Hoheit überdies die Funktion des Lektors übernahm und mehrerer anderer Gläubigen jeglichen Geschlechts, Alters und Standes. Dies alles geschah unter dem Wohlgefallen seiner Durchlauchtigsten Hoheit und seines Kirchenregiments (...)."

Am 29.11.1685 wies der Landgraf der neu gegründeten französischen Gemeinde die Brüderkirche in der Kasseler Altstadt zur Ausübung ihres Gottesdienstes zu. Daneben fanden Gottesdienste der französischen Gemeinde auch in der Schlosskirche und in der St. Elisabeth-Hospitalskirche statt. Laut den Anweisungen Karls I. musste der französische Pfarrer als Hofprediger alle vier Wochen am Sonntag sowie am zweiten Feiertag nach dem deutschsprachigen Gottesdienst eine Nachmittagspredigt in der Kirche des alten Landgrafenschlosses halten.[520]

Seit dem Jahre 1688 begann sich in der Kasseler Oberneustadt neben der französischen Gemeinde in der Altstadt eine weitere hugenottische Gemeinde zu bilden. Zwei Jahre später baten die dortigen Gemeindemitglieder den Landgrafen um die Erlaubnis, aufgrund der weiten Entfernung zur Altstädter Brüderkirche auch an den Werktagen Betstunden abhalten zu dürfen.[521] Diese Bitte wurde jedoch vom Landgrafen abgelehnt, da die Gemeinde in der Oberneustadt aus der geringen Zahl von 60 Personen bestand. Eine im Jahre 1691 vorgelegte Anfrage an den Landgrafen verlief erfolgreich, die Gemeinde durfte dreimal in der Woche im Nebengebäude des Hospitals der Oberneustadt Betstunden abhalten. Im Jahre 1693 war die Entwicklung zu einer eigenen französischen Gemeinde in der Oberneustadt mit einem eigenständigen Presbyterium unter dem Vorsitz des Pfarrers Jean Laget abgeschlossen.[522]

Als in den folgenden Jahren der Saal des Hospitals für die wachsende Zahl der Gemeindemitglieder nicht mehr genügend Platz bot, spielte das Presbyterium mit dem Gedanken, eine eigene Kirche zu errichten. An-

---

520 Vgl. dazu Ledderhose, C.W.: Beyträge zur Beschreibung des Kirchen-Staates der Hessen-Casselischen Lange gesammelt und mit vermischten Anmerkungen begleitet, Kassel 1780, S. 453

521 Piderit, F. C. T.: Geschichte der Haupt- und Residenzstadt Cassel, 2. Auflage, Kassel 1767, S. 48

522 Siebel, A.: Refugies in der Residenzstadt Kassel, in: Desel/Mogk, Hugenotten und Waldenser in Hessen-Kassel, a.a.O., S. 80

fang des Jahres 1697 überreichte das Presbyterium Landgraf Karl eine Bittschrift, die den Bau einer eigenen Kirche in näherer Zukunft beinhaltete. Der Antrag der französischen Gemeinde wurde am 14.01.1687 vom Landgrafen genehmigt. Karl I. unterstützte den Bau der Kirche sowohl durch die Sammlung von Kollektengeldern für diesen Zweck bei allen Gemeinden der Stadt Kassel als auch durch die Bereitstellung von notwendigen Baumaterialien.

Die französische Gemeinde in der Oberneustadt bat auch andere Gemeinden um finanzielle Unterstützung bei ihrem Vorhaben. Ein Bittgesuch an die Magdeburger Gemeinde enthielt den folgenden Wortlaut:[523] „Schon seit einigen Jahren halten wir unsere heiligen Uebungen in Cassel-Neustadt. Noch dient uns dazu ein einfaches Haus, das aber die betende Menge nicht mehr fassen kann. Darum hat seine Hoheit versprochen, uns die nöthigen Materialien zu liefern, auch uns durch ein besonderes Dekret die Freiheit gegeben, zu jenem Zwecke nicht nur unter uns zu kollektieren, sondern auch auswärts in den liebeswarmen Gemeinden, die wir gerade kennen, uns eine Geldhülfe zu erbitten zur Vollendung dieses Werks. Da die bisherigen Collecten für obigen Zweck nicht genügt haben, wenden wir uns auch an Euch, liebe Herrn und hochgeehrte Brüder, überzeugt, dass Euer Eifer für den Ruhm Gottes und für die Ehre unseres guten und wohlwollenden Fürsten Euch treiben wird, uns freudigst einige Zeichen Eurer Christliebe zu bewilligen, und uns mit irgend einer kleinen Summe, die Ihr für Eure Verhältnisse angemessene erachtet, zu unterstützen."

Als die notwendigen finanziellen Mittel bereitgestellt waren, legte Landgraf Karl am 03.08.1698 selbst den Grundstein zum Bau der Kirche. Um die Erinnerung an die Grundsteinlegung der Kirche festzuhalten, beauftragte Karl den Künstler David le Clerc aus Bern mit der Herstellung einer Kupfermünze.[524] Die Münze wurde in zwei verschiedenen Ausfertigungen in das Fundament der Kirche gelegt. Der Bau der Kirche verzö-

---

523 Zitiert aus: Ebd. S. 61

524 Hoffmeister, J.C.C.: Historische-kritische Beschreibung aller bis jetzt bekannt gewordenen hessischen Münzen, Metallen und Marken, Kassel/Paris 1857–1880, Bd.I, S. 393

gerte sich immer wieder, bis am 12.02.1710 die feierliche Einweihung des Gotteshauses stattfinden konnte. Die hugenottische Gemeinde in der Oberneustadt würdigte die Anstrengungen des Landgrafs Karls für die Errichtung der Kirche mit einer Inschrift über dem Hauptportal:[525] „Gott dem Allgütigen und Allmächtigen! Carl, Landgraf von Hessen, Fürst von Hersfeld, Graf von Katzenllnbogen, Diez, Ziegenhain und Nidda, ließ in frommen Eifer für die um des wahren Glaubens willen von dem heimischen Herde vertriebenen Franzosen diesen, dem Höchsten geweihten Tempel, zu dem er den Grundstein gelegt, zum Troste der Flüchtlinge von Grund aus aufrichten. Im Jahre 1710 wurde der Bau vollendet und die Einweihung vollzogen."

Neben den französischen Flüchtlingen ließen sich auch deutsche Familien in der Oberneustadt nieder. Unter der Bedingung, dass sie sich an den Bau- und Unterhaltskosten beteiligten, wurde es ihnen gestattet, die Kirche zur Gottesdienstfeier mitzubenutzen.[526]

Dies führte in den folgenden Jahrzehnten immer wieder zu Auseinandersetzungen zwischen der deutsch-reformierten und der französischen Gemeinde über die Gottesdienstzeiten und die Übernahme von Kosten, die zur Instandhaltung der Kirche notwendig waren.

Die beiden hugenottischen Gemeinden in der Oberneustadt und der Altstadt existierten als selbständige Institutionen nebeneinander. Im Zusammenhang mit dem Bau der Kirche in der Obeneustadt kam es am 25.10.1698 zu einem Zusammenschluss der beiden Presbyterien und der Armenkassen. Im Vereinbarungsbeschluss wurden folgende Punkte festgelegt:[527]

1. Die gemeinsame Betreuung der Armenkassen.
2. Jede Gemeinde legte ihre Rechnung über die Armengelder in Gegenwart von Vertretern des anderen Presbyteriums gesondert ab.

---

525 Siebel, A.: Refugies in der Residenzstadt Kassel, in: Desel/Mogk, Hugenotten und Waldenser in Hessen-Kassel, a.a.O., S. 108

526 Schminke, F.C.: Versuch einer genauen und umständlichen Beschreibung der Hochfürstlich-Hessischen Residenz- und Hauptstadt Cassel, Kassel 1767, S. 370 f

527 Siebel, A.: Refugies in der Residenzstadt Kassel, in: Desel/Mogk, Hugenotten und Waldenser in Hessen-Kassel, a.a.O., S. 80 f

3. Beide Presbyterien sollten sich viermal im Jahr treffen, um sowohl die Ereignisse in ihrer eigenen Gemeinde als auch die der Gesamtgemeinde zu behandeln.
4. Eine dieser Sitzungen sollte in der Oberneustadt stattfinden und die anderen drei an einem vom Landgraf bestimmten Ort.

Aufgrund des geplanten Pfarrhausneubaus in der Oberneustadt am 14.02.1720 beschlossen die beiden Presbyterien die gemeinsame Verwaltung ihres Vermögens. In einem Vertrag wurde festgelegt, dass das Pfarrhaus mit allen Nebengebäuden zu gleichen Teilen in den gemeinsamen Besitz der beiden Presbyterien überging.[528] Weiterhin sollten die gesammelten Kollekten in eine gemeinsame Kasse fließen und zu gleichen Teilen an beide Gemeinden verteilt werden. Die anderen Besitztümer und Einkünfte beider Gemeinden wurden ebenfalls gemeinsam verwaltet.

Zur Unterstützung des Baus eines Pfarrhauses wandten sich die beiden Presbyterien der Altstadt und der Oberneustadt an den Landgrafen und baten ihn um einen günstig gelegenen Bauplatz sowie um eine jährliche auf die Bauzeit beschränkte Hilfe von 400 Talern zum Kauf von Baumaterialien. Landgraf Karl genehmigte die Bittschrift der französischen Gemeinden und gestattete darüber hinaus noch eine Landeskollekte, die dem Pfarrhausneubau zugute kommen sollte. Die durch die Kollekte gesammelte Summe reichte jedoch nicht zur vollständigen Finanzierung des Vorhabens aus. In ihrer Not baten die beiden Presbyterien andere französische Gemeinden um finanzielle Unterstützung. Die Leipziger Gemeinde erklärte sich zur Mithilfe bereit und sammelte die Summe von 78 Talern und 10 Groschen für die Kasseler Glaubensbrüder.[529] Der Bau wurde im Jahre 1723 fertig gestellt und diente seitdem den Pfarrern beider Gemeinden als Wohnhaus.

Gemäß den Vorstellungen der französischen Gemeinden sollte der Gottesdienst nicht mit dem Kirchgang zu Ende sein, sondern seine Fortsetzung im Lebensalltag finden, wo es darum ging, sich um hilfsbedürftige,

---

528 von Rommel, Zur Geschichte der französischen Colonien in Hessen-Kassel, a.a.O., S. 161 f

529 Vgl. dazu Siebel, A.: Refugies in der Residenzstadt Kassel, in: Desel/Mogk, Hugenotten und Waldenser in Hessen-Kassel, a.a.O., S. 63 f

alte und kranke Mitmenschen zu kümmern.[530] Die finanziellen Mittel für die Pflege der Armen wurden während des Gottesdienstes eingesammelt und flossen in die Armenkasse (bourse des pauvres). Eine weitere Quelle zur Unterstützung der Armen waren die Vermächtnisse, die abhängig vom individuellen Vermögen von fast allen Hugenotten gestiftet wurden.

Die Verteilung der Gelder an die Armen erfolgte durch den Kassenverwalter (receveur), der auf Anweisung des Presbyteriums Unterstützungszahlungen erstatten konnte. Zur Betreuung und Behandlung pflegebedürftiger Mitglieder der französischen Gemeinde existierte ein Hospital in der Altstadt mit neun Betten.

Da Kassel für viele hugenottische Flüchtlinge eine wichtige Durchgangsstation darstellte, die sich in den Niederlanden, England oder anderswo niederlassen wollten, fühlte sich das Presbyterium in der Oberneustadt dazu verpflichtet, für die durchreisenden Exulanten ein Hospital zu schaffen. Der Landgraf genehmigte eine formulierte Bitte des Presbyteriums und unterstützte das Projekt mit der kostenlosen Lieferung von Baumaterialien.

Im Jahre 1693 wurde das Hospital feierlich eingeweiht; die Verwaltung des Hospitals übernahm das Presbyterium. Der Pfarrer der französischen Gemeinde sollte einmal in der Woche das Hospital besuchen, um sich um die dort untergebrachten armen und kranken Gemeindemitglieder zu kümmern.[531]

Das Kasseler Hospital wurde als Landeshospital genutzt, in dem auch Mitglieder anderer französischer Gemeinden aus Hessen aufgenommen wurden.

Ein Beispiel dafür war die Aufnahme von George Cherron aus Frankenhain, der durch einen Schlaganfall halbseitig gelähmt war. Erst aufgrund

---

530 Ebd.

531 von Rommel, Zur Geschichte der französischen Colonien in Hessen-Kassel, a.a.O., S. 159

der Initiative des Frankenhainer Pfarrers Couderc bekam er einen Platz im Hospital von Kassel.[532]

Im Laufe der Zeit überstieg die Nachfrage die eigentliche Belegungszahl des Hospitals um ein Vielfaches. Nach intensiven Überlegungen beschlossen die Presbyterien der beiden französischen Gemeinden und der Landgraf Friedrich II. die Errichtung eines neuen Hospitals. Nach dreijähriger Bauzeit wurde das Hospital im Jahre 1772 eingeweiht. Eine Kupferplatte am Hospital dankt in erster Linie den Geldgebern des Projektes:[533] „Dieses Haus der Nächstenliebe, dessen Grundstein am 14. August 1770 gelegt worden ist, dem Geburtstag Seiner durchlauchigsten Hoheit des Landgrafen Friedrich II., als er in das 51. Jahr seines Alters eintrat, und das im Jahr 1772 vollendet wurde, ist zur Unterstützung der armen Franzosen vom Geld ihrer Gemeinde erbaut worden und mit Hilfe von 1330 Reichstalern, die 1738 für diesen Zweck von Dero verstorbenen Majestät geschenkt wurden, Friedrich I., König von Schweden, der Goten, der Wenden und Landgraf von Hessen, und von der Königin, seiner erlauchten Gemahlin Ulrike Eleonore ruhmvollen Andenkens, sowie auch mit einem Geschenk von 3750 Reichstalern, das Monseigneur der regierende Landgraf den Erbauern in seiner großen Güte gewährt hatte. Die Errichtung dieses geweihten Gebäudes ist von Herrn Simon Louis du Ry geleitet worden (...) und durch die Müheverwaltungen der Herrn Pfarrer Issac Lagisse, Jean Jacques de la Porte und Gabriel Louis Raffin, und der Herren Kirchenältesten Daniel Gaultier, Louis Rollin, Paul Aubery, Paul Collignon, Pierre Martin, Jean Jacques Lagisse, Jean Pierre Paul Roux, Guillaume Darnaud, Guillaume Girard, Pierre Guirart, Seris ac "

Landgraf Karl gestattete im Jahre 1687 der französischen Gemeinde in der Altstadt, ihre Toten in aller Einfachheit, wie es in Frankreich üblich war, zu bestatten.[534] Die Verstorbenen wurden ohne Sarg in Leinentücher gehüllt auf einer Bahre von acht Nachbarn oder Freunden zum Friedhof gebracht und dort in aller Stille beigesetzt. Da die französische Gemeinde

---

532 Vgl. dazu Siebel, A.: Refugies in der Residenzstadt Kassel, in: Desel/Mogk, Hugenotten und Waldenser in Hessen-Kassel, a.a.O., S. 75

533 Ebd. S. 109

534 Gild, A.: Heimatkunde von Kassel und Umgebung, 5. Auflage, Kassel 1910, S. 156

keinen eigenen Friedhof besaß, wurden die Verstorbenen auf dem Friedhof der deutsch-reformierten Gemeinde in der Oberneustadt beigesetzt.[535]

Die Pfarrer der französischen Gemeinde waren in den ersten Jahren nicht dazu verpflichtet, den Trauerzug zu begleiten. Erst im Jahre 1716 verpflichtete der Landgraf die Pfarrer zur Begleitung der Leichenzüge:[536] „Sie sollen an den Bedingungen teilnehmen ganz gleich, ob es sich um reiche oder arme Personen handelt, die außerhalb oder im Hospital verstorben sind. Sie sollen sich durch nichts abhalten lassen von ihrer Pflicht, aber es soll nur einer sein, der an der Beerdigung teilnimmt."

Trotz weitreichender Zugeständnisse an die hugenottischen Flüchtlinge im Bereich der Religionsausübung war Landgraf Karl nicht dazu bereit, ihnen die Abhaltung von Synoden zu gestatten. Er beauftragte am 28.07.1718 den damaligen Hofprediger von Brandenburg-Preußen, Francois Martel, mit der Durchführung einer Visitation der französischen Gemeinden im Ober- und Niederfürstentum Hessen. Aufgrund seines hohen Alters wurde er vom französischen Pfarrer Philippe de Rochemont unterstützt. Nach Abschluss ihrer Reise erstatteten sie dem Landgrafen Bericht über ihre Eindrücke und regten gleichzeitig die Einstellung eines geistlichen Inspektors für die französischen Gemeinden im Territorium Hessen-Kassel an. Diesem Vorschlag stimmte der Landgraf zu und übertrug am 04.03.1724 Francois Martel dieses Amt:[537] „Demnach Wir resolviert, dass Unser französischer Hofprediger Martell über alle bei den in Unseren Landen sich etablieren französischen Colonien bestellte Prediger hinführo die Inspektion habe und dahin sehen solle, dass ein jeder seines Orts sein Amt treulich und wie das einem rechtschaffenen Seelsorger eignet und gebührt, verwalten, seiner Gemeinde mit gutem Exempel vorgehen und die bei einigen Kolonien und deren Pfarrern eine zeithero zu Unserem Missfallen sich ereignete Disharmonie gänzlich abgeschafft,

[535] Heussner, Die französische Colonie in Kassel, a.a.O., S. 30

[536] von Rommel, Zur Geschichte der französischen Colonien in Hessen-Kassel, a.a.O., S. 159

[537] Ledderhose, Beyträge zur Beschreibung des Kirchen-Staates der Hessen-Casselischen Lange gesammelt und mit vermischten Anmerkungen begleitet, a.a.O., S. 397

Friede und Einigkeit gestiftet oder der contravenierende Teil auf zuvor davon zu tun habendes Anzeigen zur behörigen Korrektion gezogen, auch übrigens der Konssitorialordnung in allem nachgelebt werden möge, wie er dann auch bei vorfallenden Vakanzen jedes Mal um andere tüchtige Subjekte sich sobald bewerben und Uns solche zur gnädigsten Konfirmation untertänigst zu präsentieren hat, als wir Unserem hiesigen Konsistorium hiermit gnädigst befohlen, sich danach zu achten und ihn Martel bei solcher Inspektion behörned zu manutenieren."

Die Aufgaben des Inspektors bestanden demnach in der Dienstaufsicht der hugenottischen Geistlichen in den ländlichen Gemeinden, der Beendigung von Streitigkeiten zwischen Pfarrern und Gemeinden sowie der Umsetzung der hessischen Krchenordnung aus dem Jahre 1657. Weiterhin sollte er bei frei werdenden Pfarrstellen geeignete Nachfolgekandidaten präsentieren, die vom hessischen Konsortium bestätigt werden mussten. Die Nachfolger Martels waren ausschließlich Kasseler Pfarrer: Philippe de Rochemont (1738–1759), Isaac Lagisse (1759–1788), Gabriel Louis Raffin (1788–1808) sowie Johann Friedrich Klingender (1808–1829).[538]

In der Freiheitskonzession vom 12.12.1685 sagte Landgraf Karl den Hugenotten die Gründung eigener französischer Schulen und die Übernahme der Besoldung des französischen Schulmeisters zu. Der Unterricht sollte neben den üblichen Fächern wie Mathematik, Lesen und Schreiben in der Hauptsache Religionsunterricht enthalten. Eine landgräfliche Verordnung vom 12.12.1716 beinhaltete folgende Aussage:[539] „Die Pfarrer sollen dafür Sorge tragen, die Schulen zu besuchen, um nachzusehen, ob die Kinder darin gut unterrichtet werden, und zwar in den Vorschriften des Christentums und anderen für die Jugend notwendigen Grundwahrheiten."

Der Lohn der hugenottischen Schulmeister reichte in vielen Fällen nicht aus, um den Lebensunterhalt bestreiten zu können, so dass sie dazu ge-

538 Siebel, A.: Refugies in der Residenzstadt Kassel, in: Desel/Mogk, Hugenotten und Waldenser in Hessen-Kassel, a.a.O., S. 58

539 Zitiert aus: von Rommel, Zur Geschichte der französischen Colonien in Hessen-Kassel, a.a.O., S. 159

zwungen waren, noch einen weiteren Beruf auszuüben. Die Kinder ärmerer hugenottischer Familien waren von der Zahlung des Schulgeldes befreit, der Lehrer erhielt eine Entschädigung aus der kirchlichen Armenkasse.[540]

Im Jahre 1710 wurden in Kassel Gewerbeschulen gegründet, wo die Kinder im Stricken, Handschuhmachen und Wollspinnen unterrichtet wurden. Die Teilnahme an dieser Art von Unterricht basierte auf freiwilliger Basis. Vor und nach dem Unterricht wurde gebetet oder kirchliche Lieder gesungen. Landgraf Karl verband mit der Gründung der Gewerbeschulen die ökonomische Absicht, schon in früher Jugend die Kinder auf das Arbeitsleben vorzubereiten.[541] Helmut Erbe betonte, dass in hugenottischen Fabriken häufig Kinder, die diese Gewerbeschulen besuchten, mitarbeiten mussten, um kurzfristig fehlende Arbeitskräfte zu ersetzen.[542]

Die französischen Gemeinden der Oberneustadt und der Altstadt schlossen sich im Jahre 1823 aufgrund sinkender Mitgliederzahlen zu einer Gemeinde mit dem Sitz in der Oberneustadt zusammen.

Ende des Jahres 1867 kam es schließlich zur Vereinigung der französischen und der deutsch-reformierten Gemeinde. Das Kirchenstatut für die vereinigte Gemeinde bestimmte die folgenden zentralen Inhalte:[543]

1. Die bisherige deutsch-reformierte Pfarrei blieb als erste Pfarrstelle erhalten.
2. Die bisherige französische Pfarrei wurde als zweite Pfarrstelle weitergeführt.
3. Die beiden Pfarrer hielten abwechselnd die Vormittags- und Nachmittagsgottesdienste ab.
4. Das Abendmahl wurde von beiden Pfarrern gemeinsam zelebriert.

---

540 Siebel, A.: Refugies in der Residenzstadt Kassel, in: Desel/Mogk, Hugenotten und Waldenser in Hessen-Kassel, a.a.O., S. 77

541 Brauns, C.: Kurhessische Gewerbepolitik im 17. und 18. Jahrhundert, Marburg/ Lahn 1911, S. 62

542 Erbe, Die Hugenotten in Deutschland, a.a.O., S. 113

543 Brauns, Kurhessische Gewerbepolitik im 17. und 18. Jahrhundert, a.a.O., S. 83 f

Die Vereinigung der beiden Gemeinden wurde dadurch möglich, dass sich die sprachliche Verschiedenheit, der den wesentlichen Grund der Trennung darstellte, zugunsten der deutschen Sprache immer weiter aufgelöst hatte.

6.7 Gethsemane

Landgraf Carl sah zunächst für die in Niederhessen eintreffenden hugenottischen Glaubensflüchtlinge die Ansiedlung in Hersfeld vor, die von dem französischen Prediger Jacques Reynaud vorbereitet werden sollte.[544] Die in verschiedenen Bewegungen in den Jahren 1688, 1698 und 1699 ankommenden Flüchtlinge waren überwiegend Bauern, die einige Zeit nach ihrer Ansiedlung die landwirtschaftlichen Betriebe aufgrund mangelnden Profites wieder aufgaben und in andere Orte oder Regionen weiter zogen, wo sie sich bessere Arbeits- und Lebensbedingungen erhofften. Nach kurzen Aufenthalten in Philippsthal, Vacha und Heimboldshausen ließen sich zahlreiche Flüchtlinge endgültig in „Götzmanns" (das spätere Gethsemane) nieder.[545]

Die Gründung der hugenottischen Kolonie erfolgte durch ca. 20 hugenottische Familien, die provisorisch in Heimboldshausen untergebracht wurden.[546] Diese Familien stammten überwiegend aus der südfranzösischen Provinz Dauphine. In dieser Zeit wurden sie durch Geld- und Sachspenden des Landgrafen sowie aus den Niederlanden und England unterstützt. Im Frühjahr 1700 verließen die hugenottischen Familien Heimboldshausen und begannen mit dem Aufbau der Kolonie. Der Ansiedlungsplatz der Exulanten, der von dem zuständigen Amtmann in Vacha vorgeschlagen wurde, war etwa 500–600 Acker groß. Er erhielt den Gemarkungsnamen „Götzmann", aus dem im Laufe der Jahre der Ortsname „Gethsemane" erwuchs.

---

544 Beuleke, W.: Die Hugenotten im Hersfelder Land, in: Hessische Familienkunde, Juli/Dezember 1974, Bd. 12, Heft 2/4, S. 247–262, hier: S. 249 f

545 Kempe, R.: Gethsemane. Zur Geschichte der Hugenottensiedlung im Werratal, in: Vergangenheit spricht zur Gegenwart, 18 Jg., Nr.2 (1965), S. 5–8, hier: S. 7

546 Dippel, H.: Um Glauben und Heimat. Geschichtlicher Beitrag über die Hugenottensiedlung Gethsemane, Kreis Hersfeld, in: Mein Heimatland. Juni/Juli 1932, Bd. 10, Nr. 11, S. 81–84, hier: S. 81 f

Die hugenottischen Gründungsfamilien wurden zunächst in Notunterkünften untergebracht, die mit Stroh und Rasen bedeckt waren. Innerhalb von zwei Jahren entstanden sechs kleine Wohnhäuser mit Stall und Scheune. Für den Aufbau der Kolonie lieferten die Ortschaften Friedewald, Vacha und Landeck Zimmerholz und andere Materialien, die durch Kollekten sowie aus dem landgräflichen Hilfsfond aufgebracht wurden. Im Jahre 1711 bewilligte Landgraf Carl dem ersten Pfarrer der Kolonie, Jean Jacques Reynaud, den Bau eines Hauses, in dem sowohl die Kirche als auch die Schule untergebracht werden sollte. Zeitgleich mit dem Aufbau der ersten Gehöfte erfolgte die Kultivierung der zugeteilten Feldflur. Da die Betriebsgrößen lediglich zwischen 20–25 Acker betrugen, reichte dies nicht zur Ernährung der Einwohner Gethsemanes aus. Auf Gesuch des Pfarrers Reynaud teilte der Landgraf der Kolonie zusätzliche Felder und Wiesen aus den Gemarkungen der Nachbardörfer, die dafür entschädigt wurden, zu. Trotz dieser Zugeständnisse des Landgrafen blieb in den ersten Jahren nach der Gründung Gethsemanes die landwirtschaftliche Produktion weit hinter den Erwartungen zurück, so dass den Einwohnern der Kolonie lediglich ein Existenzminimum zum Leben blieb. Einige hugenottische Familien zogen daraus die Konsequenzen und verließen Gethsemane auf der Suche nach besseren Lebensbedingungen.

Im Kirchenregister von Gethsemane bildeten die Bauern die größte Berufsgruppe. Daneben gab es einen Lohgerber (tanneur), einen Knopfmacher (boutonnier), einen Handschuhmacher (gantier) und einen Strumpfmacher (faiseur de bas). Die wirtschaftliche Entwicklung Gethsemanes wurde durch die Seidenraupenzucht ab dem Jahre 1730 entscheidend angeregt.[547] Pierre Raillon d.J. führte diesen Wirtschaftszweig ein, da die Importkosten für Rohseide aus Frankreich sehr hoch waren. Die landgräfliche Verwaltung überließ ihm im Jahre 1731 am Rande des Waldes 10-12 Acker Land, wo Raillon zur Züchtung von Seidenraupen eine Maulbeerplantage anlegte. Die Seidenraupenzucht warf bis zur Mitte des

[547] Neuhaus, W.: Seidenraupenzucht im Kreise Hersfeld, in: Mein Heimatland, 25.11.1950, 34 Jg., Bd. 14, Nr. 16, S. 66–67

19. Jahrhunderts Profit ab, danach wurde sie nicht mehr betrieben.[548] Im Gegensatz dazu war der Weinanbau an den Hängen zum Nachbarort Nippe weniger ertragreich.

Landgraf Carl gewährte den Einwohnern von Gethsemane bis zum Jahre 1766 das Privileg der Steuerfreiheit. Daneben billigte er den Exulanten eine gewisse kommunale Selbstverwaltung zu. Um den französischen Charakter Gethsemanes zu bewahren, ordnete der Landgraf die Beibehaltung der französischen Sprache im Gottesdienst, die Wahl eigener Prediger, die Anstellung von Lehrern und Kantoren aus der Kolonie und die Errichtung einer eigenen Kirche und Schule an.

Bis zum Bau einer eigenen Kirche im Jahre 1710 hielt Pfarrer Jean Jacques Reynaud den Gottesdienst für die hugenottischen Einwanderer gegen eine Zulage von 12 Talern jährlich in Heimboldshausen, wo auch die Trauungen und auf dem deutschen Friedhof die Bestattungen stattfanden.[549] Im Jahre 1710 wurde der erste Hugenotte auf dem Friedhof in Gethsemane, der neben der Kirche angelegt wurde, beigesetzt. Nach dem Tod des zweiten Pfarrers Royere betreuten deutsche Pfarrer aus der Umgebung die französische Kirchengemeinde in Gethsemane. Der Versuch des Hilmeser Pfarrers Eichler, die Predigt und die Amtshandlungen in deutscher Sprache durchzuführen, scheiterte am entschlossenen Widerstand der hugenottischen Gemeinde. Sie protestierten bei dem für Gethsemane zuständigen französischen Kircheninspektor und setzten nach langen Verhandlungen durch, dass die Gottesdienste weiter in französischer Sprache gehalten wurden.

Neben der Kirche trug die Schule maßgeblich zum Erhalt der französischen Sprache bei. Im Zuge der ländlichen Schulreform wurde die Schule im Jahre 1969 aufgelöst und in die Schule Heimboldshausen eingegliedert.

---

548 Ebd. S. 67

549 Beuleke, Die Hugenotten im Hersfelder Land, in: Hessische Familienkunde, a.a.O., S. 150

Durch die Heirat mit den Angehörigen der deutschen Bevölkerung aus der näheren Umgebung Gethsemanes[550] verringerte sich der französische Bevölkerungsanteil immer mehr, so dass die Kolonie zunehmend ihren französischen Charakter verlor. Ein weiterer Grund hierfür lag in der Abwanderung einzelner französischer Familien. Im Jahre 1847 wohnten lediglich drei französische Familien noch in Gethsemane.[551]

Die Abwanderung der französischen Familien und die Eindrücke aus der napoleonischen Zeit ließen eine franzosenfeindliche Haltung innerhalb der deutschen Einwohner Gethsemanes entstehen, die den Assimilierungsprozess weiter beschleunigte. Im Jahre 1820 schrieb der Inspektor Klingender in das Kirchenregister Gethsemanes folgende Notiz:[552] „Da seine königliche Hoheit der Kurfürst allergnädigst befohlen haben, dass, von nun an, alle französischen Kirchenbücher in deutscher Sprache sollen geführt werden, so wird hiermit der Anfang gemacht."

Im Jahre 1830 wurde ebenfalls der Gebrauch der französischen Sprache in Schule und Kirche untersagt. In heutiger Zeit erinnern lediglich die Nachnamen Raillon[553], Bastet[554] und Pierson an die Gründung Gethsemanes durch hugenottische Flüchtlinge.

---

550 Der erste Pfarrer Reynaud war der erste Flüchtling, der eine deutsche Frau heiratete. Im Jahre 1702 ehelichte der erste Lehrer der Kolonie, Jacques Prevost Anne Marie Knautz aus dem benachbarten Ort Schenksolz, die nach Gethsemane übersiedelte. Der Handschuhmacher Jean Montel vollzog die Trauung im Jahre 1709 mit einer gewissen Katharina Brandenstein aus Heimboldshausen. Deren Schwester Anne Gertrude Brandenstein wurde drei Jahre später die Frau von Samuel Raillon.

551 Vgl. dazu Bleibaum, F. (Hrsg.): Kreis Hersfeld, Melsungen 1966

552 Zitiert aus: Deisenroth, O.: Gethsemane, Landkreis Hersfeld, in: Desel/Mogk, Hugenotten und Waldenser in Hessen-Kassel, a.a.O., S. 300–313, hier: S. 306

553 Vgl. dazu auch Schmidt, E.: Pierre Raillon aus der Dauphine. Hugenottenflüchtling fand Heimat in Gethsemane, in: Mein Heimatland, Juni 1971, Bd.24, Nr.18, S. 23–24

554 Vgl. dazu auch Beuleke, W.: Die Bastet - eine Refugiesfamilie in Hessen, in: Der deutsche Hugenott. Zeitschrift für die Mitglieder des Deutschen Hugenotten-Vereins, Braunschweig 1973, 37 Jg., Nr. 4, S. 157–164, hier: S. 159

7. Wesentliche Merkmale der hugenottischen Ansiedlung

7.1 Gründe der Aufnahme

Die Kombination aus machtpolitischen Zielen, wirtschaftlichen Interessen und dem Bedürfnis, verfolgten Glaubensbrüdern zu helfen, motivierte die jeweiligen Landesherren, den aus Frankreich emigrierenden Hugenotten Aufnahme zu gewähren.

Da die protestantischen Landesherren die Hugenotten als Stabilisierungsfaktor des absolutistischen Systems betrachteten, unterstützten sie aktiv deren Einwanderung. Die hugenottischen Einwanderer galten als loyale Staatsbürger, die im Laufe der Zeit zu einer Stütze des absolutistischen Herrschaftssystems wurden:[555] „Im Jahre 1700 wurden sie per Gesetz preußische Staatsbürger. Ihren Sonderstatus behielten sie bis zum Beginn des 19. Jahrhunderts. Dabei fühlten sich die Refugies allzeit als bewusste und loyale Bürger des Gastlandes, obwohl sie auf ihrer Sprache und Kultur weiterhin bestanden."

Kurz nach der Veröffentlichung des Potsdamer Ediktes im Jahre 1685 wurden ca. 500 hugenottische Soldaten in das preußische Militär aufgenommen, wo sie nach und nach Schlüsselpositionen besetzten.

Eine zentrale Rolle spielten auch wirtschaftliche Überlegungen. Unter den emigrierten Hugenotten befanden sich viele Intellektuelle (Pfarrer, Ärzte, Literaten) sowie hervorragend ausgebildete Handwerker und Manufakturisten, die in den vom Dreißigjährigen Krieg verwüsteten Gebieten für eine Belebung der Wirtschaft sorgten. Es ist unumstritten, dass es ohne die Mithilfe der Hugenotten nicht möglich gewesen wäre, eine kurzfristige Steigerung der Wirtschaftskraft in den protestantischen Aufnahmestaaten zu erreichen:[556] „Zweifellos hätte unter weisen Regierungen, auf die Länge gesehen, alles auch so neues Leben gewonnen; aber es ist eindeutig klar, dass die Refugies die Fortschritte wenigstens um ein

---

555 Spaich, Fremd in Deutschland. Auf der Suche nach Heimat, a.a.O., S. 72

556 Zitiert aus Emmon/Reclam, Memoires pour servir a L'Histoire des refugies francaise dans les Etats du Roi, Bd. 6, 1787, S. 5

halbes Jahrhundert beschleunigt haben." Die Aussage von Cohn-Bendit und Schmid unterstützt diese These:[557] „Der Aufschwung Berlins von einem gottverlassenen Ackerbaustädtechen zur späteren Kapitale wäre ohne die Hugenotten ebenso wenig möglich gewesen wie etwa die Blüte der manufakturellen Betriebe im Gebiet zwischen Kassel und dem Weserland."

Die konfessionelle Solidarität der protestantischen Landesherren bei der Aufnahme der hugenottischen Flüchtlinge ist ebenfalls ein entscheidender Faktor. Die Hilfsbereitschaft des Kurfürsten für die in Berlin eingewanderten Hugenotten in Form von Geldspenden und Unterbringungsmöglichkeiten machte eine tiefe Verbundenheit mit seinen Glaubensbrüdern ersichtlich. Friedrich Wilhelm gewährte nicht nur den Hugenotten, sondern auch Protestanten der verschiedensten Richtungen Zuflucht in Brandenburg-Preußen. In der Zeit vom ausgehenden 17. bis zum Ende des 18. Jahrhunderts wurden in Brandenburg-Preußen mehr als 30 Verfügungen über die Niederlassung von protestantischen Flüchtlingen erlassen bzw. bestätigt.[558]

Bei der Ansiedlung der Hugenotten in Hessen standen weitestgehend ökonomische Motive im Vordergrund. Das erste Aufnahmeprivileg für Glaubensflüchtlinge aus den Spanischen Niederlanden in Hessen-Kassel aus dem Jahre 1604 deutete schon die Vorrangstellung der wirtschaftlichen Gründe der Aufnahme an. Landgraf Moritz bemühte sich vor allem um die Anwerbung von Handwerkern und Fabrikanten, denen die Aufnahme in die Zünfte und die Gilden des Landes in Aussicht gestellt wurde.

Noch vor der Veröffentlichung des Ediktes von Fontainebleau legte Landgraf Karl I. die Grundlagen der Einwanderung der Hugenotten mit dem Edikt vom 18.04.1685 vor. Der Hauptteil des Ediktes bestand aus wirtschaftspolitischen Bestimmungen, hugenottische Handwerker und Fabrikanten waren die meist gesuchten Berufsgruppen.

---

557 Cohn-Bendit, D./Schmid, T. : Heimat Babylon. Das Wagnis der multikulturellen Demokratie, Hamburg 1993, S. 209

558 Jersch-Wenzel, S.: Ein importiertes Ersatzbürgertum, in: von Thadden/Magdelaine, Die Hugenotten 1685–1985, a.a.O., S. 160–171, hier: S. 161 f

Im zweiten Edikt vom 01.08.1685 wurden die den Hugenotten in Aussicht gestellten ökonomischen Vergünstigungen erweitert. Das am 12.12.1685 veröffentlichte dritte Edikt enthielt weitere Zugeständnisse an ansiedlungswillige Manufakturisten.

Die Ansiedlung der Hugenotten in Angermünde wurde ebenfalls maßgeblich von wirtschaftlichen Erwägungen beeinflusst. Die strategisch bedeutende Lage Angermündes zu den Ostseehäfen Stettin und Stralsund veranlasste Kurfürst Friedrich Wilhelm dazu, die Stadt militärisch abzusichern und ihre ökonomische Weiterentwicklung zu gewährleisten.

Das vorrangige Ziel der Neugründung der hugenottischen Kolonie Neu-Isenburg lag für Graf Wolfgang Ernst I. zu Ysenburg darin, dass vor allem französische Kaufleute und Handwerker zur wirtschaftlichen Entwicklung der Region beitragen sollten.

Für den Markgrafen Christian Ernst von Brandenburg-Bayreuth spielten bei der Aufnahme von Glaubensflüchtlingen in Erlangen sowohl konfessionell-solidarische Motive als auch ökonomische Gründe eine Rolle. Einerseits wollte er seinen verfolgten französischen Glaubensbrüdern Unterstützung gewährleisten, andererseits verfolgte er das Ziel, in seinem Herrschaftsgebiet mit Hilfe der Hugenotten neue Industrien anzusiedeln.

Die Ansiedlung von hugenottischen Einwanderern in Daubhausen/Greifenthal war auf die konfessionelle Verbundenheit des Landesherren und die Hoffnung auf wirtschaftliche regionale Weiterentwicklung zurückzuführen.

Insgesamt gesehen lassen sich die Gründe für die Einwanderung der Hugenotten in die protestantischen Staaten Deutschland nur multifaktoriell erklären, eine Kombination aus machtpolitischen, ökonomischen und konfessionell-karikativen Zielen ist anzunehmen.

7.2 Aufnahmebedingungen

Bei der Frage nach den Aufnahmebedingungen der hugenottischen Flüchtlinge muss man unterscheiden zwischen Bestimmungen von überregionalem Charakter wie das Edikt von Potsdam aus dem Jahre 1685 oder die drei Aufnahmeedikte des Landgrafen Karl I. von Hessen-Kassel und Dekreten von regionaler Bedeutung, die entweder von den Herrschern Brandenburg-Preußens an die jeweiligen Magistrate verschickt oder von den zuständigen Landesherren festgesetzt wurden.

Die Grundlage für die Ansiedlung der Hugenotten in Brandenburg-Preußen war das am 25.10.1685 erlassene Edikt von Potsdam. Das Edikt legte in 14 Artikeln die Rahmenbedingungen für die Aufnahme der Glaubensflüchtlinge fest. Zunächst regelte das Edikt die Unterstützung und Hilfeleistung auf der Flucht und die Niederlassung der hugenottischen Flüchtlinge in den Städten und Dörfern Brandenburg-Preußens. Kurfürst Friedrich Wilhelm versprach ihnen verfallene oder verlassene Häuser als erbliches Eigentum und Materialien zum Wiederaufbau der Unterkünfte. Er erteilte ihnen das Bürgerrecht und den Eintritt in die Zünfte. Die Gründung von Manufakturen durch hugenottische Einwanderer sollte durch steuerliche Begünstigungen und finanzielle Zuwendungen unterstützt werden. Der Kurfürst gewährte den Exulanten das Recht auf Ausübung ihrer Religion in französischer Sprache, die Gründung von Schulen und die Bestimmung eigener Geistlichen. Ein Richter, dessen Gehalt vom Kurfürsten übernommen wurde, sollte Streitigkeiten innerhalb der hugenottischen Gemeinden beilegen. Außerdem war ein Kolloquium aus hugenottischen Richtern und preußischen Magistratsmitgliedern für die Schlichtung möglicher Konflikte zwischen den Einwanderern und der einheimischen Bevölkerung zuständig.

Das Edikt sprach den Hugenotten weitreichende Privilegien zu, jedoch wurde ihnen die Möglichkeit einer Selbstverwaltung verwehrt. Erst im Laufe der Zeit entwickelte sich die hugenottische Gemeinde zu einer geschlossenen Gemeinschaft mit einem eigenen Charakter.

Landgraf Karl I. von Hessen-Kassel legte die Grundlage für die Einwanderung der hugenottischen Glaubensflüchtlinge durch die Veröffentlichung des Ediktes vom 18.04.1685. Neben der rechtmäßigen Gleichstellung mit der alteingesessenen Bevölkerung sicherte der Landgraf den Flüchtlingen die uneingeschränkte Ausübung ihres Glaubens zu. Beim Auftreten von Konflikten unter den Exulanten war die Regierung in Kassel oder der jeweilige Magistratsbeamte der Stadt oder des Dorfes zuständig. Im Jahre 1686 gründete der Landgraf eine Französische Kommission, die für die Verwaltungs- und Gerichtsangelegenheiten der Hugenotten verantwortlich war.

Das Hauptaugenmerk des Ediktes lag auf ökonomischen Privilegien für die Flüchtlinge. Karl genehmigte sowohl die freie Einfuhr von Hausrat und Betriebseinrichtungen als auch die uneingeschränkte Gewerbeausübung in Hessen-Kassel. Außerdem mussten die hugenottischen Einwanderer zehn Jahre lang keine öffentlichen Abgaben entrichten. Im Edikt schlug Karl den Hugenotten ausschließlich Ansiedlungsorte vor, deren Bevölkerungszahl durch den Dreißigjährigen Krieg stark dezimiert worden war. Mit den Edikten vom 01.08.1685 und vom 12.12.1685 erweiterte der Landgraf die schon existierenden wirtschaftspolitischen Vergünstigungen für die Exulanten.

Die verschiedenen Vertreter der Landesherren reisten zu den Durchgangszentren Frankfurt/Main, Amsterdam, Den Haag und Genf, um dort bevorzugt Handwerker und Fabrikanten unter den hugenottischen Flüchtlingen anzuwerben.

Die Privilegien, die bei der regionalen Ansiedlung der Hugenotten von besonderer Bedeutung waren, lagen in den Zugeständnissen der religiösen Freiheit, der ökonomischen Starthilfe und der Übergabe von Grundbesitz an die Glaubensflüchtlinge. Nach dem Tod eines Landesherrn mussten diese Privilegien von jedem nachfolgenden Herrscher neu bestätigt werden.

Zur Bereitstellung von Bauplätzen und Ackerland kaufte der jeweilige Landesherr den Einwohnern der umliegenden Gemeinde verschiedene Ländereien ab. Um hugenottische Einwanderer in Todenhausen anzusiedeln, entschädigte Landgraf Karl die deutschen Nachbargemeinden durch finanzielle Zuwendungen. Bei der Gründung von Gethsemane erhielt die französische Gemeinde zusätzliche Ländereien aus dem Besitz der Nachbardörfer, die dafür finanziell entlohnt wurden. Des Weiteren stellte der Landgraf den Flüchtlingen kostenlos Baumaterialien und Transportmittel zur Verfügung.

Beim Aufbau der hugenottischen Kolonien waren auch die Bewohner der benachbarten Städte und Dörfer beteiligt. Bis zur endgültigen Fertigstellung der Wohnhäuser wurden die Flüchtlinge provisorisch in den umliegenden Dörfern untergebracht. Die für die Ansiedlung in Gethsemane vorgesehenen zwanzig hugenottischen Familien wurden bis zum Abschluss der Baumassnahmen in der Nachbargemeinde Heimboldshausen beherbergt. In dieser Zeit wurden sie durch Geld- und Sachspenden des Landgrafen sowie aus England und den Niederlanden unterstützt.

Bei der Auswahl ihres neuen Wohnortes legten viele hugenottischen Exulanten großen Wert auf ausgezeichnete ökonomische Ausgangsbedingungen. Ein wichtiger Grund für die Ansiedlung zahlreicher Hugenotten in der Erlanger Neustadt lag in den florierenden Handelsbeziehungen nach England und den Niederlanden.

Da viele Hugenotten vor ihrer Flucht aus Frankreich militärische Ämter bekleideten, siedelten sie sich bevorzugt in preußischen Städten an, wo Regimenter des Kurfürsten stationiert waren. Als Friedrich II. durch ein Dekret alle pensionierten hugenottischen Offiziere dazu aufforderte, ihren Wohnsitz nach Potsdam zu verlagern, folgten viele Exulanten dieser Anweisung, wodurch die Zahl der französischen Gemeindemitglieder in Potsdam deutlich anstieg. Kurfürst Friedrich Wilhelm gründete in Prenzlau eine aus hugenottischen Adeligen bestehende Kompanie der Grands Mousquetaires. Dies förderte die Entwicklung von Handwerk und Gewerbe in der Stadt, was zu einem Zuwachs der Einwohnerzahl Prenzlaus führte. In Brandenburg an der Havel fanden viele Hugenotten ein neues Betätigungsfeld im Regiment „Graf Waldeck".

Der ausgezeichnete Ruf der Universität in Frankfurt/Oder veranlasste viele hugenottische Gelehrte, sich dort niederzulassen. Durch die Gewährung von Stipendien unterstützte Kurfürst Friedrich Wilhelm diese Entwicklung. Die Anwesenheit von Pastoren, die in französischer Sprache Gottesdienste abhielten, stellte eine wesentliche Grundvoraussetzung für den Verbleib vieler Hugenotten in Frankfurt/Oder dar. Friedrich Wilhelm gründete an der Hochschule einen Lehrstuhl für französische Sprach- und Literaturwissenschaften und übertrug einigen Hugenotten eine Lehrtätigkeit an der Viadrina. Zur Förderung des wissenschaftlichen Nachwuchses unterstützte er mit finanziellen Zuwendungen das Friedrichsgymnasium, wo viele Kinder aus Hugenottenfamilien unterrichtet wurden.

In den hugenottischen Gemeinden Daubhausen und Greifenthal legte Graf Wilhelm Moritz zu Solms-Greifenstein großen Wert auf die Erhaltung der französischen Traditionen. Im Freiheitsbrief vom 01.09.1721 ordnete er an, dass ausschließlich französische Lehrer und Pfarrer in den beiden Gemeinden beschäftigt werden sollten, wobei Einheimische bevorzugt behandelt werden sollten. Die Pflege eines wechselseitigen Austausches mit anderen hugenottischen Gemeinden (Genf, Berlin) gehörte ebenfalls zu einem wichtigen Anliegen des Grafen. Weiterhin wies er im Freiheitsbrief darauf hin, dass ortansässige Hugenotten das Amt des Schultheiß bekleiden und die für die Belange der Gemeinden zuständigen Verwaltungsbeamten aus dem jeweiligen Ort stammen sollten. Die Bewahrung der hugenottischen Bräuche bei der Beisetzung von verstorbenen Gemeindemitgliedern war für ihn ebenso von großer Bedeutung.

In Gethsemane wurden ebenfalls die hugenottischen Etiketten konserviert. Die Gethsemaner Gemeinde durfte einen eigenen Prediger auswählen, einen Lehrer sowie einen Kantor beschäftigen und ein Gotteshaus nach ihren Vorstellungen errichten. Außerdem ordnete Landgraf Karl an, dass der Gebrauch der französischen Sprache während den Gottesdienstfeiern obligatorisch war.

Vor allem in den ersten Jahren nach der Ansiedlung hatten viele hugenottischen Gemeinden mit vielerlei Schwierigkeiten zu kämpfen. Die Glaubensflüchtlinge in der Erlanger Neustadt waren nicht in der Lage, ihre Wohnhäuser selbst zu finanzieren, da die Darlehen des Markgrafen Christian Ernst sehr gering ausfielen. In Strasburg lebte die Mehrheit der Hugenotten zunächst in unzureichend bewohnbaren Häusern. Außerdem waren sie in den ersten Jahren ihrer Ansiedlung zur Finanzierung ihres Lebensunterhaltes hauptsächlich auf Spenden der französischen Gemeinde in Berlin sowie auf Zuschüsse der kurfürstlichen Verwaltung angewiesen.

Bis zur Fertigstellung der ersten Häuser wohnten die hugenottischen Flüchtlinge in Louisendorf in provisorischen Holzbaracken mit Strohdächern. Es kam zur Bildung von Notgemeinschaften, Personen ohne Familienbindung und Waisen waren dazu gezwungen, in gemeinsamen Haushalten ohne Privatsphäre zu leben. Landgraf Karl ließ als Unterstützungsmaßnahme Grabscheite, Äxte, Brotgetreide, Saatgut, Kühe, Ochsen und zwei Viehwagen an die hugenottischen Flüchtlinge verteilen. Als sich herausstellte, dass die vorhandenen Ländereien zur Viehhaltung zu klein waren, kaufte er Siedlungsfläche von der Nachbargemeinde Ellershausen ab und stellte diese der hugenottischen Gemeinde zur Verfügung. Da die ökonomische Entwicklung in Louisendorf in den ersten Jahren stagnierte und die Bewirtschaftung der Flächen nicht für den Lebensunterhalt der hugenottischen Bevölkerung ausreichte, ließ der Landgraf Karl in mehreren Fällen Getreide nach Louisendorf liefern.

7.3 Religiöses Leben

Der jeweilige Landesherr gestattete den hugenottischen Glaubensflüchtlingen, eine eigene Gemeinde zu gründen und überließ ihnen - in vielen Fällen vorübergehend - eine Kirche oder eine Kapelle zur Ausübung ihrer Religion. Neben der Bezahlung eines Predigers übernahm der jeweilige Landesherr vielfach den Lohn sowohl des Kantors als auch des Küsters.

In der Regel kam es einige Jahre nach der hugenottischen Ansiedlung zu dem Bau einer größeren Kirche. In Louisendorf diente vorübergehend eine Kapelle als Gotteshaus; mit dem Bau einer größeren Kirche wurde erst im Jahre 1699 begonnen. Bis zum Bau einer provisorischen Holzkirche fand in Neu-Isenburg der Gottesdienst unter freiem Himmel statt. Der hessische Landgraf finanzierte zu einem späteren Zeitpunkt den Bau einer größeren Kirche.

Graf Wilhelm Moritz zu Solms-Greifenstein gestattete den hugenottischen Exulanten sogar die Führung eines eigenen Kirchensiegels „L'Eglise francoise des Daubhauss".

In den ersten Jahren nach der Ansiedlung spielte das kirchliche Leben innerhalb der Gemeinde eine große Rolle. Der jeweilige Landesherr entsprach häufig den Bitten der hugenottischen Gemeinden, Neubauten oder Renovierungsarbeiten in der Kirche zu finanzieren. In Kassel erhielten die beiden dort existierenden Gemeinden finanzielle Zuwendungen vom Landgrafen zum Bau einer Kirche.

Im Gegensatz dazu mussten die Gemeindemitglieder in Strasburg den Bau einer neuen Kanzel selbst bezahlen. Die Restaurierung der Kapelle musste die hugenottische Gemeinde in Angermünde aus eigenen Mitteln bestreiten, da der Kurfürst die Bitte der Hugenotten nach einem Baukostenzuschuss ablehnte.

Das Zusammengehörigkeitsgefühl innerhalb der hugenottischen Gemeinden war sehr stark ausgeprägt. In Kassel sollte der Gottesdienst nicht mit dem Kirchgang zu Ende sein, sondern im alltäglichen Leben durch die Pflege von alten und kranken Gemeindemitgliedern fortgesetzt werden. Um die Behandlung pflegebedürftiger Gemeindemitglieder zu gewährleisten, wurde in der Kasseler Altstadt ein Hospital mit 9 Betten errichtet. Dort wurden sowohl Mitglieder der hugenottischen Gemeinde Kassels als auch anderer Gemeinden in Hessen aufgenommen. Im Jahre 1712 kam es zur Errichtung eines größeren Hospitals, das vom Landgrafen und den hugenottischen Gemeinden finanziert wurde.

Die Institution Kirche besaß eine große Bedeutung für das Leben der Gemeindemitglieder. In Strasburg erbauten einflussreiche Mitglieder der dortigen hugenottischen Gemeinde Galerien in der Kirche. Der Boden der Kirche diente als Friedhof für verstorbene Mitglieder der Gemeinde.

Es kam häufiger vor, dass sich die französischen Gemeinden die Kirche zu Gottesdienstfeiern mit anderen reformierten Gemeinden teilen mussten. In Fragen der zeitlichen Abhaltung der Gottesdienste brachen zahlreiche Konflikte aus. Als sich in Strasburg eine reformierte deutsche Gemeinde gründete, erlaubte der Kurfürst ihnen, das Gotteshaus der hugenottischen Gemeinde mitzubenutzen. Die Angst der französischen Gemeinde, ihren Glauben nicht mehr uneingeschränkt ausüben zu können, führte zu langwierigen Auseinandersetzungen mit den Mitgliedern der deutsch-reformierten Gemeinde. Dieser Konflikt konnte erst durch eine kurfürstliche Bestimmung beigelegt werden, in der festgelegt wurde, dass beide Gemeinden die Kirche gleichberechtigt nutzen durften und im Falle von Renovierungsarbeiten die Kosten geteilt wurden. Die Mitbenutzung der Kirche in Brandenburg/Havel durch eingewanderte Lutheraner schuf ständige Konfliktherde zwischen den beiden Parteien.

Nach der Anweisung des Markgrafen Christian Ernst durften die in der Erlanger Neustadt angesiedelten pfälzischen Glaubensflüchtlinge die Kirche der Hugenotten mitbenutzen, was einen Kampf um die Vormachtstellung in kirchlichen Fragen auslöste. Erst nachdem die pfälzische Gemeinde nach einer Annahme von 500 Gulden, die von der hugenottischen Gemeinde gestiftet wurden, auf ihr Recht der Mitbenutzung der Kirche verzichtete, kam es zu einer Entspannung des Konfliktes.

Die Zuwanderung deutscher Calvinisten nach Neu-Isenburg sorgte für Auseinandersetzungen innerhalb der reformierten Gemeinde. Die deutschen Gemeindemitglieder forderten die Einführung von Predigten in deutscher Sprache während den Gottesdiensten. Graf Wolfgang Ernst zu Ysenburg schlichtete diesen Disput durch ein Dekret, in dem er den alleinigen Gebrauch der französischen Sprache in den Gottesdiensten festsetzte.

Als sich in der Kasseler Oberneustadt deutsche Protestanten niederließen, wurde mit der hugenottischen Gemeinde vereinbart, dass sie die Kirche unter der Auflage, sich an den Bau- und Renovierungskosten zu beteiligen, mitbenutzen durften. In den folgenden Jahren kam es vermehrt zu Meinungsverschiedenheiten über die Gottesdienstzeiten und die Instandhaltungskosten der Kirche.

Konflikte innerhalb der hugenottischen Gemeinden sind ebenfalls bekannt. In Erlangen brachen kurz nach der Gründung der Neustadt zahlreiche Konfrontationen zwischen den Anciens der Gemeinde und den einzelnen Pfarrern aus. Die schlechte Bezahlung der Pfarrer und ihr fehlendes Mitspracherecht bei wichtigen Entscheidungen waren die Gründe für die Streitigkeiten, die eine große Belastung für die übrigen Gemeindemitglieder darstellte.

Es existierten nicht selten Spannungen zwischen den hugenottischen Gemeinden und der jeweiligen Verwaltungsbehörde. Als die hessische Verwaltung die französische Gemeinde in Louisendorf dem Konsistorium in Kassel unterstellen wollte, sahen die Hugenotten darin eine Bevormundung und widersetzten sich derart vehement, dass der Landgraf ihnen schließlich die Eigenständigkeit in religiösen Fragen zusicherte.

In einigen hugenottischen Gemeinden wie z.B. Angermünde gab es in den Gründerjahren keinen eigenen Pfarrer, so dass ein Prediger aus den jeweiligen deutschen Nachbargemeinden diese Aufgabe übernehmen musste. Als für das Amt des Pfarrers in Gethsemane kein geeigneter Kandidat gefunden werden konnte, betreuten deutsche Pfarrer aus der Umgebung die hugenottische Gemeinde. Als der Hilmeser Pfarrer den Versuch unternahm, die Predigt und andere Amtshandlungen in deutscher Sprache durchzuführen, protestierte die Gemeinde beim zuständigen hessischen Kircheninspektor und setzte schließlich durch, dass die französische Sprache weiterhin den Vorrang vor dem Deutschen eingeräumt wurde.

In den Anfangsjahren existierte eine starke Kooperation der hugenottischen Gemeinden untereinander. Die Gemeinde in Carlsdorf arbeitete knapp 25 Jahre mit der Nachbargemeinde Schöneberg zusammen. Zwischen den hugenottischen Kolonien Angermünde und Schmargendorf bestand ebenfalls ein wechselseitiger Austausch in religiösen Angelegenheiten.

Einige Mitglieder der hugenottischen Gemeinden erlangten durch literarische Schriften eine überregionale Bedeutung. In Erlangen verfasste der hugenottische Pfarrer Tholozan eine Geschichte des Protestantismus in Frankreich für die Nachfahren seiner Gemeinde.

In den Anfangsjahren der hugenottischen Gemeinden wurden Neuankömmlinge aus Frankreich oft mit tiefem Argwohn betrachtet. In Erlangen brachte das Konsistorium der Gemeinde französischen Flüchtlingen, die unter Zwang zum Katholizismus konvertieren mussten, Misstrauen entgegen. Exulanten wurden vom Konsistorium dazu angehalten, dem Katholizismus abzuschwören und erst nach einer Wartezeit von zwei Jahren eine Ehe einzugehen.

Abhängig von ihrer Mitgliederstärke organisierten sich die hugenottischen Gemeinden in überregionalen Zusammenhängen. Die Erlanger Gemeinde nahm alle zwei Jahre an einer Synode der reformierten Kirchen der Markgrafenschaften Brandenburg-Bayreuth und Brandenburg-Ansbach teil. Sie pflegte weiterhin intensive Kontakte zu anderen Gemeinden in Genf, Berlin und Amsterdam. Die hugenottischen Gemeinden in Daubhausen und Greifenthal suchten ebenfalls den Kontakt und wechselseitigen Austausch mit anderen Gemeinden (Genf, Berlin), was vom Landesherren Graf Wilhelm Moritz zu Solms-Greifenstein unterstützt wurde.

Bei der Erziehung der Kinder stand der Erhalt der französischen Sprache und des Religionsunterrichtes im Vordergrund im Vordergrund:[559] „Die Pfarrer sollen dafür Sorge tragen, die Schulen zu besuchen, um nachzusehen, ob die Kinder darin gut unterrichtet werden, und zwar in den Vorschriften des Christentums und anderen für die Jugend notwendigen Grundwahrheiten."

Die hugenottischen Gemeinden erhielten von den jeweiligen Landesherren weitreichende religiöse Zugeständnisse. Ihre Selbständigkeit litt jedoch unter regional unterschiedlich ausfallenden Beschränkungen. In Hessen-Kassel verbot der Landgraf den hugenottischen Gemeinden, Synoden abzuhalten. Stattdessen schuf er den Posten eines geistlichen Inspektors für die französischen Gemeinden in Hessen-Kassel, der für die Dienstaufsicht der hugenottischen Geistlichen in den ländlichen Gemeinden, die Beilegung von Streitigkeiten zwischen Pfarrern und Gemeinden sowie die Umsetzung der hessischen Kirchenordnung aus dem Jahre 1657 zuständig war. Außerdem lag seine Aufgabe darin, dem hessischen Konsortium für frei werdende Pfarrstellen geeignete Nachfolger vorzuschlagen.

In Kassel gab es eine besondere Konstellation; zwei hugenottische Gemeinden (Altstadt, Oberneustadt) existierten lange Zeit nebeneinander in derselben Stadt. Im Jahre 1698 kam es aufgrund des Neubaues der Kirche in der Oberneustadt zum Zusammenschluss der beiden Presbyterien und der Armenkasse der beiden Gemeinden. Im nächsten Schritt wurden im Jahre 1720 die gemeinsame Verwaltung des Vermögens und der Zusammenschluss der Kollekten in eine gemeinsame Kasse beschlossen. Wei-

---

559 Zitiert aus von Rommel, Zur Geschichte der französischen Colonien in Hessen-Kassel, a.a.O., S. 159

terhin wurde in einem Vertrag festgelegt, dass das Pfarrhaus zu gleichen Teilen in den gemeinsamen Besitz der beiden Presbyterien überging.

Im Laufe der Zeit verlor die französische Sprache sowohl im Gottesdienst als auch im Leben der Gemeindemitglieder immer mehr an Bedeutung. In Erlangen zeigte sich dies im nachlassenden Besuch des Gottesdienstes; das religiöse Leben wurde von einem kleinen Personenkreis künstlich am Leben gehalten. In Todenhausen wurde bis zum Jahre 1818 der Gottesdienst in französischer Sprache abgehalten. Nach einer kurzen Zeit der Verwendung beider Sprachen fand die Gottesdienstfeier ab dem Jahre 1820 nur noch in deutscher Sprache statt. Die Zahl der hugenottischen Gemeindemitglieder ging in Neu-Isenburg im Laufe der Zeit stark zurück. Im Jahre 1872 schloss sie sich mit der lutherischen Gemeinde zusammen; ab diesem Zeitpunkt fand der Gottesdienst in deutscher Sprache statt. Die Regierung in Kassel legte im Jahre 1871 fest, dass in Louisendorf religiöse Zeremonien von nun an ausschließlich in deutscher Sprache abgehalten werden durften. Aufgrund sinkender Mitgliederzahlen kam es in Kassel im Jahre 1867 zu einer Vereinigung der hugenottischen und der deutschen reformierten Gemeinde. Nach langwierigen internen Auseinandersetzungen wurde beschlossen, die Gottesdienste in deutscher Sprache abzuhalten.

7.4 Verhältnis zur autochthonen Bevölkerung

Bei der Untersuchung des Verhältnisses zwischen der autochthonen Bevölkerung und den eingewanderten hugenottischen Glaubensflüchtlingen muss zunächst zwischen der Ansiedlung von Hugenotten in eine schon lange existierende Stadt- oder Dorfgemeinschaft mit tradierten Werten und Normen und den Neugründungen von Dörfern durch die hugenottischen Einwanderer mit der Genehmigung des jeweiligen Landesherren unterschieden werden.

Im Falle der Ansiedlung der Hugenotten in Städten oder Dörfern kann sowohl von einer Reserviertheit als auch von einer offenen Ablehnung von Teilen der alteingesessenen Bevölkerungsschichten gesprochen werden. Während die französischen Exulanten sich der Unterstützung und Förderung des jeweiligen Landesherren sicher sein konnten, erfreuten sie sich zumindest in gewissen Bevölkerungsschichten keiner großen Beliebtheit.

Die den Hugenotten von den jeweiligen Landesherren verliehenen Privilegien erzeugten vielfach den Neid der autochthonen Bevölkerung, die um ihre eigene berufliche Existenz fürchtete. In Angermünde erhielten die hugenottischen Einwanderer weniger Land als ihnen vom Kurfürsten zugesprochen wurde. Vieles spricht dafür, dass einflussreiche Angermünder Bürger, die dem Magistrat der Stadt angehörten, diese Privilegien zu weit gingen und aus diesem Grund den Glaubensflüchtlingen weniger Land zuteilten. In Magdeburg stellte der lokale Magistrat die rhetorische Frage:[560] „(…) ob es einem Lande nützlich oder den alten Einwohnern schädlich sei, wenn die Herrschaften durch gewisse Immunitäten und Freiheiten Fremde in das Land ziehen lassen."

Der Zuzug hugenottischer Handwerker stieß bei den Zünften der deutschen Handwerksmeister auf vollständige Ablehnung. Das deutsche Handwerk, das immer noch unter den ökonomischen Folgen des 30jährigen Krieges litt, betrachtete die französischen Einwanderer als unmittelbare Konkurrenz. Die hugenottischen Handwerker waren ihren deutschen Kollegen überwiegend in technologischen und wirtschaftspolitischen Kenntnissen überlegen. Vor allem in der Technologie der Stoffherstellung und -bearbeitung besaßen die Glaubensflüchtlinge einen entscheidenden Wissensvorsprung.

Die alteingesessenen Handwerker weigerten sich, Hugenotten in die Zünfte aufzunehmen, obwohl ihnen der Beitritt von den jeweiligen Landesherren zugesagt worden war. Die Konkurrenzängste der deutschen Handwerksmeister führten in einigen Fällen zur Anwendung von physischer Gewalt gegenüber hugenottischen Exulanten. Aus der Lüneburger Stadtchronik geht hervor, dass 14 ortsansässige Zunftmeister in die Geschäftsräume eines hugenottischen Schneiders einbrachen, das Inventar beschädigten und den Besitzer schwer misshandelten.[561] Ein weiteres Beispiel war der Übergriff eines deutschen Kaufmanns mit Unterstützung

560 Zitiert aus Jersch-Wenzel, Ein importiertes Ersatzbürgertum, in: von Thadden/ Magdelaine, Die Hugenotten 1685–1985, a.a.O., S. 171

561 Spaich, Fremd in Deutschland. Auf der Suche nach Heimat, a.a.O., S. 69

seiner Lehrlinge auf einen französischen Berufskollegen während der Frankfurter Messe im Jahre 1692.[562]

Das Phänomen der Gewalt gegenüber Glaubensflüchtlingen war auch in anderen Regionen Deutschlands zu beobachten. Die aufgrund ihrer religiösen Überzeugungen verfolgten Waldenser stießen in Württemberg ebenfalls bei Teilen der Bevölkerung auf Ablehnung. Die Heimsheimer Gemeindechronik notierte am 06.06.1699:[563] „Der Bürger Mathes Mann hat auf der Straße überlaut geschrien, er oder der Waldenser müsse vorher durchs Messer erstochen werden, ehe er diesen auch nur vorübergehend in sein Haus lasse." Hintergrund dieses Ereignisses war die drohende zwangsweise Einquartierung waldensischer Flüchtlinge nach ihrer Ankunft in Heimsheim.

Die Gründe für die Abneigung gewisser Bevölkerungsschichten gegenüber den hugenottischen Einwanderern lagen jedoch nicht nur in dem Ärger über die angebliche Bevorzugung der Flüchtlinge sowie in der neuen Konkurrenzsituation. Die Intoleranz gegenüber den Sitten und Bräuchen der Hugenotten und rassistische Stereotypen aufgrund ihrer dunklen Hautfarbe spielten ebenfalls eine Rolle.

Weiterhin trug die evangelisch-lutherische Kirche zur Verschärfung der ablehnenden Haltung gewisser Teil der Bevölkerung bei. Der schon überwunden geglaubte Streit zwischen den Protestanten in der Tradition Luthers und den Calvinisten wurde durch Hetzkampagnen in lutherischen Gottesdiensten neu entfacht, wobei besonders die Hugenotten - neben den Türken - zur Zielscheibe der Anfeindungen wurden.

In Erlangen mussten die Hugenotten während der Phase der Errichtung der Neustadt in benachbarten Dörfern untergebracht werden, da die lutherische Bevölkerung Erlangens ihnen gegenüber zum großen Teil feindselig eingestellt war. Die in Halle erschienene anonyme anticalvinistische Schrift „Katechismus der Reformierten - aus ihren Schriften gezogen" wurde auf der Leipziger Buchmesse zu einem Verkaufsschlager. Der preußische König, der aufgrund der feindseligen Haltung gewisser Be-

562 Ebd. S. 68

563 Zitiert aus Ebd. S. 93

völkerungsschichten um den innenpolitischen Frieden bemüht war, stoppte den Verkauf der Schrift und ließ die noch verfügbaren Teile der Auflage konfiszieren. In einem weiteren Schritt wies er im Jahre 1705 die lutherische Geistlichkeit des Landes an, den „refügierten Franzosen keine weitere Hinderung zu machen, sondern die Kirche allemal den Refugies unweigerlich und bei der Vermeidung anderer euch nicht geflissener Verordnungen öffnen zu lassen."[564]

Auf der anderen Seite war in Teilen der Bevölkerung der Wille zur Solidarität und Kooperation mit den hugenottischen Glaubensflüchtlingen zu erkennen.

In Bernau wurde von der hugenottischen Kolonie nach Absprache mit dem Magistrat der Stadt ein Richter bestimmt, der für ein einvernehmliches Zusammenleben der Gemeindemitglieder mit der autochthonen Bevölkerung zu sorgen hatte. Weiterhin besaß er die Aufgabe, auftretende Streitigkeiten und Konflikte zwischen Hugenotten und der deutschen Bevölkerung im Vorfeld zu verhindern oder zu schlichten. Die Bestimmung eines Richters, der für den wechselseitigen Austausch zwischen Franzosen und Deutschen zuständig war, war auch für andere Dörfer und Städte in Brandenburg-Preußen, wo hugenottische Flüchtlinge aufgenommen wurden, charakteristisch. In Städten wie Potsdam oder Frankfurt/Oder waren Hugenotten als Ratsmitglieder und Stadtverordnete im Magistrat vertreten, was bedeutete, dass sie ein bestimmtes Mitspracherecht in der wirtschaftlichen, kulturellen und sozialen Entwicklung der jeweiligen Stadt besaßen.

Die Tatsache, dass hugenottische Exulanten sich um die Weiterentwicklung ihrer jeweiligen Heimatgemeinde verdient machten, bedeutete einen Stabilisierungsfaktor für die Beziehungen zur autochthonen Bevölkerung. Sie wurden dann akzeptiert, wenn die alteingesessene Bevölkerung aus ihrer Einwanderung in wirtschaftlicher oder kultureller Hinsicht unmittelbaren Nutzen zog. Der Hugenotte Loesener erwarb sich durch die Abfassung der Angermünder Stadtchronik große Verdienste. In Potsdam führte das Wirken des Tabakfabrikanten Samuel Schock, des Bürgermeis-

564 Ebd. S. 71

ters Guillaume Saint Paul, des Architekten Peter de Gayette, des Buchhändlers Carl Christian Horvath und des Malers Antoine Pesne zu einer steigenden Akzeptanz der hugenottischen Glaubensflüchtlinge.

In Erlangen führten gemeinsame ökonomische Interessen zu Kontakten zwischen eingewanderten Hugenotten und der alteingesessenen Bevölkerung. Im Laufe der Zeit wurden Ausbildungsverträge geschlossen, die deutsche Lehrlinge in Berührung mit hugenottischen Familien brachte. Die Zahl der geschäftlichen Partnerschaften zwischen Hugenotten und deutschen Fabrikanten und Händlern stieg stetig an. Dies führte zwangsläufig zu einem wechselseitigen Austausch und zu einem Abbau von Stereotypen und Intoleranz.

In allen untersuchten Dörfern und Städten, wo sich Hugenotten ansiedelten, nahm seit Anfang des 18. Jahrhunderts die Zahl der Ehen zwischen der deutschen Bevölkerung und den Exulanten zu. Die in ihren früheren Heimatgemeinden ausgeübten Lebensformen und die französische Sprache wurden in den hugenottischen Kolonien in den ersten Jahren nach der Ansiedlung von den hugenottischen zum großen Teil bewahrt. Im Laufe der Zeit fand eine kulturelle Assimilation statt. Das Französische wurde im Alltagsgebrauch, im kirchlichen Leben und in der amtlichen Korrespondenz schrittweise durch die deutsche Sprache ersetzt.

Die von Hugenotten gegründeten Dörfer mussten besonders in den Anfangsjahren Konflikte mit deutschen Nachbargemeinden austragen.

Die deutschen Nachbargemeinden Amönau und Wetter versuchten, die Ansiedlung von Hugenotten in Todenhausen zu verhindern. Die Einwohner der beiden Gemeinden befürchteten, dass ihnen weniger Land zur Bewirtschaft bliebe. In ihren Augen gingen die Privilegien der Hugenotten zu weit, sie empfohlen dem Landgrafen, die Glaubensflüchtlinge an einen anderen Ort anzusiedeln. Nach der Ablehnung ihres Gesuches durch den Landgrafen zogen zahlreiche Gemeindemitglieder Amönaus im Jahre 1720 zum Lagerplatz der Flüchtlinge und starteten den Versuch, sie durch Drohungen und Beschimpfungen zu vertreiben. Die Hugenotten erhielten die Unterstützung des Landgrafen, der die Rädelsführer aus Amönau bestrafte.

Ein Jahr später kam es zum Konflikt mit der autochthonen Bevölkerung aus Wettau. Die Wetteraner rodeten Flächen, die eigentlich für die hugenottische Bevölkerung in Todenhausen bestimmt waren, und trieben ihr Vieh über die bereits gerodeten Felder der Glaubensflüchtlinge. Über den Ausgang der Auseinandersetzung gibt es in den vorhandenen Quellen keine Aussagen.

Die hugenottische Gemeinde in Neu-Isenburg musste sich in den ersten Jahrzehnten nach ihrer Gründung im Jahre 1699 mit den Ansprüchen der Stadt Frankfurt/Main auf Waldnutzungs- und Weiderechte innerhalb ihres Gebietes auseinandersetzen.

In der ersten Zeit nach der Gründung versuchten zahlreiche hugenottische Gemeinden, ihre Sprache, ihre religiösen Vorstellungen sowie ihre kulturellen Traditionen zu erhalten. Die französischen Einwohner von Todenhausen erhielten die Zusage des Landgrafen, dass kein Deutscher ohne die Genehmigung des Landesherrn in der Gemeinde Besitz erwerben durfte. Im Jahre 1717 wurde von der landgräflichen Verwaltung festgelegt, dass Häuser und Land in Carlsdorf nur an hugenottische Einwanderer verkauft werden durften.

Auf Dauer ließ sich die Abschottung der hugenottischen Kolonien gegenüber ihren deutschen Nachbargemeinden nicht durchhalten. Im Laufe der Zeit siedelten sich immer mehr Deutsche bedingt durch die Heirat mit Hugenotten in den jeweiligen Dörfern an. In Carlsdorf besaßen seit der Mitte des 18. Jahrhunderts Deutsche die Erlaubnis, Felder und Häuser zu erwerben, so dass der französische Bevölkerungsanteil immer weiter zurückging. Die deutsche Sprache breitete sich innerhalb der Gemeinden immer weiter aus, das Französische blieb auf wenige Gemeindemitglieder beschränkt. Der schleichende Prozess der Assimilierung der hugenottischen Kolonien fand spätestens Anfang des 20. Jahrhunderts seinen Abschluss.

8. Schlussbemerkung

Die Flucht der protestantischen Hugenotten aus Frankreich ist ein wesentlicher Bestandteil der Migrationsgeschichte in der Frühen Neuzeit.

Zur Einwanderung der Hugenotten aus Frankreich in nahezu alle protestantischen Staaten Deutschlands, die Niederlande, die Schweiz, nach England und in andere Länder führte ein nahezu hundertjähriger Religionskonflikt im Frankreich des 16. und 17. Jahrhunderts.

Ab dem Jahre 1530 breitete sich das Luthertum in allen Provinzen Frankreichs aus. Neben vielen Personen aus den Unter- und Mittelschichten bekannten sich auch zahlreiche Intellektuelle vor allem in Südfrankreich zu der neuen Religion. Der französische Protestantismus wurde in entscheidender Weise von Guillaume Farel (1489–1565) und Jean Calvin (1509–1564) geprägt, der der französischen Reformation ihr theologisches System gab.

Die Unzufriedenheit breiter Bevölkerungsschichten, zahlreicher Adelsfamilien sowie die Opposition des bourbonischen Adelsgeschlechts führten dazu, dass der Kalvinismus in Frankreich eine gesteigerte politische und gesellschaftliche Bedeutung erhielt.

Das Massaker von Vassy, bei dem der katholische Herzog Franz von Guise ungefähr 60 Teilnehmer eines protestantischen Gottesdienst ermorden ließ, leitete das Zeitalter der Hugenottenkriege ein, die bis zum Jahre 1598 die innenpolitische Situation Frankreichs bestimmen sollten.

Neben der innen- und wirtschaftspolitischen Destabilisierung des Landes forderten die Hugenottenkriege eine hohe Zahl an Menschenleben. Lediglich für die letzte Kriegsphase seit 1585 wird die Zahl der Opfer auf ungefähr eine Million Menschen geschätzt. Ab dem Jahre 1569 verließen ungefähr 10.000 Hugenotten Frankreich, die aufgrund der religiösen Unterdrückung ins Elsass emigrierten. Weitere 6.000 Personen hugenottischen Glaubens fanden in England einen Zufluchtsort, wo sie ungehindert ihren Glauben ausüben durften. Diese Emigration wirkte sich in hohem Maße nachteilig für die wirtschaftliche und kulturelle Entwicklung Frankreichs aus.

Die entscheidende Voraussetzung zur Überwindung der konfessionellen Gegensätze schuf Heinrich IV. mit dem Edikt von Nantes vom 30.4.1598, das einen religiösen Ausgleich brachte und das Ende der mehr als drei Jahrzehnte dauernden Hugenottenkriege bedeutete. Das Edikt von Nantes bestätigte das katholische Bekenntnis als Staatsreligion, gewährte aber den Anhängern des Protestantismus Gewissens- und örtlich beschränkte Kultfreiheit. Sie bekamen sowohl Zutritt zu öffentlichen Ämtern als die Bestätigung, dass zur Wahrung ihrer Bürgerrechte konfessionell gemischte Gerichtshöfe gegründet wurden. Trotz des Ediktes von Nantes blieben Misstrauen und Feindseligkeiten sowohl auf katholischer als auch auf protestantischer Seite bestehen. Da die Devise der religiösen Toleranz als Voraussetzung für ein friedliches Zusammenleben noch nicht weit verbreitet war, brachte das Edikt lediglich einen kurzfristigen Ausgleich der konfessionellen Gegensätze im französischen Staat.

Nachdem die Auseinandersetzungen zwischen Katholiken und Protestanten wieder aufgeflammt waren, stellten der Frieden von Alais und das Gnadenedikt von Nimes die Beziehung der Hugenotten zum französischen Staat auf eine neue Grundlage. Die Hugenotten mussten auf alle im Edikt von Nantes garantierten Sicherheitsplätze verzichten, ihre religiösen und gesellschaftlichen Rechte wurden jedoch bestätigt.

Ludwig XIV. vertrat gegenüber dem Protestantismus eine ablehnende Haltung, da er die Einheit des Reiches durch die Hugenotten gefährdet sah und somit sein Absolutheitsanspruch in Frage gestellt wurde. Im Umgang mit den Hugenotten verfolgte Ludwig XIV. die Absicht einer restriktiven Auslegung des Ediktes von Nantes. Ludwig XIV. appellierte an die katholischen Pfarrer in Frankreich, durch Predigten und die Verbreitung zahlreicher missionarischer Schriften die Hugenotten vom katholischen Glauben zu überzeugen. Durch die Einquartierung von Soldaten (Dragoner) bei protestantischen Familien versuchte er, die Konversion zum katholischen Glauben voranzutreiben.

Die verschärften Maßnahmen Ludwigs XIV. gegen den französischen Kalvinismus mündeten in das Revokationsedikt von Fontainebleau vom 18.10.1685, das das Edikt von Nantes aufhob.

Das Revokationsedikt von Fontainebleau untersagte jegliche Kultfreiheit der Hugenotten und tolerierte lediglich die individuelle, nicht die öffentlich praktizierte Gewissensfreiheit im französischen Staat. Protestantische Geistliche wurden vor die Wahl gestellt, dem Kalvinismus abzuschwören oder das Land innerhalb von zwei Wochen zu verlassen. Die Zwangsbekehrungen brachten jedoch nicht den erhofften Erfolg; der katholische Glaube wurde in vielen Fällen lediglich mit einem Lippenbekenntnis angenommen. In Privatwohnungen und an geheimen Treffpunkten wurden weiterhin die Schriften Johannes Calvins gelesen und protestantische Gottesdienste abgehalten. Lediglich eine Minderheit der hugenottischen Pastoren schwörten dem Protestantismus ab, die übrigen und mit ihnen ungefähr 200.000–300.000 Kalvinisten flüchteten unter lebensbedrohlichen Umständen ins protestantische Ausland.

Das Revokationsedikt von Fontainebleau und die daraus resultierende Emigration der Hugenotten bedeuteten eine Zäsur in der französischen Geschichte. Der Protestantismus wurde als Faktor des gesellschaftlichen und politischen Lebens in Frankreich für längere Zeit ausgeschaltet.

Neben Städten wie Den Haag, Amsterdam oder Genf stellte Frankfurt/Main ein wichtiges Durchgangszentrum für Glaubensflüchtlinge aus Frankreich dar. Aufgrund der günstigen geographischen Lage, der Bedeutung Frankfurts als wichtiges europäisches Handelszentrum sowie der großen Autonomie der Stadt wählten viele hugenottische Exulanten Frankfurt/Main als Zufluchtsort. Die französische Gemeinde in Frankfurt/Main unterstützte ihre verfolgten Glaubensbrüder direkt nach ihrer Ankunft. Von der deutsch reformierten Gemeinde, den Frankfurter Lutheranern sowie aus England und den Niederlanden erhielt die hugenottische Gemeinde finanzielle Zuwendungen.

Für die meisten Glaubensflüchtlinge, die nach Frankfurt/Main emigrierten, stellten die Generalstaaten der Niederlande, Brandenburg-Preußen und Hessen-Kassel die bevorzugtesten Bestimmungsorte dar. Diese Staaten entsandten Vertreter, die besonders Handwerker und Fabrikanten unter den Flüchtlingen zu einer Ansiedlung in ihrem Territorium bewegen sollten.

Die Untersuchung des Lebens der hugenottischen Glaubensflüchtlinge in den deutschen protestantischen Territorien exemplarisch dargestellt an Städten und Dörfern Brandenburg-Preußens, Hessen-Kassels und der Markgrafschaft Brandenburg-Bayreuths brachte folgende Ergebnisse hervor: Die Motivation der jeweiligen Landesherren, die hugenottischen Glaubensflüchtlinge in ihrem Territorium aufzunehmen, lag in der Kombination aus machtpolitischen Erwägungen, wirtschaftspolitischen Zielsetzungen und konfessioneller Solidarität gegenüber ihren Glaubensbrüdern. Die protestantischen Landesherren sahen in den Hugenotten loyale Staatsbürger und damit Stabilisierungsfaktoren des absolutistischen Herrschaftssystems. Da sich unter den emigrierten Hugenotten zahlreiche Intellektuelle, Handwerker und Fabrikanten befanden, versprachen sich die jeweiligen Landesherren von ihnen eine kurzfristige Steigerung der Wirtschaftskraft, die Gründung neuer Industriezweige und eine Belebung des Handels. Geldspenden und die Hilfeleistung in Form von Unterbringungs- und Arbeitsmöglichkeiten des jeweiligen Herrschers waren Ausdruck eines konfessionellen Zusammengehörigkeitsgefühls.

Einen überregionalen Charakter für die Ansiedlung der hugenottischen Flüchtlinge besaß das Edikt von Potsdam. Es legte in 14 Artikeln die Rahmenbedingungen für die Aufnahme der Exulanten in Brandenburg-Preußen fest. Das Edikt sprach den Hugenotten weitreichende soziale und wirtschaftliche Privilegien zu, eine Möglichkeit zur Selbstverwaltung war darin jedoch nicht enthalten. Die drei Edikte des Landgrafen Karl von Hessen-Kassel im Jahre 1685 hatten ebenfalls eine überregionale Bedeutung. Neben der rechtlichen Gleichstellung mit der deutschen Bevölkerung und der Zusicherung der uneingeschränkten Ausübung des Kalvinismus spielten wirtschaftliche Privilegien eine entscheidende Rolle.

Bei der regionalen Ansiedlung der Hugenotten standen die Privilegien der religiösen Freiheit, der wirtschaftlichen Konzessionen und die Übergabe von Grundbesitz an die Flüchtlinge im Mittelpunkt. Die meisten Landesherren legten großen Wert auf die Erhaltung der aus Frankreich mitgebrachten Traditionen der Galubensflüchtlinge. Ihrer Vorstellung nach sollten ausschließlich französische Pfarrer und Lehrer in den Gemeinden beschäftigt werden und nach Möglichkeit ortsansässige Hugenotten wichtige Ämter innerhalb der Gemeinde bekleiden. Der Gebrauch der französischen Sprache war während der Gottesdienste obligatorisch. Die Gründung von Schulen für die Kinder der Flüchtlinge mit der Unterrichtssprache Französisch wurde angestrebt. Die Aufrechterhaltung eines wechselseitigen Austausches mit anderen hugenottischen Kolonien war ein weiteres Anliegen der Landesherren.

Zur Entwicklung des religiösen Lebens innerhalb der hugenottischen Gemeinden überließ der jeweilige Herrscher den hugenottischen Exulanten - meist zur vorübergehenden Nutzung - eine Kirche oder Kapelle. In der Regel übernahm er auch die Finanzierung des Pfarrers, des Kantors sowie des Küsters. Das kirchliche Leben spielte in den ersten Jahrzehnten nach der Ansiedlung in allen hugenottischen Gemeinde eine wichtige Rolle. Erst im Laufe der Zeit verlor die Religiösität im Leben der Gemeindemitglieder immer mehr an Bedeutung. Das religiöse Leben wurde lediglich von einem kleinen Personenkreis am Leben erhalten, so dass es im 19. und 20. Jahrhundert in den meisten Fällen zu einer Vereinigung mit der deutschen reformierten Gemeinde der jeweiligen Stadt oder des jeweiligen Ortes kam. Die bis zum heutigen Zeitpunkt weiter existierenden hugenottischen Gemeinden wie in Berlin, Potsdam, Angermünde, Prenzlau oder Schwedt stellen Ausnahmen dar.

Ein Teil der autochthonen Bevölkerung lehnte die hugenottischen Neuankömmlinge aufgrund ihrer von jeweiligen Landesherren zugestandenen Privilegien, der neu entstandenen Konkurrenzsituation und religiöser Intoleranz ab. Andererseits war die Bereitschaft zur Kooperation innerhalb der deutschen Bevölkerung vorhanden, wenn sie aus der Einwanderung der Glaubensflüchtlinge vor allem in ökonomischer Hinsicht unmittelbaren Nutzen zog.

Die Einwanderung der Hugenotten war für die politische, wirtschaftliche und geistige Entwicklung der protestantischen Aufnahmestaaten, der Städte und Orte, wo sich die Glaubensflüchtlinge ansiedelten, von prägender Bedeutung. Große Verdienste erwarben sich die Flüchtlinge beim Bau von Schlössern und Gärten in der Residenzstadt Potsdam sowie beim Aus- und Aufbau von Adels- und Herrensitzen. Für herausragende Leistungen im Hinblick auf die Architekturgeschichte Preußens waren die

Hugenotten Philipp de la Chieze und David Friedrich Gilly verantwortlich. Der französische Bildhauer Charles Phillip Dieussart und der Maler Antoine Pesne prägten die künstlerische Entwicklung am Hofe des Kurfürsten in Potsdam.

Aus den Reihen der Hugenotten gingen bedeutende Schriftsteller wie Friedrich de la Motte-Fouque, der Autor der „Undine", hervor. Einen hohen Bekanntheitsgrad über die deutsche Literatur hinaus erwarb der Hugenottennachfahre Theodor Fontane. Fontane stellte die Bedeutung der Ansiedlung von Hugenotten für die Mark Brandenburg auf eine Stufe mit den gewonnenen Schlachten der preußischen Armee in Warschau (1656) und Fehrbellin (1675):[565] „Ein geistiges Leben war erwacht, Brandenburg war der Schauplatz kirchlicher Kämpfe und doch zugleich der Schauplatz kichlicher Duldung geworden. Französische Refugies hatten eine Zufluchtsstätte gefunden, und ihre Sitte, ihr Kunstfleiß begannen der alten Mark plötzlich ein neues Ansehen, ein helleres Licht zu geben, als habe das dunkle alte Tannenland über Nacht sein Gesicht gewechselt."

Die Universitäten von Berlin und Frankfurt/Oder, die vor der Ansiedlung der Hugenotten keine Rolle im europäischen Geistesleben spielten, gewannen durch das Zusammenwirken deutscher und hugenottischer Gelehrter einen hervorragenden Ruf.

Der hugenottische Forscher Francois-Charles Achard war für die industrielle Gewinnung von Rübenzucker verantwortlich. Sein Werk „Anleitung zum Anbau zur Zuckerfabrication anwendbarer Runkelrüben und zur vorteilhaften Gewinnung des Zuckers" aus dem Jahre 1803 stellte zur damaligen Zeit ein Meilenstein der agrarwissenschaftlichen Forschung dar. Ferner beschäftigte er sich mit der Nutzung elektrischer Energie, meteorologischen Fragen und schrieb Abhandlungen über Telegraphie und Luftfahrt.[566]

Leopold von Ranke bemerkte zu Recht, dass die Hugenotten Brandenburg-Preußen mit dem fortgeschrittenen romanischen Europa in unmit-

565 Zitiert aus: Reuter, H.-H.: Fontane. Bd. I, Berlin 1968, S. 55

566 Gahrig, Unterwegs zu den Hugenotten in Brandenburg, a.a.O., S. 32

telbaren Kontakt brachten.[567] Hugenottische Gelehrte trugen zur geistigen Aufklärung des 17. und 18. Jahrhunderts in Preußen bei. Zur Zeit Friedrichs II. waren von den 37 Mitgliedern der Societe Litteraire der Deutschen Akademie der Wissenschaften in Berlin acht hugenottischer Abstammung. Der Berliner Kreis der deutschen Aufklärung um Gottfried Wilhelm Leipniz stand in engem Kontakt und regem Austausch mit der französischen Gemeinde und ihrem Geschichtsschreiber Charles Ancillon. Das College Francais in Berlin lud in regelmäßigen Abständen interessierte Personen zu gemeinsamen deutsch-französischen Diskussionsrunden über literarische, philosophische, staatstheoretische und theologische Fragen ein.

Durch ihre weltweiten Verbindungen trugen die Hugenotten maßgeblich dazu bei, die Werke der Vertreter der deutschen Aufklärung im Ausland bekannt zu machen. Eine wichtige Rolle übernahm dabei die von hugenottischen Glaubensflüchtlingen herausgegebene „Bibliotheque Germanique", in der diese Verfasser mit der französischen Übersetzung ihrer Werke vertreten waren. Jeremie Bitaube, der erste französische Übersetzer von Goethes Werk „Hermann und Dorothea" war ein Mitglied der hugenottischen Gemeinde in Berlin. Der hugenottische Schriftsteller Samuel Formey arbeitete 50 Jahre als Histograph an der Akademie der Wissenschaften und war Korrespondent der französischen Aufklärer Denis Diderot und Jean Le Rond d'Alembert.

Die Gründung des Deutschen-Hugenotten-Vereins (DHV) ist als Ergebnis der Gedenkfeiern im Jahre 1885 an die Aufhebung des Ediktes von Nantes, den Erlass des Ediktes von Potsdam und anderer Einladungsedikte sowie an die Gründung zahlreicher anderer hugenottischer Gemeinden zu verstehen:[568] „Es erwachte unter den Hugenotten wieder das Gefühl der Zusammengehörigkeit. Es zeigte sich geschichtliches Interesse. Man beschäftigte sich mit den Rechten der französisch-reformierten Kirche."

Aus dieser Bewegung entstand im Jahre 1890 der „Deutsche Hugenotten-Verein", dessen Aufgabe darin bestand, den Glauben der hugenottischen Vorfahren verständlich zu machen und ihre Geschichte historisch und

567 Von Ranke, L.: Preußische Geschichte 1415–1871, 2.Auflage, Augsburg 1981, S. 95

568 Spaich, Fremd in Deutschland. Auf der Suche nach Heimat, a.a.O., S. 77

genealogisch darzustellen. Außerdem setzte sich der Verein zum Ziel, wissenschaftliche Arbeiten mit Themen, die im weitesten Sinne die hugenottische Geschichte betrafen, finanziell zu unterstützen.

Der wechselseitige Austausch zwischen den Hugenotten-Gesellschaften in den einzelnen Ländern führte im Jahre 1966 zur Gründung des „Centre Mondial Huguenot" in Paris.[569] Alle drei Jahre wird an wechselnden Stätten hugenottischer Geschichte in Frankreich ein Treffen der Nachkommen der Hugenotten aus aller Welt durchgeführt. Im Jahre 1972 trafen sich beispielsweise hugenottische Vertreter aus 14 Ländern am Denkmal des in der Bartholäusnacht ermordeten hugenottischen Führers Admiral Gaspard de Coligny am Temple d'Oratoire du Louvre in Paris.

Als Rahmen für die alle 2 Jahre stattfindende Mitgliederversamlung veranstaltet der DHV an wechselnden Orten der Ansiedlung von Hugenotten die „Deutsche Hugenottentage".[570] Im Mittelpunkt dieser mehrtägigen Veranstaltungen steht ein deutsch-französischer Gottesdienst, dessen Predigt von einem französischen Prediger gehalten wird. Außerdem werden Vorträge, Diskussionen in Arbeitsgruppen, Konzerte, Führungen durch alte Hugenotten-Siedlungen und Ausstellungen angeboten. Für viele Teilnehmer ist der Kontakt zu Menschen, deren Vorfahren das gleiche Schicksal durchlebt haben, der wichtigste Grund, um an diesen Zusammenkünften teilzunehmen.

Die Suche nach dem Herkunftsort der geflüchteten Vorfahren ist ein wichtiges Anliegen der in heutiger Zeit lebenden Hugenotten. Viele besuchen häufig die Heimat der Ahnen und suchen in französischen Archiven und Orten nach ihren Spuren und nach Trägern gleicher Familiennamen, bei denen sich vielleicht eine gemeinsame Vorfahrenschaft feststellen lässt. Um die Verständigung beider Länder und die europäische Zusammenarbeit voranzutreiben, stellen die deutschen Hugenotten-Familien ein wichtiges Bindeglied zwischen Deutschland und Frankreich dar. Dem wechselseitigen Austausch dienen auch die Hugenotten-Fahrten, die der DHV für seine Mitglieder anbietet. Zusammen mit fran-

[569] Centurier, F.: Die Hugenotten-Nachkommen und der Deutsche Hugenotten-Verein, in: von Thadden/Magdelaine, S. 213–220, hier: S. 217

[570] Ebd. S. 219

zösischen Protestanten nehmen deutsche Kalvinisten an dem jährlich stattfindenden Gedenkgottesdienst am Musee du Desert in Mas Soubeyrab bei Mialet in den Cervennen teil.

Im Französischen Dom in Berlin wurde ein umfassendes Museum über die Geschichte der Hugenotten eingerichtet und Räume für die Bibliothek der Hugenottenkirche zur Verfügung gestellt.

Es bleibt festzuhalten, dass die deutschen Hugenotten-Familien ein gewichtiges Bindeglied zwischen Deutschland und Frankreich darstellen, was eine wichtige Voraussetzung für die Verständigung der beiden Länder und die europäische Zusammenarbeit bedeutet.

9. Literaturverzeichnis

Almeras, C.: La revolte des Camisardes, Paris 1960

Ancillon, C.: Geschichte der Niederlassung der Refugies in den Staaten Seiner Kurfürstlichen Hoheit von Brandenburg, Berlin 1939

Arabin, W.: Hugenottensiedlung Daubhausen-Greifenthal seit 1685. Ursprung und Entwicklung, Festschrift zum 300jährigen Bestehen der Siedlung, Wetzlar-Hermannstein, o. J.

Ascoli, P.: The Sixteen and the Paris League 1585-1591, Berkley 1971

Bade, K. J.: Transnationale Migration und Arbeitsmarkt im Kaiserreich: Vom Agrarstaat mit starker Industrie zum Industrieland mit starker agrarischer Basis, in: Pierenkemper, T./Tilly, R. (Hrsg.): Historische Arbeitsmarktforschung, Göttingen 1982, S. 182-211

Bade, K. J.: Auswanderer - Wanderarbeiter - Gastarbeiter. Bevölkerung, Arbeitsmarkt und Wanderung in Deutschland seit der Mitte des 19. Jahrhunderts, 2. Aufl., Ostfildern 1986

Bade, K. J.: „Preußengänger" und „Abwehrpolitik": Ausländerbeschäftigung und Ausländerkontrolle auf dem Arbeitsmarkt in Preußen vor dem Ersten Weltkrieg, in: Archiv für Sozialgeschichte, 24, 1984, S. 91-162

Bade, K. J.: Arbeitsmarkt, Bevölkerung und Wanderung in der Weimarer Republik, in: Stürmer, M. (Hrsg.): Die Weimarer Republik. Belagerte Civitas, Königstein i.T. 1980, S. 160-187

Bade, K. J.: Vom Auswanderungsland zum Einwanderungsland? Deutschland 1880-1980, Berlin 1983

Bade, K. J.: Ausländer - Aussiedler - Asyl in der Bundesrepublik Deutschland, Hannover 1990

Bade, K. J. (Hrsg.): Deutsche im Ausland - Fremde in Deutschland. Migration in Geschichte und Gegenwart, München 1992

Bader, J.: Frankfurt/Oder. Stadtbild im Wandel, Gudersberg/Gleichen 1993

Baker, J.: The House of Guise and the Church c. 1550–1588, Oxford 1995

Barbatti, B.: Das "Refuge" in Zürich. Ein Beitrag zur Geschichte der Hugenotten- und Waldenserflüchtlinge nach der Aufhebung des Ediktes von Nantes und zur Geschichte der Stadt Zürich, Zürich 1957

Barnavi, E.: Le Partie de Dieu. Etude sociale et politique des chefs de la Ligue parisienne 1585–1594, Brüssel 1980

Baudoin-Matuscek, M.-N./Merlin-Chazelas, A. (Hrsg.): Catalogue de actes de Henri II., Paris 1979

Baum, J. W. (Hrsg.): Sommaire, c'est une brieve declaration d'aucuns lieux fort necessaires a chacun chretien, pour mettre sa confiance en Dieu te a ayder son prochain, Genf 1867

Baum, J. W. (Hrsg.) : Du vrai usage de la croix de Jesus Christ et de l'abus et idolatrie commisee autour d'icelle et de l'authorite de la parole de Dieu et des traditions humaines, Genf 1865

Baumgartner, F. : France in the Sixteenth Century, New York 1995

Beaucaire, F.: Oratio de victoria, qua Carolus IX. Galliarum rex Francisci Loharingi Guisae ducis, necnon et Annae Monmorencii quitum magistri auspiciis rebelles causem religionis pretextentes inginti clade superavit. Habita est Tridentini in publico Patrum qui ad concilium oecumenicum convenerunt concessu, Brescia 1563

Beheim-Schwarzbach, M.: Hohenzollernsche Colonisation. Ein Beitrag zu der Geschichte des preußischen Staates und der Colonisation des östlichen Deutschlands, Leipzig 1874

Berger, S.: Le Proces de Guillaume Briconnet, in: Bulletin de la Societe du Protestantisme francais, 1900, S. 136–154

Beringuier, R.: Die Colonieliste von 1699, 2. Auflage, Berlin 1990

Beringuier, R.: Die Stammbäume der Französischen Colonie in Berlin, 2. Auflage, Berlin 1990

Beuleke, W.: Die Hugenottenkolonie zu Strasburg in der Uckermark, Bad Karlshafen 1982

Beulecke, W.: Die Südfranzosen in den uckermärkischen Hugenottenkolonien Prenzlau, Potzlow und Strasburg, Sickte 1980

Beuleke, W.: Die Hugenotten im Hersfelder Land, in: Hessische Familienkunde, Juli/Dezember 1974, Bd.12, Heft 2/4, S. 247–262

Beuleke, W.: Die Bastet- eine Refugiesfamilie in Hessen, in: Der deutsche Hugenott. Zeitschrift für die Mitglieder des Deutschen Hugenotten-Vereins, Braunschweig, September 1973, 37. Jg., Nr. 3, S. 79–89

Beuleke, W.: Die Gründer und Mitglieder der Hugenottengemeinde Daubhausen-Greifenthal, in: Archiv für Sippenforschung, 41. Jg., August 1975, Heft 59, S. 215–265

Birnstiel, E.: Die Hugenotten in Berlin oder Die Schule der Untertanen, Berlin 1986

Bitton, D.: The French Nobility in Crisis 1540–1640, Stanford 1969

Blaich, F.: Die Epoche des Merkantilismus, Wiesbaden 1973

Blaschke, W.: 700 Jahre Franziskanerkloster zu Angermünde, Angermünde 1999

Blet, H.: Histoire de la colonisation francaise, Bd. I., Paris/Grenoble 1946

Brocke, D. u.a. : Aus der Geschichte und Gegenwart der Dörfer Groß und Klein Ziethen, Groß Ziethen 1986

Bluche. F.: Im Schatten des Sonnenkönigs. Alltagsleben im Zeitalter Ludwigs XIV. von Frankreich, Freiburg/Würzburg 1986

Bolhuis, H.H.: La Hollande et les deux refuges, in: Bulletin de la Societe de l'Histoire du Protestantisme francais, 115, (1969), S. 407–428

Bonney, R.: Political Change in France under Richelieu and Mazarin 1624–1661, Oxford/London/Glasgow 1978

Bost, C.: Les predicants protestants des Cevennes et du Bas-Languedoc, 1684–1700, Band I., Paris 1912

Bouchet, R.: Discours de la guerre civile et mort tres-regrette de Henry III. roy de France et de Pologne, Tours 1590

Böckel, E.G.A.: Die Bekenntnisschriften der evangelisch-reformierten Kirche, Leipzig 1847

Brandt, H.J. (Hrsg.): Die Polen und die Kirche im Ruhrgebiet 1871–1919, Münster 1987

Brauns, C.: Kurhessische Gewerbepolitik im 17. und 18. Jahrhundert, Marburg/Lahn 1911

Bregulla, G. (Hrsg.): Hugenotten in Berlin, Berlin 1988 Beuleke, W.: Die Gründer und Mitglieder der Hugenottengemeinde Daubhausen-Greifenthal, in: Archiv für Sippenforschung, 41 Jg. August 1975, Heft 59, S. 215–265

Brocke, D. u.a. : Aus der Geschichte und Gegenwart der Dörfer Groß und Klein Ziethen, Groß Ziethen 1986

Brunner, E.: Das Vermächtnis Calvins, Bern 1936

Buisseret, D.: Henry IV., King of France, London 1984

Burger, J.-P.: La conversion de Farel, in: Bulletin de la Societe de l'Histoire du Protestantisme Francais, 91, 1965, S. 192–204

Carriere, V. : Guillaume Farel. Propagangiste de la Reformation, in: Revue d'Histoire de l'Eglise de France 20, 1934, S. 35–52

Carroll, S.: Ceux de Guise: the Guise family and their affinity in Normandy, during the Wars of Religion, in: French History 9 (1995), S. 125–152

Cohn-Bendit, D./Schmid, T. : Heimat Babylon. Das Wagnis der multikulturellen Demokratie, Hamburg 1993

Cole, C.W.: French Mercantilist Doctrines before Colbert, New York 1961

Cole, C.W.: French Mercantislism 1683–1700, 2. Auflage, New York 1965

Cosmar, A.: Neuester und vollständigster Wegweiser durch Potsdam und seine Umgebungen für Fremde und Einheimische, Berlin 1841

Coustant, J.-M.: Les Guises, Paris 1984

Croon, H./Utermann, K.: Zeche und Gemeinde. Untersuchung über den Strukturwandel einer Zechengemeinde im nördlichen Ruhrgebiet, Tübingen 1958

Dehio, L.: Friedrich Wilhelm IV. von Preußen, München 1961

De Levis-Mirepoix, A.: Les guerres de la religion (1559–1610), Paris 1954

Demandt, K.E.: Geschichte des Landes Hessen, 2. Auflage, Kassel/Basel 1972

Desel, J./Mogk, W.: Hugenotten und Waldenser in Hessen-Kassel, Kassel 1978

De Lamar, J.: Diplomacy and Dogmatism. Bernardino de Mendoza and the French Catholic League, Cambridge 1964

De Rosieres, F.: Stemmatum Lotharingiae ac Barri Ducum Tomi Septem, Paris 1580

Deutscher Hugenottenverein (Hrsg.): Das Edikt von Nantes. Das Edikt von Fontainebleau, Flensburg 1963

Dinoth, R.: De bello civili gallico religionis causa suscepto lib. VI. Acceßit index rerum memorabilium locupletißimus, Basel 1582

Dippel, H.: Um Glauben und Heimat. Geschichtlicher Beitrag über die Hugenottensiedlung Gethsemane, Kreis Hersfeld, in: Mein Heimatland. Juni/Juli 1932, Bd. 10, Nr. 11, S. 81–84

Dohse, K.: Ausländische Arbeiter und bürgerlicher Staat. Genese und Funktion von staatlicher Ausländerpolitik und Ausländerrecht. Vom Kaiserreich bis zur Bundesrepublik Deutschland, Königstein i. T. 1981

Donald, H. : Farel. Reformer of the Swiss Romand. His Life, His Writings and His Theology, New York 1954

Dölemeyer, B.: Hier finde ich meine Zukunft. Auf den Spuren der Hugenotten und Waldenser im südlichen Hessen, Bad Karlshafen 1999

Drouot, H.: Mayenne et la Bourgogne: etude sur la Ligue, 1587–1596, 2. Bände, Paris 1937

Ducasse, A. : La guerre des Camisardes. La resistance huguenotte sous Ludwig XIV., Paris 1962

Eberhardt, F.: Die Luisenstadt. Geschichte und Geschichten über einen alten Berliner Stadtteil, Berlin 1995

Ebrard, A.: Christian Ernst v. Brandenburg-Baireuth. Die Aufnahme reformierter Flüchtlingsgemeinden in ein lutherisches Land 1686–1712, Gütersloh 1906

Elsner, L./Lehmann, J.: Ausländische Arbeiter unter dem deutschen Imperialismus 1900–1985, Berlin 1988

Emilius, A. : Chronik der Französischen Colonie in Brandenburg 1685–1835, Brandenburg 1918

Enders, L.: Historisches Ortslexikon für Brandenburg, Teil VIII.: Uckermark, Weimar 1990

Engelsing, R.: Kleine Wirtschafts- und Sozialgeschichte Deutschlands, Hannover 1968

Erbe, H.: Die Hugenotten in Deutschland, Essen 1937

Erlanger, P.: Bartholomäusnacht. Die Pariser Bluthochzeit am 24. August 1572, München 1966

Erman, W.: Jean Pierre Erman (1735 bis 1814). Ein Lebensbild aus der Berliner französischen Kolonie, Berlin 1914

Escher, F.: Berlin und sein Umland, Berlin 1985

Fabian, W.: Potsdam. Die Stadt - die Könige und ihre Besucher, Berlin 1997

Faust, A.: Arbeitsmarktpolitik im deutschen Kaiserreich: Arbeitsvermittlung, Arbeitsbeschaffung und Arbeitslosenunterstützung 1890–1918, Stuttgart 1986 Fischer, G.: Die Hugenotten in Berlin, Berlin 1988

Frankenstein, K.: Die Arbeiterfrage in der deutschen Landwirtschaft, Berlin 1983

Fuhrich-Grubert, U.: Die französische Kirche zu Berlin. Ihre Einrichtungen 1672–1945, Bad Karlshafen 1992

Gahrig, W.: Unterwegs zu den Hugenotten im Land Brandenburg. Historische Ausflüge, Berlin 2000

Gahrig, W.: Unterwegs zu den Hugenotten in Berlin. Historische Spaziergänge, Berlin 2000

Garrison, J.: Henry IV., Paris 1984

Gaugler, E./Weber, W.: Ausländer in deutschen Industriebetrieben, Königstein i. T. 1978

Gaugler, E./Weber, W.: Ausländerintegration in deutschen Industriebetrieben. Empirische Untersuchungen über individuelle und soziale Integration, Königstein i.T. 1988

Gehmacher, E./Kubat, D./Mehrländer, U. (Hrsg.): Ausländerpolitik im Konflikt. Arbeitskräfte oder Einwanderer? Konzepte der Aufnahme- und Entsendeländer, Bonn 1978

Giebel, A.: Abraham Fontaine, der erste Prediger der französischen Gemeinde Louisendorf, in: Der deutsche Hugenott. Zeitschrift für die Mitglieder des Deutschen Hugenotten-Vereins, Braunschweig, März 1973, 17. Jg., Nr. 1, S. 11–15

Giebel, A.: Aus der Geschichte der französischen Kolonie Louisendorf. Zum 250jährigen Bestehen der Kirche 1702–1952, in: Kasseler Sonntagsblatt vom 13.07.1952, 74. Jg., Nr. 28, S. 14–15

Giersberg, H.-J.: „Mein Herr Vater hat Potsdam sehr lieb", in: 1.000 Jahre Potsdam. Das Buch zum Stadtjubiläum mit dem Festprogramm, Potsdam 1992

Gild, A.: Heimatkunde von Kassel und Umgebung, 5. Auflage, Kassel 1910

Glatzer, R. (Hrsg.): Berliner Leben 1648–1806. Erinnerungen und Berichte, Berlin 1956

Gloede, G.: Zucht und Weite. Calvins Weg und Werk, 4. Auflage, Zürich 1959

Gloger, B.: Richelieu. Die Karriere eines Staatskardinals, 2. Auflage, Berlin 1990

Gonnermann, E.: Das Tal von Queyras und Abries, die Heimatgemeinde von Karlsdorf in Hessen, in: Hessenland. Zeitschrift für hessische Geschichte und Literatur, Kassel, Mai 1927, 39 Jg., Heft 5, S. 97–99

Göhring, M.: Weg und Sieg der modernen Staatsidee in Frankreich. Vom Mittelalter bis 1789, Tübingen 1946

Grandjot, J.: Der Kampf der Louisendörfer um die Reinerhaltung des französischen Charakters ihrer Gemeinde, in: Der deutsche Hugenott. Zeitschrift für die Mitglieder des deutschen Hugenotten-Vereins, Braunschweig, März 1963, 27. Jg., Nr.1, S. 11–15

Grau, C.: „Savans refugies"– „Französische Gelehrte". Über den Beitrag der Hugenotten zur Wissenschaftsentwicklung in Brandenburg-Preußen am Ende des 17. und im 18. Jahrhundert, in: Mittenzwei, I. (Hrsg.): Hugenotten in Brandenburg-Preußen, Berlin 1987, S. 228–240

Grefe, A.: Die Jubiläumsfeier in Todenhausen, in: Der deutsche Waldenser. Zeitschrift für die Mitglieder der Deutschen Waldenservereinigung. Mühlacker, August 1970, Neue Folge 109, S. 2–3

Grundmann, P.:Französische Flüchtlinge in Lübeck: Refugies und Emigres, Schöneberg 1920

Hahn, P.M.: Geschichte Potsdams von den Anfängen bis zur Gegenwart, München 2003

Hanitzsch, H.-J.: 1685–1985. 300 Jahre Evangelisch-Reformierte Kirchengemeinde in Brandenburg, Brandenburg an der Havel 1985

Hanitzsch, H.-J.: Die Hugenotten in der Stadt Brandenburg, in: Historischer Verein Brandenburg/Havel e.V.: 5.–6. Jahresbericht 1995–1997, Brandenburg an der Havel 1998

Harding; R.: Revolution and reform in the Holy League: Angers, Rennes, Nantes, in: Journal of the Modern History 53 (1981), S. 379–416

Hati, P.: Henri de Catt. Vorleser Friedrich des Großen. Die Tagebücher: 1758–1760, München/Berlin 1986

Heckmann, F.: Die Bundesrepublik: Ein Einwanderungsland? Zur Soziologie der Gastarbeiterbevölkerung als Einwanderungsminorität, Stuttgart 1981

Herbert, U.: Geschichte der Ausländerbeschäftigung in Deutschland 1880- 1980: Saisonarbeiter - Zwangsarbeiter - Gastarbeiter, Berlin 1986

Heretier, J. : Catherine de Medicis, Paris 1942

Himmelreich, F.: Greifensteiner Chronik - Ein Beitrag zur Geschichte des Solmser Landes, 2. Auflage, Wetzlar 1903

Himmelreich, R./Arabin, W.: Kirche und Heimat. Beilage zum Kasseler Sonntagsblatt für den Kreis Wetzlar, Folge 12 (1935), S.1-3

Hochhuth, C.W.H.: Statistik der evangelischen Kirche im Regierungsbezirk Cassel, Kassel 1872

Hoffmann, L.: Die unvollendete Republik. Zwischen Einwanderungsland und deutschem Nationalismus, Köln 1990

Hoffmann, M.: Geschichte der freien und Hansestadt Lübeck, 2. Hälfte, Lübeck 1889/1892

Hofmeister, B./Möbius, D. (Hrsg.): Exkursionen durch Berlin und seine Umgebung, Berlin 1992

Hoffmeister, J.C.C.: Historische-kritische Beschreibung aller bis jetzt bekannt gewordenen hessischen Münzen, Metallen und Marken, Band I., Kassel/Paris 1857-1880

Höpfner, K./Ramann, B./Rürup, B.: Ausländische Arbeitnehmer. Gesamtwirtschaftliche Probleme und Steuerungsmöglichkeiten, Bonn 1973

Hotman, F. : La vie de Gaspard de Coligny, seigneur de Chastillon sur Loin, gouverneur pour le roi l'ile de la France et la Picardie, colonel general de l'infantrie francois et admiral de France, Lyon 1586

Imbart de la Tour, P.: Les origines de la Reforme. III : L'evangelisme, Paris 1914

Jacobs, P. (Hrsg.): Reformierte Bekenntnisschriften und Kirchenordnungen in deutscher Übersetzung, Neukirchen 1949

Jersch-Wenzel, S./John, B. (Hrsg.): Von Zuwanderern zu Einheimischen. Hugenotten, Juden, Böhmen, Polen in Berlin, Berlin 1990

Kamp, M. E.: Die Staatswirtschaftslehre Jean Bodins, Bonn 1949

Kempe, R.: Gethsemane. Zur Geschichte der Hugenottensiedlung im Werratal, in: Vergangenheit spricht zur Gegenwart, 18 Jg., Nr.2 (1965), S. 5–8

Kiefner, T.: Todenhausen und Wiesenfeld. Zum 250. Geburtstag der beiden Orte, in: Der deutsche Waldenser. Zeitschrift für die Mitglieder der Deutschen Waldenservereinigung. Mühlacker, August 1970, Neue Folge 109, S. 3–4

Kitschke, A.: Kirchen in Potsdam. Aus der Geschichte der Gotteshäuser und Gemeinden, Berlin 1983

Klefner, T.: Geschichte Greifenthals, Greifenstein/Ulm 1988

Kleßmann, C.: Polnische Bergarbeiter im Ruhrgebiet 1870–1945. Soziale Integration und nationale Subkultur einer ethnischen Minderheit in der deutschen Industriegesellschaft, Göttingen 1978

Kohlhauer, N. (Hrsg.): Text des Freiheitsbriefes vom 26. August 1722, Greifenstein/Ulm o. J.

Köller, H./Töpfer, B.: Frankreich. Ein historischer Abriss von den Anfängen bis zum Tode Heinrichs IV, Teil 1, Berlin 1977

Kugler, F.: Geschichte Friedrichs des Großen, Köln 1988

Kroener, B.R. (Hrsg.): Potsdam. Staat, Armee, Residenz, Frankfurt/M./ Berlin 1993

Kritz, M.M./Keely, C.B./Tomasi, S.M. (Hrsg.): Global Trend in Migration: Theory and Research on International Population Movements, New York 1981 Ledderhose, C.W.: Beyträge zur Beschreibung des Kirchen-Staates der Hessen-Casselischen Lange gesammelt und mit vermischten Anmerkungen begleitet, Kassel 1780

Labrousse, E.: La conversion au XVIIeme siecle, Actes au XIIeme collogue du C.M.R. (17 janvier 1982), Marseille 1983

Leonard, E.G. : Histoire generale du protestantisme, Band II., Paris 1961

L'heureuse colonie, du celebration du Jubile des colonies francaises etablies dans les Etats du Roi: consistant en un Recueil de Sermons prononces dans les cinq paroisses francaises de Berlin, Berlin 1785

Lienhardt, P.: Der Ursprung des Namens „Huguenot", in: Die Hugenottenkirche, 45 Jg., Nr.12, Dezember 1992, S. 45–52

Lippert, W.: Geschichte der Stadt Strasburg in der Uckermark, Milow 1996

Lohrmann, R./Manfrass, K. (Hrsg.): Ausländerbeschäftigung und internationale Politik. Zur Analyse transnationaler Prozesse, München 1974

Ludewig, T.: Berlin. Geschichte einer deutschen Metropole, Gütersloh 1986

Mager, W.: Frankreich vom Ancien Regime zur Moderne, 1630–1830. Wirtschafts-, Gesellschafts- und politische Institutionengeschichte, Stuttgart 1980

Malettke, K.: Opposition und Konspiration unter Ludwig XIV. Studien zu Kritik und Widerstand gegen System und Politik des französischen Königs während der ersten Hälfte seiner persönlichen Regierung, Göttingen 1976

Manoury, K.: Die Geschichte der französisch-reformierten Provinzgemeinden, Berlin 1961

Manoury, K.: Geschichte der französischen Kirche zu Berlin. Hugenottenkirche 1672–1955, Berlin 1958

Manoury, K.: Die Geschichte der Hugenottenkirche von ihren Anfängen in Frankreich bis zur Gegenwart in Deutschland 1517–1937, 2. Bände, Berlin 1937-1941

Manoury, K./Prüfer, A.: Der Weg der französischen Kirche in Berlin. Eine Übersicht, Berlin 1967

Meier-Braun, K.-H.: Integration und Rückkehr? Zur Ausländerpolitik des Bundes und der Länder, insbesondere Baden-Württembergs, Mainz 1988

Mengin, E.: Die französisch-reformierte Luisenstadtkirche zu Berlin 1728–1928 – Festschrift zum zweihundertjährigen Bestehen, Berlin 1928

Meyer, E.: Geschichte Frankreichs, München 1985.

Mieck, I.: Die Entstehung des modernen Frankreich 1450–1610. Strukturen, Institutionen, Entwicklungen, Stuttgart u.a. 1982

Mielke, F.: Potsdamer Baukunst, 2. Auflage, Berlin 1998

Mittenzwei, I. (Hrsg.): Hugenotten in Brandenburg-Preußen, Berlin 1987

Mousnier, R. : Ein Königsmord in Frankreich. Die Ermordung Heinrich IV., Berlin 1970

Muret, E.: Geschichte der französischen Kolonie in Brandenburg-Preußen, 2. Auflage, Berlin 1990

Murphy, R.: Gastarbeiter im Deutschen Reich. Polen in Bottrop 1891–1933, Wuppertal 1982

Murzynowska, K.: Die polnischen Erwerbsauswanderer im Ruhrgebiet während der Jahre 1880–1914, Dortmund 1979

Neuhaus, W.: Seidenraupenzucht im Kreise Hersfeld, in: Mein Heimatland, 25.11.1950, 34 Jg., Bd. 14, Nr. 16, S. 66–67

Nicolai, F.: Beschreibung der königlichen Residenzstadt Potsdam und der umliegenden Gegend, Leipzig 1993

Niemeyer, A.: Die älteste französische Kolonie in Hessen, in: Der deutsche Hugenott. Zeitschrift für die Mitglieder des Deutschen Hugenotten-Vereins, Braunschweig 1955, S. 15–18

Niemeyer, A.: Heimatfest Karlsdorf, in: Heimatkalender für den Kreis Hofgeismar 1937, S. 33- 34

N.N.: Die älteste Hugenottensiedlung Hessens. Zum 250jährigen Jubiläum der Carlsdorfer Kirche, in: Der evangelische Sonntagsbote, Jg. 9, Nr. 47, 17.10.1954

N.N.: Leiden und Abenteuer einer kleinen Hugenottengemeinde bei ihrer Flucht nach Deutschland im Jahre 1685, Leipzig 1866

Opgenoorth, E.: „Ausländer" in Brandenburg-Preußen. Als leitende Beamte und Offiziere 1604–1871, Würzburg 1967

Otto, K.-H.: Angermünde am Mündesee - Beispiel für Vitalisierung des historischen Stadtkerns, in: Der Nord-Berliner, 16.04.1998

Pages, G. : Naissance du Grand Siecle. La France de Henri IV. A Louis XIV., 1598-1611, Paris 1948

Pangels, C.: Friedrich der Große. Bruder, Freund und König, München 1995 Pehle, M.: Potsdam, Potsdam 1938

Pfaff, F.: Karlsdorf. Die älteste französische Kolonie in Hessen in vorbildlicher Entwicklung zum deutschen Dorfe, Kassel 1916

Pick, M.: Die französischen Kolonien in der Uckermark. Arbeiten des Ukkermärkischen Museums- und Geschichtsvereins zu Prenzlau (Heft 13), Prenzlau 1935

Piderit, F. C. T.: Geschichte der Haupt- und Residenzstadt Cassel, 2. Auflage, Kassel 1767

Poensgen, G.: Die Bauten Friedrich Wilhelms IV. in Potsdam, Berlin 1930

Potter, D.: The French Wars of Religion. Selected Documents, London 1997

Projektgruppe Inventarisierung historischer Friedhöfe und Projektgruppe Erhebung und Aufbereitung von Umweltdaten auf Friedhöfen im Auftrag der Senatsverwaltung für Stadtentwicklung und Umweltschutz, Fachabteilung Bau- und Gartendenkmalpflege (Hrsg.): Historische Friedhöfe in der Mitte Ost-Berlins, Berlin o.J.

Poujol, R.: Histoire d'un village cevenal: Vebron, Aix-en-Provence 1983

Presbyterium der französisch-deutsch-reformierten Gemeinde zu Angermünde (Hrsg.): Festschrift zur Feier der 250jährigen Wiederkehr der Aufnahme der Hugenotten durch den Großen Kurfürsten, Angermünde 1935

Rainer, E.: Der Abenteurer Sardan, in: Mitteilungen des österreichischen Staatsarchivs, 1964/1965, Bd.17/18, S. 520-541

Reaman, G. E.: The Trail of the Huguenots in Europe, the United States, South Africa and Canada, London 1964

Reuter, H.-H.: Fontane. Bd. I, Berlin 1968

Reuther, H.: Jan de Bodt und Carl Philipp Christian Gontard. Ein Beitrag zur Baukunst der Hugenotten in Berlin, in: Botta, B. u.a.: Die Hugenotten und Berlin-Brandenburg, 2. Auflage, Berlin 1981

Reyer, C.: Geschichte der französischen Kolonie in Preußen, Berlin 1852

Ribbe, W. (Hrsg.): Geschichte Berlins. Eine Veröffentlichung der Historischen Kommission zu Berlin, 2. Bände, Berlin 1988

Richter, M.: Bornstedter Friedhof und Kirche. Spuren aus der preußischen und Potsdamer Geschichte, Berlin 1993

Roll, E.: Die Waldenser, Stuttgart 1982

Romier, L.: Les origins politiques des guerres de religion, 2. Bände, Paris 1913

Sagave, P-P.: Berlin und Frankreich 1685–1871. Französische Einflüsse und Gegenströmungen in Brandenburg-Preußens Hauptstadt von der Hugenotteneinwanderung bis zum deutsch-französischen Krieg, Berlin 1980

Salowski, H./Schiller, G.: Ursachen und Auswirkungen der Ausländerbeschäftigung, Köln 1972

Sander, F.: Die Hugenotten und das Edikt von Nantes. Mit urkundlichen Beigaben. Zum Gedächtnis an das Potsdamer Edikt des großen Kurfürsten vom 29. Oktober/8. November 1685, Breslau 1885, S. 229–285

Schäfer, K.: Waldenserkolonie Todenhausen 1720–1970. Ein Überblick über die Geschichte von Colonie und Deutsch Todenhausen. Festschrift zum 250jährigen Bestehen der Kolonie, Todenhausen 1970

Schanz, G.: Zur Geschichte der Colonisation und Industrie in Franken, 2. Bände, Erlangen 1884

Schmidt, E.: Pierre Raillon aus der Dauphine. Hugenottenflüchtling fand Heimat in Gethsemane, in: Mein Heimatland, Juni 1971, Bd. 24, Nr. 18, S. 23–24

Schmidmann, R.: Die Kolonien der Refugies in Hessen-Kassel und ihre wirtschaftliche Entwicklung im 17. und 18. Jahrhundert, Marburg 1929

Schmelz, U.: Zur Rolle der Ausländer beim Ausbau der Residenzstadt Potsdam bis zum Jahre 1786, in Hahn, P.-M./Hübener, K./Schoeps, J.H. (Hrsg.): Potsdam. Märkische Kleinstadt-europäische Residenz. Reminiszenzen einer eintausendjährigen Geschichte, Berlin 1995, S. 93–111

Schulz, K.: 3000 Berliner Kolonisten und Kolonistensöhne 1682–1812, Schriftenreihe der Stiftung Stoye der Arbeitsgemeinschaft für Mitteldeutsche Familienforschung e.V., Nr. 3, Neustadt an der Aisch 1972

Schumpeter, J. A.: Geschichte der ökonomischen Analyse, 2. Bände, Göttingen 1989

Schunk, P.: Geschichte Frankreichs,

Scoville, W.C.: The Persecution of Huguenots and French Economic Development 1680–1720, Los Angeles 1960

Sedgwick, H.-D.: Henry von Navarre, Indianapolis 1930

Seibert, W.: Die ersten Ansiedler der französischen Kolonie Louisendorf in Hessen, in: Der deutsche Hugenott. Zeitschrift für die Mitglieder des Deutschen Hugenotten-Vereins, Braunschweig, Juni 1974, 38. Jg., Nr. 2, S. 53–58

See, H.: Histoire economique de la France, Band I., 2. Auflage, Paris 1948

Seibert, W.: Die ersten Ansiedler der französischen Kolonie Louisendorf in Hessen, in: Der deutsche Hugenott. Zeitschrift für die Mitglieder des Deutschen Hugenotten-Vereins, Braunschweig, Juni 1974, 38 Jg., Nr. 2, S. 53–58

Seyppel, J.: Nun - Unsterblichkeit. Wanderungen zu den Friedhöfen Berlins, Berlin 1964

Sieburg, H.-O.: Grundzüge der französischen Geschichte, Darmstadt 1973

Sprunkel, V.G.: Geschichte und Sprache der Hugenottenkolonie Louisendorf bei Frankenberg/Eder, Marburg 1964

Stahlwerk, W.: Die französische Kolonie in Prenzlau, Prenzlau 1886

Stefanski, V.-M.: Zum Prozeß der Emanzipation und Integration von Außenseitern: Polnische Arbeitsmigranten im Ruhrgebiet, Dortmund 1984

Sternheim, C.: Bernau - das märkische Rotenburg, in: Der Nord-Berliner vom 04.08.1994

Steinfeld, L.: Memoiren Ludwigs XIV., Basel/Leipzig 1931

Sutherland, N.M.: The Cardinal of Lorraine and the Colloque of Poissy 1561: A reassessment, in: Ders.: Princes, Politics and Religion 1547–1589, London 1984, S.113–137

Targiel, R.-R.: „ ... zu leben und sich zu erhalten.", in: Neuer Tag, 15. November 1985

Tarnogrocki, O.: Geschichte der französischen Kolonie zu Strasburg in der Uckermark, in: Die Kolonie (Jg. 5, Juli 1881–Jg. 6, Dezember 1882, Strasburg o. J.

Tollin, J.: Geschichte der Französischen Colonie in Frankfurt an der Oder, in: Mitteilungen des Historisch-Statistischen Vereins zu Frankfurt a.O., 8. Heft, Frankfurt a.O. 1868

Tollin, W. (Hrsg.): Urkunden zur Geschichte hugenottischer Gemeinden in Deutschland, Magdeburg 1900

Treue, W.: Wirtschaftsgeschichte der Neuzeit im Zeitalter der industriellen Revolution 1700–1960, Stuttgart 1962

Tritt, I.: Der kulturgeographische Einfluß der Glaubensvertriebenen in Berlin, Berlin 1966

Tschirch, O.: Geschichte der Chur- und Hauptstadt Brandenburg/Havel, Brandenburg an der Havel 1941

Uhlemann, M./Rückert, O.: Potsdam. Geschichte der Stadt in Wort und Bild, Berlin 1986

Um Eberswalde, Chorin und den Werbellinsee: Ergebnisse der heimatgeschichtlichen Bestandsaufnahme in den Gebieten Joachimsthal, Groß-Ziethen, Eberswalde und Hohenfinow, in: Werte unserer Heimat, Nr. 34, 1981

Van Ess, J.: Zwischen Hadith und Theologie. Studien zum Entstehen prädestinatianer Überlieferung, Berlin 1975

Veeck, O.: Geschichte der reformierten Kirche Bremens, Bremen 1909

Vienot, J. E. : Histoire de la Reforme francaise des origines a l'Edit de Nantes, Paris 1926

Vivent, J.: La tragedie de Blois. Le roi de France et le duc de Guise 1585-1588, Paris 1946

Vogler, G.: Zur Geschichte der Spinner und Weber von Nowawes 1751-1785, Potsdam 1965

Von Ranke, L.: Preußische Geschichte 1415-1871, 2.Auflage, Augsburg 1981

Von Rommel, C.: Zur Geschichte der französischen Colonien in Hessen-Kassel, Kassel 1857

Von Roosbroenck, R.: Die Niederlassung von Flamen und Wallonen in Hamburg (1567-1605), in: Verein für Hamburgische Geschichte 49/50, Hamburg 1964, S.53-76

Von Thadden, R./Magdelaine, M.: Die Hugenotten 1685-1985, München 1985

Vortrag von Frau Gerhard, Museumsleiterin, Strasburg i.d.U., gehalten am 08.06.2003 anlässlich des Loyal-Familientreffens, Strasburg 2003

Volk, W.: Historische Straßen und Plätze heute: Potsdam, Berlin 1988

Waquet, H. (Hrsg.): Memoires du Chanoine Jean Moreau sur la guerres de la Ligue en Bretagne, Quimper 1960

Weber, O.(Hrsg.): Unterricht in der christlichen Religion, 2. Auflage, Berlin 1955

Wehler, H. U.: Das deutsche Kaiserreich, Göttingen 1972

Wernicke, A.: Bernauer Stadt-Chronik, Bernau 1894

Wirth von Weydenberg, J./Lerch, P.: Bernau bei Berlin in Wort und Bild. Ein Führer durch Bernau und Umgebung, Bernau 1911

Zeitungsgruppe Lahn-Dill, 14.09.1999

Zieler, O.: Potsdam. Ein Stadtbild des 18. Jahrhunderts, Berlin o.J.

Zögner, L.: Hugenottendörfer in Nordhessen. Planung, Aufbau und Entwicklung von siebzehn französischen Emigrantenkolonien. Eine Studie zur historisch-geographischen Landeskunde, Marburg 1966

FSC
www.fsc.org
MIX
Papier | Fördert gute Waldnutzung
FSC® C083411

Zeitfracht Medien GmbH
Ferdinand-Jühlke-Straße 7
99095 Erfurt, Deutschland
produktsicherheit@kolibri360.de